VOL. 17

Dados Internacionais de Catalogação na Publicação (CIP)
(Câmara Brasileira do Livro, SP, Brasil)

Bandler, Richard
B169s   Sapos em príncipes : programação neurolingüística / Richard Bandler e John Grinder ; [tradução de Maria Sílvia Mourão Netto; direção da coleção Paulo Eliezer Ferri de Barros]. – São Paulo : Summus, 1982.
(Novas buscas em psicoterapia ; v. 17)

Bibliografia.

1. Comunicação não-verbal 2. Imagem (Psicologia) 3. Linguagem – Psicologia 4. Psicoterapia I. Grinder, John. II. Título. III. Título: Programação neurolingüística.

                              17. CDD-616.891
                                 18.   -616.8914
                      17. e 18.   -153.3
                      17. e 18.   -401.9
                                 18.   -001.56
82-1199   NLM-WM 420

Índices para catálogo sistemático:

1. Comunicação não-verbal   419 (17.) 001.56 (18.)
2. Imagem : Psicologia   153.3 (17. e 18.)
3. Programação neurolingüística : Psicoterapia :
   Medicina   616.891 (17.) 616.8914 (18.)
4. Psicolingüística   401.9 (17. e 18.)

Compre em lugar de fotocopiar.
Cada real que você dá por um livro recompensa seus autores
e os convida a produzir mais sobre o tema;
incentiva seus editores a encomendar, traduzir e publicar
outras obras sobre o assunto;
e paga aos livreiros por estocar e levar até você livros
para a sua informação e o seu entretenimento.
Cada real que você dá pela fotocópia não autorizada de um livro
financia o crime
e ajuda a matar a produção intelectual de seu país.

sapos em PRÍNCIPES

programação neurolingüística

Richard Bandler
e
John Grinder

summus
editorial

Do original em língua inglesa
FROGS INTO PRINCES
Neuro Linguistic Programming
Copyright © 1979 by Real People Press
Direitos desta tradução adquiridos por Summus Editorial

Tradução: **Maria Silvia Mourão Netto**
Capa: **Elizabeth Malczynski (cedida por Real People Press)**
Direção da coleção: **Paulo Eliezer Ferri de Barros**

Summus Editorial
Departamento editorial
Rua Itapicuru, 613 – 7º andar
05006-000 – São Paulo – SP
Fone: (11) 3872-3322
http://www.summus.com.br
e-mail: summus@summus.com.br

Atendimento ao consumidor
Summus Editorial
Fone: (11) 3865-9890

Vendas por atacado
Fone: (11) 3873-8638
e-mail: vendas@summus.com.br

Impresso no Brasil

NOVAS BUSCAS EM PSICOTERAPIA

Esta coleção tem como intuito colocar ao alcance do público interessado as novas formas de psicoterapia que vêm se desenvolvendo mais recentemente em outros continentes.

Tais desenvolvimentos têm suas origens, por um lado, na grande fertilidade que caracteriza o trabalho no campo da psicoterapia nas últimas décadas, e, por outro, na ampliação das solicitações a que está sujeito o psicólogo, por parte dos clientes que o procuram.

É cada vez maior o número de pessoas interessadas em ampliar suas possibilidades de experiência, em desenvolver novos sentidos para suas vidas, em aumentar sua capacidade de contato consigo mesmas, com os outros e com os acontecimentos.

Estas novas solicitações, ao lado das frustrações impostas pelas limitações do trabalho clínico tradicional, inspiram a busca de novas formas de atuar junto ao cliente.

Embora seja dedicada às novas gerações de psicólogos e psiquiatras em formação, e represente enriquecimento e atualização para os profissionais filiados a outras orientações em psicoterapia, esta coleção vem suprir o interesse crescente do público em geral pelas contribuições que este ramo da Psicologia tem a oferecer à vida do homem atual.

Índice

Apresentação da Edição Brasileira	9
Prefácio de John O. Stevens	11
Um desafio para o leitor	15
Nota	17
Nota à Edição Brasileira	18
I *Experiência sensorial*: Sistemas representacionais e pistas para captação	19
II *Mudando a história e a organização pessoais*: Ancorar	95
III *Descobrindo novos caminhos*: Remodelar	159
Bibliografia	220
Volumes Publicados	221

Apresentação da Edição Brasileira

Transformar sapos em príncipes é uma velha história. Velha, note-se, na história de cada um dos ouvintes. Pois que naquele tempo se ouvia. E se contavam histórias à imaginação. Este livro fala à imaginação. Se se tem ouvidos. E imaginação... Ora então, onde pois o segredo? No desejo. No desejo de ser ouvido e compreendido, no de ouvir e compreender. Este livro dá dicas importantes e sugestivas a respeito de como se comunicar — entender e ser entendido — com os clientes.

Embora padeça do pragmatismo de seus autores que fazem o que fazem porque funciona. Sem saber porque funciona, ainda que afirmem o contrário. Os autores, mesmo não negando nem afirmando que estejam, estão produzindo um outro sistema de crenças em psicoterapia. E o que fazem funciona sem que eles saibam porque. Ora então, onde pois o segredo? No desejo. O sentir-se um sapo funda-se no desejo de ser príncipe. E o desejo de ser príncipe, no desejo de ser amado. Ora, sentir-se ouvido e compreendido pode facilitar a compreensão de que o que se deseja é ser amado. Pode talvez representar a aquisição de um direito. Ou, quem sabe, redimir a culpa de um desejo empostado em que se passou a acreditar. Ser ouvido e compreendido, talvez deva, sobretudo, facilitar a descoberta de que há momentos em que o que se deseja é não ser amado e então, livre do jugo e das obrigações em que ser amado implica, poder descobrir o que mais se passa no mundo.

Digredimos.
Regridamos.

Transformar sapos em príncipes é uma velha história. E que se aplica mesmo às últimas descobertas, com as mais novas indumentárias. Este livro tem estilo. E traz de volta ao campo da psicoterapia, tão sóbrio e ainda de casaca, o humor, o espírito, e a simplicidade. Lantejoulas que brilham em afirmações que iluminam a nudez do rei. Exemplifiquemos: Existe um trecho em que, traduzido senão ao pé da letra, ao pé do espírito, os autores definem: "Lingüistas transformacionais são um bando de caras que deram um jeito e conseguiram cavar muita subvenção e muito espaço acadêmico para pesquisar a gramática e a sintaxe das linguagens. E conseguiram".

As aspas entre aspas, visto ser a citação ao pé do espírito. Pesquisa redundante, poderíamos aduzir, visto que já conheciam a gramática e a sintaxe da linguagem dos subvencionadores e demais autoridades do espaço acadêmico.

Pouco acadêmica a linguagem do comentário. E no entanto tão pertinente à sintaxe do acadêmico.

Transgredimos.

Progridamos.

Juntar neurologia à Lingüística, para entender magia e terapia, e lançar fundamentos para uma teoria da comunicação interpessoal, corre o risco de produzir delírios teóricos semelhantes àqueles que os autores, com boa dose de verdade, apontam nas outras abordagens em psicoterapia. Parece ser esta a razão que os leva a evitar discussões teóricas e a se refugiar no pragmatismo. Mas eles também produzem afirmações teóricas interessantes, tal qual a que postula que toda comunicação é hipnótica. Produzem inclusive palavras para nomear conceitos, não exatamente originais, tais como *uptime,* cujo espírito aponta para o sentido de estar acordado, alerta para o que se passa agora. Mais uma vez não se encontrou um Olimpo ateórico onde reine apenas o que acontece.

No reino da prática, onde as coisas acontecem, em um *workshop* realizado há uns três anos no Rio de Janeiro, dirigido por John O. Stevens e organizado por Décio Cassarini, tivemos uma boa impressão da prática terapêutica da Programação Neurolingüística. Sem dúvida, naquela ocasião, os procedimentos da PNL propiciaram a possibilidade de acompanhamento muito próximo de cada um dos estados que, de momento a momento, iam surgindo em uma pessoa que estava lidando com uma fobia muito bem instalada. Foi terapêutico. Acreditamos que em poucas sessões se poderia eliminar a fobia. Não temos idéia de quanto tempo seria necessário para os problemas de relacionamento interpessoal que estiveram na origem desta fobia, não sabemos se como causa, mas de qualquer forma presentes. Bem como, não sabemos quanto tempo seria necessário para desenvolver aspectos pessoais que estiveram soterrados sob a fobia.

Paulo Barros
Setembro/82

Prefácio

Venho estudando educação, terapias e experiências de crescimento, além de outros métodos para uma mudança pessoal, desde que estudava com Abe Maslow há mais de vinte anos. Dez anos depois, encontrei Fritz Perls e mergulhei na gestalt-terapia porque este parecia ser um método mais eficiente do que os outros. Na realidade, todos os métodos funcionam para *algumas* pessoas e para *alguns* problemas. A maioria dos métodos apregoa mais do que o que pode efetuar e a maioria das teorias tem uma relação pequena com os métodos por ela descritos.

Quando encontrei pela primeira vez a Programação Neurolingüística (PNL) fiquei ao mesmo tempo fascinado e *muito* descrente. Fui profundamente condicionado a crer que as mudanças são vagarosas e, em geral, difíceis e dolorosas. Ainda passo por certas dificuldades para perceber que normalmente posso curar uma fobia ou outro problema antigo semelhante sem sofrimentos em menos de uma hora, apesar de já o ter realizado repetidas vezes e de ter verificado que os resultados foram duradouros. Tudo que está escrito neste livro é explícito e pode ser rapidamente verificado em sua própria experiência. Não há truques e não lhe será pedido que assuma novas crenças. A única coisa que lhe será pedido é deixar de lado suas crenças atuais por um tempo suficientemente longo para testar os conceitos e os procedimentos da PNL em sua própria experiência sensorial. Isso não vai demorar muito; a maioria das afirmações e dos padrões de exercício neste livro pode ser testada em poucos minutos ou em poucas horas. Se você está descrente, como aconteceu comigo, atribua esta atitude ao seu ceticismo para fazer tal verificação e acabar descobrindo se são ou não válidas as temerárias colocações aqui apresentadas.

A PNL é um modelo poderoso e explícito de experiências humanas e de comunicações entre as pessoas. Usando os princípios da PNL é possível descrever *qualquer* atividade humana de maneira detalhada que permite a realização de muitas mudanças profundas e duradouras, rápida e facilmente.

Alguns exemplos específicos de coisas que você pode aprender a alcançar são: (1) curar fobias e outros sentimentos desagradáveis em menos de uma hora; (2) ajudar crianças e adultos com "problemas de aprendizagem" (problemas de silabação e de leitura, etc.) a superarem tais limitações, freqüentemente em menos de uma hora; (3) eliminar a maioria dos hábitos indesejáveis — fumar, beber, comer em excesso, insônia, etc. — em poucas sessões; (4) efetivar mudanças na interação de casais, de famílias e de organizações a fim de que funcionem de modo mais satisfatório e mais produtivo; (5) curar muitos problemas físicos, em poucas sessões (não só a maioria dos reconhecidos como "psicossomáticos" como ainda outros problemas de áreas diferentes).

Estas afirmações são fortes e os praticantes experientes da PNL podem validá-las com resultados visíveis e sólidos. Em seu estado atual, a PNL pode fazer muito, mas não tudo.

> ...se o que viemos demonstrando é algo que você gostaria de ser capaz de fazer, você bem que poderia gastar um pouco de seu tempo aprendendo-o. Há muitas e muitas coisas que não podemos fazer. Se você puder programar-se a procurar coisas que serão *úteis* para você e se puder aprendê-las, ao invés de tentar descobrir onde é que as coisas que lhe ensinamos são falhas, você irá descobrir onde estão as falhas, eu lhe garanto. Se você usá-las de modo congruente, irá encontrar um monte de lugares onde não se aplicam. E, nas vezes em que não funcionarem, sugiro que você faça alguma outra coisa.

A PNL tem apenas uns quatro anos de vida e muitos dos padrões mais úteis foram criados nos últimos dois anos.

> Ainda nem começamos a entender quais são as possibilidades de uso deste material. E somos muito, muito sérios a esse respeito. O que estamos fazendo nada mais é do que investigar o modo de utilizar esta informação. Até agora ainda não conseguimos esgotar a variedade de modos segundo os quais organizar as coisas e fazê-las funcionar, e não conhecemos qualquer limitação quanto a maneiras de se poder empregar as suas informações. Ao longo deste seminário, mencionamos uma grande diversidade de modos de usá-las. É a estrutura da experiência. Ponto. Quando utiliza-

das sistematicamente, constituem uma estratégia completa para se obter qualquer tipo de acréscimo comportamental.

Na realidade, a PNL pode fazer *muito* mais do que as formas de trabalho reparador mencionadas acima. Os mesmos princípios podem ser empregados para se estudar pessoas que têm um talento fora do comum para alguma coisa, a fim de determinar a estrutura desse talento. Essa estrutura pode, a seguir, ser rapidamente ensinada a outras pessoas para dar-lhes os fundamentos necessários à referida habilidade. Este tipo de intervenção resulta em mudanças *geradoras,* com as quais as pessoas aprendem a gerar e a criar novos talentos e comportamentos para si mesmas e para outras. Um efeito colateral de mudanças geradoras é que muitos dos problemas comportamentais que, de outro modo, seriam alvos de modificações reparadoras, simplesmente desapareçam.

Em certo sentido, nada do que a PNL consegue é novo: sempre aconteceram "remissões espontâneas", "curas milagrosas" e outras mudanças súbitas e enigmáticas no comportamento de pessoas; sempre existiram as pessoas que de alguma forma aprenderam a usar suas habilidades de maneira excepcional.

O que a PNL traz de realmente novo é a habilidade de analisar sistematicamente as pessoas e experiências excepcionais de modo que elas possam tornar-se amplamente disponíveis para outros. As ordenhadoras na Inglaterra ficaram imunes à varíola muito antes de Jenner descobrir a enfermidade nas vacas da qual produziu a vacina contra a doença; hoje, a varíola — que antes costumava matar centenas de milhares anualmente — está eliminada da experiência humana. Da mesma forma, a PNL pode eliminar muitas das dificuldades e dos obstáculos hoje em dia experimentados pelo viver humano, tornando a aprendizagem e as alterações comportamentais muito mais fáceis, produtivas e excitantes. Estamos no limiar de um enorme salto quantitativo em termos de experiências e de capacidades humanas.

Há uma estória antiga de um caldeireiro que foi contratado para consertar um enorme sistema de caldeiras de um navio a vapor que não estava funcionando bem. Após escutar a descrição feita pelo engenheiro quanto aos problemas, e de haver feito umas poucas perguntas, dirigiu-se à sala de máquinas. Olhou para o labirinto de tubos retorcidos, escutou o ruído surdo das caldeiras e o silvo do vapor que escapava, durante alguns instantes; com as mãos apalpou alguns dos tubos. Depois, cantarolando suavemente só para si, procurou em seu avental alguma coisa e tirou de lá um pequeno martelo com o qual bateu apenas uma vez numa válvula vermelha brilhante. Imediatamente, o sistema inteiro começou a trabalhar com perfeição e o caldeireiro voltou para casa. Quando o dono do navio recebeu uma conta de $1000 queixou-se de que o caldeireiro só havia ficado na sala de máquinas durante quinze minutos e pediu uma conta pormenorizada. Eis o que o caldeireiro lhe enviou:

Conserto com o martelo	$0,50
Saber onde martelar	$999,50
	$1000,00

O que é realmente novo na PNL é saber exatamente o que fazer e como fazê-lo. Este é um livro excitante e um momento excitante.

John O. Stevens

Um desafio para o leitor

Nos romances de espionagem e mistério, o leitor pode esperar pela apresentação de uma série de pistas escritas, de descrições fragmentadas de acontecimentos passados. Quando tais fragmentos são todos encaixados num molde, fornecem uma configuração suficiente para o leitor cuidadoso poder reconstruir os acontecimentos passados, inclusive ao ponto de entender as ações e motivações específicas das pessoas envolvidas na trama, ou, pelo menos, de entender as explicações que o autor irá apresentar na conclusão do romance. O leitor mais superficial ficará meramente entretido, chegando a uma compreensão mais personalizada da qual poderá ou não estar consciente. O autor destes romances tem por obrigação fornecer fragmentos em quantidade e qualidade suficientes para possibilitarem uma reconstrução, embora não sejam óbvios.

Este livro é também o registro escrito de uma espécie de romance de mistério. Entretanto, é diferente do mistério tradicional em vários aspectos importantes. Este é o registro escrito de uma estória que foi *contada* e contar estórias é uma habilidade, escrever estórias é outra. O contador de estórias tem a obrigação de usar o *feedback* do ouvinte/espectador para determinar quantas pistas irá apresentar. O tipo de *feedback* que o contador de estórias leva em consideração é de dois tipos: (1) o verbal, *feedback* deliberado e consciente, aqueles sinais dos quais o ouvinte/espectador tem consciência de estar proporcionando ao contador da estória; (2) o não-verbal espontâneo, e inconsciente: a olhadela, o susto, a recordação trabalhosa, aqueles sinais que o ouvinte/espectador está oferecendo ao contador da estória sem perceber que o faz. Uma habilidade importante na arte de contar estórias é usar o *feedback* inconsciente a fim de apresentar as pistas exatamente necessárias para que o processo inconsciente do ouvinte/espectador chegue à solução antes que possa apreciar conscientemente esse fato. Desta arte decorrem as experiências desejáveis de surpresa e deleite, da descoberta de que sabíamos muito mais do que pensávamos saber.

Deliciamo-nos em criar esses tipos de experiências em nossos seminários. E, apesar do registro que se segue ter contido pistas suficientes para os participantes do seminário, apenas o leitor mais astuto conseguirá reconstruir completamente os acontecimentos passados. Segundo nossas colocações explícitas neste livro, o componente verbal é o que menos interessa e o que menos influi na comunicação. Não obstante, é o único tipo de pista que aqui apresentaremos.

A unidade básica da análise de uma comunicação frente a frente é o arco de *feedback*. Se, por exemplo, você recebesse a incumbência de descrever uma interação entre um gato e um cachorro, você diria coisas como: "Gato cospe... cachorro arreganha os dentes, ...gato arqueia as costas, ...cachorro late, ...etc.". Pelo menos tão importante quanto as ações em particular é a *seqüência* na qual acontecem. E, até certo ponto, qualquer conduta individual do gato torna-se inteligível *apenas* no contexto do comportamento do cachorro. Se, por algum motivo, suas observações se restringissem apenas ao gato, você teria pela frente o desafio de reconstruir com quê estava o gato interagindo. É muito mais difícil apreciar e entender o comportamento do gato em isolamento.

Gostaríamos de garantir ao leitor que as interferências indevidas, as tangentes surpreendentes, as alterações de conteúdo, estado de espírito e de direção que não foram anunciadas e que serão apontadas neste livro tinham uma lógica envolvente e peculiar em seu contexto original. Se, por outro lado, estas seqüências únicas de comunicação fossem restituídas a seu contexto original, rapidamente viria à tona essa lógica. Eis, portanto, o desafio: Será que o leitor é astuto o suficiente para reconstruir aquele contexto, ou será apenas capaz de apreciar o intercâmbio e chegar a um entendimento inconsciente útil de ordem mais pessoal?

John Grinder
Richard Bandler

Nota

A Programação Neurolingüística (PNL) é um novo modelo de comunicação e de conduta humanas desenvolvida nos últimos quatro anos por Richard Bandler, John Grinder, Leslie Cameron-Bandler e Judith DeLozier. A PNL foi a princípio desenvolvida pelos estudos sistemáticos realizados por Virginia Satir, Milton H. Erickson, Fritz Perls e outros "mágicos" da terapia.

Este livro é uma edição feita exclusivamente dos audioteipes de *workshops*[*] introdutórios de treinamento em PNL conduzidos por Richard Bandler e John Grinder. A maioria do livro consiste em material de um *workshop* de dois dias efetuado em janeiro de 1978; um pouco de material suplementar foi acrescentado de outros *workshops*.

O conteúdo todo está organizado como se se tratasse de um *workshop* de três dias, tendo sido conservado seu caráter de "ao vivo". Por uma questão de simplicidade e de fluidez de leitura, a maioria das colocações de Bandler e de Grinder aparecem simplesmente como texto, sem a identificação de seus nomes.

Para maiores informações a respeito de *workshops* em PNL, treinamentos ou praticantes próximos de você escreva para:

Not Ltd.		Unlimited Ltd.
2572 Pine Flat Rd.	ou	P.O. Box 202
Bonny Doon, CA 95060		Ben Lomond, CA, 95005

---

* Mantivemos *workshop*, como no original, por ser termo de uso corrente também no Brasil. A palavra é usada em diferentes contextos, podendo designar uma reunião de psicólogos, de educadores, etc. com o sentido de laboratório, grupo de experiências, vivência intensiva de alguma experiência profissional. (Nota da Editora)

Nota à Edição Brasileira

A Sociedade Brasileira de Programação Neurolingüística fundada em 1981 é oficialmente associada à *American Society of Neurolinguistic Programming*, o que significa receber o aval de qualidade de seus criadores. A sociedade mantém intercâmbio de tecnologia com o *Dynamic Learning Center* (Robert Dilts e Todd Epsteim), *Grinder DeLozier & Associates* (John Grinder) e *NLP Comprehensive* (Steve e Connirae Andreas).

A S.B.P.N.L. ministra cursos que vão desde a introdução, passando por cursos como o de Hipnose e o de Crença, Saúde & Longevidade até o aperfeiçoamento avançado como o Practitioner e o Master Practitioner.

Os cursos são ministrados por Gilberto C. Cury, Rebeca L. Frenk (Biby) e Allan F. Santos Jr. Todos treinados pessoalmente por Richard Bandler, John Grinder e Robert Dilts.
Também participam assistentes treinados pela Sociedade Brasileira de Programação Neurolingüística.

Escrever para a Sociedade Brasileira de Programação Neurolingüística é a maneira de garantir a qualidade de treinamento recebido, além do endosso de Richard Bandler e John Grinder.

Sociedade Brasileira de Programação Neurolingüística
Rua Paes de Araújo 29 conjunto 145/146
04531 São Paulo, SP
fone (011) 829-3260

I

Experiência sensorial

Há vários aspectos importantes que diferenciam radicalmente de outros o nosso trabalho em *workshops* de comunicação ou de Psicoterapia. Quando principiávamos nessas áreas, víamos pessoas brilhantes fazerem coisas interessantes e, a seguir, mencionarem numerosas metáforas específicas a que denominavam teorizações. Contavam estórias a respeito de milhões de buracos ou de encanamentos: que a gente deve entender que as pessoas são apenas um círculo com canos vindo de todos os lados e que a única coisa da qual você tem necessidade é um forte detergente, ou coisa parecida. A maioria destas metáforas não eram muito úteis para ajudar pessoas a aprenderem especificamente o que fazer ou como fazê-lo.

Algumas pessoas realizam *workshops* experimentais nos quais os elementos do público ficarão vendo e ouvindo alguém, relativamente competente quanto à parte principal, ou pelo menos geral, do negócio chamado "comunicações profissionais". Este personagem irá demonstrar, através de seu comportamento, que é bastante competente na realização de algumas espécies de coisas. Se você tiver sorte e mantiver em aberto seu aparato sensorial irá aprender como realizar algumas das coisas que eles fazem.

Também existe um grupo de pessoas que são teorizadoras; estas irão falar-lhe a respeito de suas *crenças* a respeito da verdadeira natureza dos seres humanos e do que *deveria* ser a pessoa completamente "transparente, ajustada, genuína, autêntica, etc.", mas elas não lhe mostram como *fazer* absolutamente nada.

A maior parte do conhecimento no campo da Psicologia está organizada segundo formas que misturam o que chamamos de *modelagem* — e que tradicionalmente vem sendo denominado de "teorização" — com o que para nós é *teologia*. As descrições do que as pessoas *fazem* têm sido misturadas com descrições do que a realidade *é*. Quando se misturam experiências com teorias e se faz um pacote disso tudo, tem-se uma psicoteologia. O que se desenvolveu na psicologia foi uma quantidade de sistemas de crenças religiosas, com pregadores muito poderosos trabalhando segundo todas essas orientações diferentes.

Uma outra coisa muito estranha a respeito da Psicologia é que existe todo um corpo de pessoas chamadas de "pesquisadores" que *não se associam* com as pessoas que praticam a profissão! De alguma maneira, o campo da Psicologia foi dividido de modo a que os pesquisadores não mais forneçam informações para os profissionais clínicos de sua mesma área, e nem respondam ao trabalho destes. Isto não acontece no campo da Medicina pois, neste caso, as pessoas que pesquisam estão tentando encontrar coisas que ajudem os profissionais que praticam a mesma profissão. E estes últimos respondem aos pesquisadores, solicitando-lhes o que precisam saber mais a respeito de um outro tópico.

Outra coisa a respeito dos terapeutas é que eles chegam para a terapia com um conjunto de padrões inconscientes que torna altamente improvável o seu sucesso. Quando os terapeutas começam a fazer terapia procuram pelo que está errado, dentro de uma ótica que visa o *conteúdo*. Querem saber qual é o problema para poderem ajudar a pessoa a descobrir uma solução. Isto acontece sempre, tenham eles sido treinados aberta ou clandestinamente, em instituições acadêmicas ou em salas com almofadas no chão.

Isto é verdade até mesmo para os que se consideram "voltados-para-o-processo". Em algum lugar de suas mentes soa uma pequena voz que fica sempre repetindo: *"O processo. Procure o processo"*. Dirão: "Bom, sou um terapeuta voltado-para-o-processo. Trabalho com o processo". De certo modo, o processo tornou-se um acontecimento, algo em si e por si.

Acontece ainda um outro paradoxo neste campo. A massacrante maioria dos terapeutas crê que o jeito de ser um bom terapeuta é fazendo tudo o que for preciso intuitivamente, o que significa ter uma mente inconsciente que o faz por você. Eles não descrevem seu trabalho dessa forma porque não gostam da palavra "inconsciente" mas, no fundo, fazem o que fazem sem saberem como o fazem. Fazem-no "pelo instinto" — que é outro modo de dizer "mente inconsciente". Acho útil ser capaz de fazer coisas inconscientemente, é um bom modo de fazer as coisas. No entanto, o mesmo grupo de pessoas *diz* que o objetivo último da terapia é fazer com que as pessoas tenham uma compreensão consciente — um *insight* — de seus próprios problemas. De modo que os terapeutas são um grupo de pessoas que fazem certas coisas sem saberem como funcionam, acreditando ao mesmo tempo que o melhor jeito de alcançar alguma coisa na vida é saber conscientemente como é que as coisas funcionam! Quando comecei a me envolver com a modelagem de pessoas no campo da Psicoterapia, perguntava-lhes qual era o objetivo final em cuja direção estavam manobrando, ao estenderem os braços de certo modo e tocarem outro elemento do grupo deste ou daquele jeito, ou quando mudavam o tom de voz noutra situação. E sua resposta era: "Ah, não tenho a menor idéia". Então eu dizia: "Certo. Será que você se interessaria em explorar comigo e acabar descobrindo qual era esse objetivo final?" Sua resposta era: "Certamente não!" Afirmavam que, se fizessem coisas específicas para atingir resultados específicos, isso seria uma coisa errada, denominada "manipulação".

Denominamo-nos *modeladores*. O que fazemos essencialmente é prestar muito pouca atenção ao que *dizem* as pessoas e uma enorme atenção ao que *fazem*. A seguir, construímos para nós um modelo do que as pessoas fazem. Não somos psicólogos, e tampouco somos teólogos ou teóricos. Não temos a *menor* idéia do que seja a natureza "real" das coisas e também não estamos especialmente interessados no que seja "verdadeiro". A função da modelagem é atingir descrições que sejam *úteis*. Assim, se acontece de mencionarmos algo que você já conheça de algum estudo científico, ou de alguma estatística, como fato não preciso, perceba que es'á lhe sendo oferecido aqui um nível diferente de experiência. Não estamos a oferecer-lhe algo que seja *verdadeiro,* apenas coisas que são *úteis*.

Sabemos que nossa modelagem obteve êxito quando podemos provocar sistematicamente o mesmo resultado comportamental alcançado pela pessoa anterior que modelamos. E quando podemos ensinar a alguém mais o modo de conseguir os mesmos resultados de maneira sistemática, então temos um teste ainda mais forte.

Quando entrei no campo da comunicação, fui a uma grande conferência onde havia seiscentas e cinqüenta pessoas num auditório. Um homem, muito famoso, ergueu-se e fez a seguinte afirmação: "O que todos vocês precisam entender quanto a fazer terapia e a respeito de comunicação é que o primeiro passo essencial é fazer contato com o ser humano com quem você está se comunicando na qualidade de pessoa". Bem, isso me pegou assim como algo meio óbvio. E todo mundo da platéia gritou: "Siiiiim! Fazer contato. A gente já sabe disso". Depois, ele prosseguiu por mais seis horas e nem uma só vez mencionou *como*. Em momento algum ele mencionou alguma coisa específica que uma pessoa daquela audiência pudesse *fazer* e que a ajudasse de alguma forma ou a ter a experiência de entender melhor o outro, ou pelo menos que desse ao outro a ilusão de ser compreendido.

Depois fui a um lugar chamado "Audição Ativa". Na audição

ativa, você repete o que todos dizem, o que quer dizer que você *distorce* tudo que eles dizem.

Então começamos a prestar atenção ao que faziam realmente as pessoas "mágicas", verdadeiramente diferentes. Quando você vê e ouve Virginia Satir e Milton Erickson fazendo terapia, *aparentemente* eles não poderiam ser mais diferentes. Pelo menos, eu não conseguia imaginar um meio pelo qual eles pudessem parecer mais diferentes.

As pessoas relatam também que as experiências de estar com eles são profundamente diferentes. Contudo, se examinarmos o comportamento deles e os padrões-chave essenciais bem como as seqüências básicas, verificaremos que são similares. Os padrões por eles utilizados para conseguir efetivar as coisas realmente dramáticas são, a nosso modo de ver, bastante similares. O que conseguem efetivar é o mesmo. Mas o modo como a coisa vem empacotada, sua *aparência*, o modo pelo qual eles atingem, é profundamente diferente.

O mesmo se pode dizer de Fritz Perls. Ele não era assim tão sofisticado quanto Satir e Erickson, no número de padrões utilizados. Mas quando ele operava de um modo que considero poderoso e eficiente, estava empregando as mesmas seqüências de padrões que se encontram no trabalho dos outros dois. Era típico de Fritz não perseguir resultados específicos. Se alguém entrava dizendo: "Tenho uma paralisia histérica na perna esquerda", Fritz não ia diretamente atrás desse problema. Algumas vezes ele atacava diretamente, outras não. Tanto Milton quanto Virginia têm a tendência de ir diretamente atrás de produzir resultados específicos, algo que realmente respeito.

Quando quis aprender a fazer terapia, participei de um *workshop* com um mês de duração; nesta situação, você fica aprisionado numa ilha e diariamente se expõe aos mesmos tipos de experiência, esperando disso que, de um jeito ou de outro, as situações consigam trazer-lhe alguma coisa. O líder tinha uma enorme experiência e ele podia *fazer* coisas que nenhum de nós conseguia. Mas quando ele *falava* a respeito do que fazia, as pessoas ali presentes não eram capazes de aprender a fazê-las. Intuitivamente ou, como o descrevemos, inconscientemente, seu comportamento era sistemático mas ele não tinha um entendimento consciente de *como* era essa sistemática. Isto é um elogio à sua flexibilidade e à sua habilidade em distinguir o que funciona.

Por exemplo, todos vocês sabem muito muito pouco a respeito de como ser capazes de gerar a linguagem. De certo modo, conforme você fala, você vai sendo capaz de criar complexos trechos de sintaxe e sei que você não toma qualquer decisão consciente. Você não fica dizendo: "Bom, vou falar, e primeiro vou pôr um substantivo na sentença, depois jogo ali um adjetivo, depois um verbo e talvez um adverbiozinho no final, sabe como é, só para dar um pouco de colorido". No entanto, você fala uma língua com gramática e sintaxe — regras que são tão matemáticas e explícitas quanto as de qualquer cálculo. Há um grupo de pessoas denominadas lingüistas transformacionais que conseguiram arrecadar grandes somas de dinheiro de impostos, muito espaço acadêmico e ficam imaginando quais são essas regras. Elas não imaginaram coisa alguma para *fazer* com essas informações, até o momento, mas os gramáticos da transformação não se preocupam com esse detalhe. Não estão interessados no mundo real e, após ter vivido nele, posso às vezes entender seus motivos.

Quando se trata da linguagem, somos todos do mesmo barro. Os seres humanos têm muito as mesmas intuições a respeito dos mesmos tipos de fenômenos em grande diversidade de línguas. Se eu disser: "Você aquela olha entender idéia pode", você terá uma intuição muito diferente de se eu disser: "Olha, você pode entender aquela idéia", muito embora as palavras sejam as mesmas. Há, no nível inconsciente, uma parte de você que lhe diz que uma dessas duas sentenças está bem formada segundo um critério que determina para a outra não estar bem formada. Nosso trabalho, na qualidade de modeladores, é realizar uma tarefa semelhante com outras coisas mais práticas. Nosso trabalho é imaginar o que fazem inconsciente ou intuitivamente os terapeutas eficientes, elaborando algumas regras que possam ser *ensinadas* a outrem.

Bem, o que acontece normalmente quando se vai a um seminário é o líder dizer: "Tudo que vocês precisam fazer a fim de fazerem o que eu faço, sendo o grande comunicador que sou, é prestar atenção nas suas entranhas". E isto é verdade, *no caso de* acontecer de você possuir também nas suas entranhas aquilo que o líder possui. Minha dúvida é se você tem mesmo. No nível inconsciente você pode tê-lo mas, acho que se você quer ter as mesmas intuições de alguém como Erickson, como Satir, ou Perls, você terá que atravessar um período de treinamento para *aprender* a ter intuições similares. Assim que você passar por um período de treinamento consciente, você poderá ter intuições terapêuticas tão inconscientes e sistemáticas quanto suas intuições acerca da língua.

Se você vir e ouvir Virginia Satir trabalhando, você será confrontado com uma massa avassaladora de informações — o modo como ela se movimenta, seu tom de voz, o modo como ela toca, a quem se dirige a seguir, quais as pistas sensoriais que está usando para orientar-se na direção deste ou daquele membro da família, etc. É realmente uma tarefa exaustiva tentar rastrear todas as coisas que ela está usando como pistas, as respostas que está dando a tais pistas e as que elicia dos outros.

Bom, nós não sabemos o que Virginia Satir *realmente* **faz** com as famílias. No entanto, podemos descrever seu comportamento de modo tal a podermos chegar para qualquer um e dizer: "Olha, toma aqui. Faça essas coisas aqui, nesta seqüência. Pratique até que se tornem uma parte sistemática de seu comportamento inconsciente e, no fim, você acabará conseguindo eliciar as mesmas respostas que Virginia elicia". Não testamos quanto à precisão as descrições que conseguimos obter, nem quanto aos dados neurológicos, nem quanto às estatísticas relativas àquilo sobre o qual deveríamos estar fazendo. Nossa conduta para verificar se nossa descrição é ou não um modelo adequado para o que estamos fazendo consiste apenas em descobrir se funciona ou não; você consegue exibir com eficiência, em seu comportamento, os mesmos padrões que Virginia exibe no dela, conseguindo os mesmos resultados? Até este ponto estaremos fazendo comentários que talvez não guardem a menor relação com a "verdade", com o que "está realmente se passando"; contudo, sabemos *de fato* que o modelo tecido a partir do comportamento dela tem sido eficiente. Após terem sido expostas a tal modelo e terem praticado os padrões e as descrições por nós proporcionados, as pessoas têm registrado mudanças em seu comportamento as quais tornam-nas eficientes no mesmo sentido que Satir é, resguardando porém a peculiaridade do estilo de cada pessoa. Se você aprende a falar francês, você ainda estará se expressando à sua própria maneira.

Você pode empregar sua consciência para decidir conquistar uma determinada habilidade que, em sua opinião, é útil no contexto de suas atividades profissionais e pessoais. Ao usar nossos modelos, você tem a oportunidade de praticar essa habilidade. Após ter conscientemente praticado, durante um certo tempo, você pode permitir que essa habilidade funcione inconscientemente. Todos vocês tiveram que praticar conscientemente as várias habilidades necessárias para se guiar um carro. Hoje você pode guiar uma longa distância, sem tomar consciência disso, a menos que haja alguma situação em especial que obrigue a atenção a despertar.

Uma das coisas sistemáticas que tanto Erickson quanto Satir como muitos e muitos outros terapeutas eficientes fazem é notar inconscientemente *como* é que pensa a pessoa com quem estão falando, fazendo depois uso dessa informação dentro de uma infinidade de modos. Se, por exemplo, sou cliente de Virginia, posso dizer:

"Bom, cara, Virginia, sabe eu só, ha... nossa! As coisas têm sido, têm sido difíceis, sabe. De repente, sabe, minha mulher foi ... minha mulher foi atropelada por um caracol e ... sabe, tenho quatro filhos e dois deles são bandidos e acho que talvez tenha feito alguma coisa errada mas simplesmente não consigo é ver onde está o erro".

Não sei se alguma vez vocês tiveram a oportunidade de ver Virginia trabalhando, mas ela trabalha muito, muito bonito. O que ela faz é muito mágico, apesar de, na minha opinião, esta mágica ter uma estrutura e ser acessível a todos vocês. Uma das coisas que ela faria em sua resposta seria acompanhar este cliente em seu modelo do mundo dizendo-lhe aproximadamente algo como o seguinte:

> "Entendo que você sinta um certo peso em cima de você e que estes sentimentos que carrega em seu corpo não são o que você deseja para si mesmo, como ser humano. Você espera coisas diferentes, neste sentido".

Não importa realmente o que ela diz, desde que use os mesmos tipos de palavras e de padrões tonais. Se o mesmo cliente tiver de ir a outro terapeuta, é provável que o diálogo seja mais ou menos assim:

"Bom, sabe, as coisas estão muito pesadas na minha vida, Dr. Bandler. Sabe, parece assim que não consigo enfrentar as coisas, sabe..."
"Estou vendo como é, sr. Grinder".
"Sinto que fiz alguma coisa errada com meus filhos e não sei o que é. E achei que talvez o sr. pudesse me ajudar a perceber, sabe como é?"
"Certo. Entendo o que você está dizendo. Vamos prestar mais atenção a uma dimensão particular. Tente me dar a *sua* maneira pessoal de encarar a situação. Diga-me como é que você enxerga sua situação neste momento".
"Bom, sabe, eu assim... eu estou... eu me sinto assim como não conseguindo perceber a realidade".
"Posso ver isso mesmo. O que importa para mim — depois dessa descrição colorida que o sr. fez — o que é importante para mim é concordarmos onde é que iremos caminhar para trabalharmos juntos".
"Estou tentando dizer-lhe que minha vida está cheia de arestas, sabe. E estou tentando encontrar um caminho..."
"Parece que tudo está despedaçado... em sua descrição, de qualquer modo. As cores não estão assim tão bonitas".

Enquanto vocês estão sentados e rindo, não conseguimos sequer chegar a exagerar o suficiente para ser o que na "vida real" já escutamos. Gastamos já um tempo enorme indo de uma clínica de saúde mental para outra, ou assistindo a palestras de comunicadores profissionais. É muito deprimente. E o que observamos é que muitos terapeutas desafinam de um jeito parecido ao que acabamos de demonstrar.

Somos oriundos da California e o mundo todo lá é governado por companhias eletrônicas. Temos uma grande quantidade de pessoas chamadas "engenheiros" e é típico que, a certa altura, os engenheiros tenham que ir para terapia. É uma regra, não sei por que, mas eles aparecem e em geral todos dizem a mesma coisa, assim:

"Bom, durante muito tempo eu podia ver como, sabe, eu estava realmente subindo de vida e ficando famoso e, de repente, sabe, quando comecei a chegar mais perto do topo eu comecei a olhar para o lado e minha vida parecia vazia. Você entende? Quero dizer, você entende o que isso significaria para um homem de minha idade?"

"Bom, estou começando a formar uma noção para pegar a essência dos tipos de sentimentos que você tem e que quer mudar".

"Espera um pouco, porque o que eu quero fazer é que estou tentando te mostrar minha perspectiva a respeito da coisa toda. E, sabe —"

"Sinto que isto é muito importante".

"E eu sei que muitas pessoas têm um monte de problemas, e o que eu quero fazer é te apresentar uma idéia *realmente* clara do que vejo ser o problema a fim de que, sabe, você possa me mostrar, assim pedaço por pedaço, o que eu preciso saber a fim de descobrir uma saída para estas dificuldades porque, com toda franqueza, eu poderia ficar muito deprimido por causa disso. Quer dizer, você percebe como é que isso seria?"

"Sinto que isso é muito importante. Você levantou alguns tópicos aqui que eu acho que precisamos enfrentar. E é só uma questão de escolher onde é que iremos nos segurar para começar a trabalhar de modo poderoso e confortável a respeito disso."

"Eu gostaria mesmo é de saber sua opinião".

"Bem, eu não quero que você evite qualquer um desses sentimentos. Continue só indo em frente e deixe que eles aconteçam e façam a maior mexida na imagem que você traçou aqui".

"Eu ... eu não estou percebendo que isto vá nos levar a parte alguma".

"Sinto que tocamos num ponto delicado do relacionamento. Você está disposto a falar a respeito de sua resistência?"

Será que você consegue distinguir algum padrão nesse diálogo? Observamos os terapeutas fazendo isso durante dois ou três dias, notando que Satir fazia exatamente o contrário: *ela acompanhava o cliente*. Mas a maioria dos terapeutas não o faz.

Temos notado este traço peculiar aos seres humanos. Se estes descobrem alguma coisa que fazem e que não funciona, eles a *repetem*. B. F. Skinner tinha um grupo de alunos que havia realizado diversas pesquisas com ratos e labirintos. E alguém, um dia, perguntou-lhes: "Qual é realmente a diferença entre um rato e um ser humano?" Bom, os comportamentistas, uma vez que não eram pessoas terrivelmente observadoras, decidiram que precisavam experimentar para descobrir. Construíram um labirinto enorme em escala adequada para um humano. Pegaram um grupo controle de ratos e ensinaram-no a percorrer um labirinto pequeno atrás de queijo. Depois pegaram pessoas e ensinaram-nas a percorrer o labirinto grande atrás de notas de cinco dólares. Houve pequenas variações nos dados e — ao nível de probabilidade de 95% — descobriram algumas diferenças significativas no número de tentativas ao critério ou algo parecido. Os humanos conseguiram aprender a percorrer o labirinto um pouco melhor, um pouquinho mais depressa do que os ratos.

As estatísticas realmente interessantes aconteceram quando foram efetuar a parte da extinção. Removeram as notas de cinco dólares e o queijo e depois de um certo número de tentativas os ratos pararam de correr pelo labirinto ... Os humanos contudo não pararam!... Ainda estão lá!... De noite, eles invadem o laboratório.

Um dos procedimentos operacionais da maioria das disciplinas, o qual permite que você cresça e continue a se desenvolver numa velocidade rápida é a regra segundo a qual se aquilo que você faz não funciona, *faça alguma coisa diferente*. Se você é engenheiro, o foguete está todo preparado, você aperta o botão e a coisa não levanta, você modifica seu comportamento para descobrir o que for preciso e alterar algumas coisas necessárias para superar a gravidade.

Contudo, no campo da psicoterapia, se você entra numa situação em que o foguete não sobe, isso tem um outro nome: isso se chama ter um "cliente resistente". Você enfrenta o fato de que faz algo que não funciona e joga a culpa disso no cliente, o que lhe alivia a responsabilidade de ter de mudar o seu comportamento. Ou, no caso de você ser ligeiramente mais humanista, você "compartilha a culpa pelo fracasso" ou então diz que o cliente "não estava pronto".

Um outro problema é que o campo da psicoterapia fica desenvolvendo as mesmas coisas repetitivamente. O que Fritz fazia e o que Virginia faz já havia sido feito antes. Os conceitos empregados na Análise Transacional (AT) — por exemplo, a "redecisão" — já estão presentes no trabalho de Freud. O aspecto interessante é que, em psicoterapia, o conhecimento não é transferido.

Quando os humanos aprenderam a ler e a escrever e a comunicar-se entre si de algum modo, esse conhecimento começou a acelerar a taxa de desenvolvimento. Se ensinamos eletrônica para alguém, treinamo-lo a respeito de todas as coisas que já foram descobertas a fim de que possa continuar e descobrir coisas *novas*. O que acontece na psicoterapia, contudo, é que nós, ao contrário, enviamos as pessoas para escolas. E quando saem de lá é que *então* irão aprender a fazer terapia. Não só terão que aprender a fazer terapia, como ainda *não há maneira* de se aprender a fazê-la. De modo que o máximo que fazemos é enviar-lhes clientes e chamamos o que fazem de "prática privada" de modo que possam praticar em segredo.

Há em lingüística uma distinção denominada nominalização. Por meio da nominalização, você toma um processo e o descreve como se se tratasse de um evento ou de uma coisa. Deste modo, você confunde ao máximo a todos em seu redor e a si mesmo também, a menos que se lembre de que é uma representação e não uma experiência. Isto pode ter suas aplicações positivas. Se acontece de você ser um governo, você pode falar a respeito de nominalizações tais como "segurança nacional" e fazer com que todos se preocupem com estas palavras. Um dos recentes presidentes norte-americanos, assim que foi para o Egito, mudou a palavra "imperativo" em outra palavra — "desejável" e de repente somos novamente amigos do Egito. Tudo que fez foi mudar uma palavra. Isto é mágica com palavras.

A palavra "resistência" também é uma nominalização por estar descrevendo um processo na qualidade de coisa, sem mencionar *como funciona*. O terapeuta zeloso, atento, autêntico, do último diálogo, descreveria seu cliente como pessoa insensível e fria, tão completamente distante de seus próprios sentimentos que não conseguia comunicar-se efetivamente com o terapeuta. Esse cliente estava realmente resistindo.

E o cliente estaria procurando um outro terapeuta porque este precisava de óculos. Faltava-lhe o menor senso de perspectiva. Ele não poderia ter a mesma visão que o cliente, de modo algum!

E, naturalmente, *ambos* estariam com a razão.

Bem, há alguém aqui que ainda não tenha identificado o padrão do qual estamos falando? Porque, na realidade, foi o ponto inicial para nós.

Mulher: Ah, no último diálogo, o cliente estava usando termos visuais como "olhe, veja, mostre, foco, perspectiva". E o terapeuta estava usando palavras táteis como "pegar (perceber), segurar, sentir, suave, áspero".

Certo. E há também algumas pessoas que usam basicamente palavras auditivas: "Estou escutando o que você diz", "Isto ressoa em mim", "Posso ressoar junto com isso", etc. O que notamos é que pessoas diferentes pensam efetivamente de modo diferente e que tais diferenças correspondem aos três principais sentidos: visão, audição e tato, ao que denominamos cinestesia.

Quando você estabelece um contato inicial com uma pessoa, ela provavelmente estará pensando dentro de um destes três *sistemas representacionais*. Internamente, ela ou estará gerando imagens visuais, ou tendo sensações ou falando consigo mesma e ouvindo sons. Uma das maneiras pelas quais você pode saber disso é escutando os tipos de palavras processuais (os predicados: verbos, advérbios e adjetivos) que a pessoa emprega para descrever sua experiência. Se você der atenção a tais informações, poderá ajustar seu próprio comportamento para conseguir a resposta que deseja. Se você pretende um bom contato inicial, pode falar usando os mesmos tipos de predicados que o outro está usando. Se quer alienar a outra pessoa, você deliberadamente usará predicados que *não* combinem, como o fizemos nos diálogos cliente-terapeuta acima citados.

Gostaria de falar um pouco a respeito de como funciona a linguagem. Se olho para você e digo: "Você está confortável?" você pode me dar uma resposta. O pressuposto de sua capacidade de responder congruentemente à minha pergunta é você entender as palavras que estou dizendo. Você sabe, por exemplo, *como* é que você entende a palavra "confortável"?

Mulher: Fisicamente.

Você a entende fisicamente. Você capta alguma mudança em seu corpo que é digna de atenção. Essa mudança em seu estado sensorial é distinta de "aterrorizada". Esta é uma resposta diferente.

Ela capta uma mudança em seu corpo como modo de entender o significado da palavra "confortável". Será que alguém mais notou como é que a entendem? Alguns terão imagens visuais de si mesmos em posição confortável: deitados numa rede, ou deitados na grama ensolarada. E alguns outros poderão mesmo escutar os sons que associam ao conforto: o borbulhar de um riachinho, o vento soprando entre os pinheiros.

A fim de vocês entenderem o que lhes estou dizendo, vocês têm de pegar as palavras — que nada mais são do que rótulos arbitrários para trechos de sua história pessoal — e *captar* o significado, a saber, um tipo de imagens, um tipo de sentimentos, um tipo de sons, e estes *são* para vocês o significado da palavra "confortável". Esta é uma noção simples de como a linguagem funciona e chamamos este processo de *busca transderivativa*. As palavras são gatilhos que tendem a disparar para sua consciência certas partes de sua experiência e não outras.

Os esquimós têm aproximadamente setenta palavras para *neve*. Bem, será que isto quer dizer que as pessoas criadas numa tribo chamada esquimós têm um aparato sensorial diferente do nosso? Não. Na minha forma de ver as coisas, linguagem é a sabedoria acumulada de um grupo de pessoas. A partir de uma quantidade potencialmente infinita de experiências sensoriais, a linguagem seleciona aquelas coisas repetitivas na experiência das pessoas, desenvolvendo a linguagem e aquela linguagem que foi considerada útil como objeto de atenção consciente. Não é de surpreender que os esquimós tenham cerca de setenta palavras para *neve*, em termos de onde vivem e dos tipos de tarefas que devem realizar. Para eles, a sobrevivência é algo intimamente associado à neve e, portanto, devem executar distinções bastante sutis. Os esquiadores também têm tipos diferentes de palavras para tipos diferentes de neve.

Conforme diz Aldous Huxley em seu livro *As Portas da Percepção,* quando aprendemos uma língua, herdamos a sabedoria das pessoas que se foram antes de nós. Neste sentido, *você é também uma vítima:* do conjunto infinito de experiências que poderia ter tido, algumas são dotadas de nomes, rotuladas por meio de palavras e, deste modo, enfatizadas e capazes de atrair sua atenção. Igualmente válidas — possivelmente até mais dramáticas e úteis — as experiências de nível sensorial não rotuladas mantêm-se de modo típico afastadas do domínio da consciência.

Sempre há uma perda de funcionamento na passagem das representações primária para secundária. Há uma diferença entre a experiência e os modos de representá-la para você mesmo. Um dos meios menos imediatos de representar experiências é com palavras. Se eu lhe digo: "Esta mesa exatamente aqui tem um copo parcialmente cheio de água depositado em cima dela", apresento-lhe uma seqüência de palavras, de símbolos arbitrários. Podemos concordar ou discordar dessa afirmação por eu estar apelando diretamente à sua experiência sensorial.

Se eu usar palavras que não tenham referências sensoriais diretas, o único jeito de você poder entendê-las — a menos que você tenha um programa para pedir mais descrições de cunho sensorial — é descobrindo em sua experiência passada alguma contrapartida equivalente.

Suas experiências coincidirão com as minhas na medida em que compartilharmos de uma cultura, em que repartirmos certos tipos de experiências passadas. As palavras têm de ser relativizadas ao modelo de mundo que tem a pessoa com que se fala. A palavra "relacionamento" para uma pessoa de gueto, para um branco de classe média e para alguém que pertença ao grupo das cem famílias mais ricas do país é fenômeno *muitíssimo* diferente. Existe a ilusão de que as pessoas podem entender-se quando são capazes de repetir as mesmas palavras. Uma vez, porém, que tais palavras captam internamente experiências diferentes — e é o que devem fazer — então haverá sempre uma diferença entre os significados.

Há uma perda processual entre a palavra e a experiência e também uma perda processual entre *minha* experiência correspondente a uma palavra e *sua* experiência correspondente à mesma palavra. Acho extremamente útil para vocês se comportarem de modo que seus clientes cheguem a se iludir pensando que vocês entendem o que eles dizem verbalmente. Advirto-os, porém, a não aceitarem para vocês essa ilusão.

Muitos de vocês provavelmente têm intuições sobre seus clientes na primeira vez que os vêem. Talvez haja um certo tipo de cliente que quando entra em seu consultório, antes mesmo de falar, você ergue os olhos e *sabe* que esse vai ser duro, que será realmente difícil. Irá ser um projeto relativamente cansativo e prolongado o de auxiliar essa pessoa a efetivar as escolhas que quer fazer, mesmo que você ainda não saiba quais sejam estas escolhas. Em outras ocasiões, antes mesmo que o cliente fale, você sabe que irá ser interessante, que irá ser um prazer. Acontecerá uma centelha, haverá uma sensação de excitamento e de aventura, conforme você for levando essa pessoa a novos padrões de comportamento que lhe proporcionem as coisas pelas quais veio à sua procura. Quantos de vocês têm intuições deste tipo? Preciso de um voluntário. Você sabe, quando está tendo uma intuição, que a está tendo?

Mulher: Hamham.

Qual é a experiência?...

Vamos ajudá-los. Comecem ouvindo a pergunta. Gostaria de treinar todos vocês a fazerem a pergunta. A pergunta é: *"Como é que você sabe* quando está tendo uma intuição?" (Ela olha para cima e para a esquerda.) Sim, é desse modo que você sabe.

Ela não *falou* coisa alguma; isso é que é interessante. Ela simplesmente percorreu um processo não-verbal para responder à pergunta que lhe fiz. Este processo é uma réplica do processo que ela realmente atravessa quando tem a intuição, e foi a resposta à pergunta.

Se vocês não estão aproveitando nada deste *workshop,* aproveitem o seguinte: *Vocês sempre obterão respostas para suas perguntas na medida em que tiverem o aparato sensorial para notarem as respostas.* E raras vezes será relevante a parte consciente ou verbal da resposta.

Bem, voltemos agora e demonstremos de novo. Como você sabe quando está tendo uma intuição?

Mulher: Bom, deixe-me retomar o diálogo anterior... Eu estava tentando colocá-lo de alguma forma. E, para mim, o que ficou foi o símbolo de —

Que tipo de símbolo? Algo que você viu, ouviu ou sentiu? Eu o vi na minha cabeça assim como —
Tá. Você o viu em sua cabeça. Foi uma imagem.

Agora, todas as informações que acabou de nos oferecer verbalmente são completamente redundantes se vocês estivessem em posição de ver sua resposta não-verbal à pergunta inicial. Tudo que ela acabou de apresentar verbalmente estava presente de modo muito mais refinado num nível não-verbal. Se vocês fizerem uma limpeza geral em seus canais sensoriais e prestarem atenção à experiência sensorial, quando fazem uma colocação ou quando perguntam alguma coisa a um ser humano, vocês sempre receberão uma resposta não-verbal, independente de a outra pessoa ser ou não capaz de expressá-la conscientemente.

A informação acerca dos sistemas representacionais chega através de uma enorme quantidade de modos diferentes. O modo mais fácil de começar a treinar os sentidos é o seguinte: as pessoas realizam com os olhos movimentos que lhes indicarão qual o sistema representacional que estão usando. Quando alguém entra em seu consultório, está planejando o que irá fazer. Ou está visualizando, ou se dizendo o que irá falar, ou prestando atenção aos sentimentos que querem lhe descrever. Quando faz isso, essa pessoa volta-se para seu interior e *capta* essas informações, fazendo gestos típicos que todos vocês conhecem inconscientemente e, não obstante, ao longo de toda a história da Psicologia ninguém ainda explicitou.

Por exemplo, descreverei um caso típico. Você faz uma pergunta para a pessoa que diz, então: "Hum, vejamos", e que olha para cima, para a esquerda e inclina um pouco a cabeça na mesma direção. Quando as pessoas olham para o alto, estão criando imagens internas.

Vocês acreditaram? É mentira, sabe. Tudo que iremos falar aqui para vocês é mentira. Todas as generalizações são mentiras. Uma vez que não precisamos defender nem a verdade nem a precisão, iremos mentir consistentemente para vocês ao longo deste seminário. Há apenas duas diferenças entre nós e outros professores: uma é que anunciamos, logo no início do seminário, que tudo que irá ser dito é mentira, ao passo que os outros professores não avisam nada. A maioria deles crê em suas mentiras. Não percebem que são inventadas. A outra diferença é que a maioria de nossas mentiras irá funcionar realmente bem se vocês se comportarem *como se* elas fossem verdadeiras.

Na qualidade de modeladores, não estamos interessados na veracidade ou não do que lhes estamos oferecendo, nem em sua precisão, nem se neurologicamente é possível provar-se como preciso, como representação real do mundo. Estamos interessados *exclusivamente naquilo que funcione.*

Gostaria que três voluntários viessem até aqui...
A seguir, irei fazer algumas perguntas a Fran, Harvey e Susan. De vocês que estão aí embaixo, só quero que limpem seus aparatos sensoriais. Sentem-se aí e teçam imagens acerca do quê algo aqui está lembrando-os, ou falem para si mesmos a respeito dessas coisas, ou tenham sensações/sentimentos a respeito do que está acontecendo.

Eis o que lhes proponho que adotem como estratégia de aprendizagem para os próximos minutos: façam apenas uma limpeza em sua experiência interior. Silenciem o diálogo interno, verifiquem seu corpo e certifiquem-se de que estão numa posição confortável a fim de poderem deixá-lo assim durante um certo tempo, e não façam imagens mentais. Apenas notem, através de seu aparato sensorial, que relacionamentos podem ser descobertos entre as perguntas que irei fazer a essas três pessoas aqui e as respostas que elas darão não-verbalmente. Gostaria que vocês, principalmente, prestassem especial atenção aos movimentos e alterações dos olhos. Há uma enormidade de coisas acontecendo sobre as quais será útil falarmos numa outra oportunidade. Neste momento, queremos apenas que vocês prestem atenção a *essa* parte de suas respostas não-verbais.

Irei apenas perguntar a vocês três aqui algumas coisas. Gostaria que *encontrassem* as respostas para essas questões, mas que não as verbalizassem. Quando estiverem satisfeitos com as respostas obtidas, ou se tiverem decidido, depois de procurarem, que não sabem qual é a resposta, parem. Vocês não precisam me dar nenhum resultado verbal; guardem as respostas para vocês mesmos.

Nos Estados Unidos há um fenômeno interessante chamado "semáforo". O que está em cima, no semáforo, o vermelho ou o verde?... Quando vieram para cá hoje, por quantos semáforos vocês passaram desde o momento em que começaram o percurso até chegarem aqui no hotel?... De que cor são os olhos de sua mãe?... Quantos carpetes de cores diferentes você tinha na última casa onde morou? (Fran olha fixamente para a frente em resposta a cada pergunta; Harvey olha para cima e para o lado esquerdo; Susan olha para cima e para o lado direito, outras vezes, olha para a frente fixamente.)

Bem, vocês notaram algum movimento nos olhos deles? Notaram mudanças sistemáticas neles? Certo. Guardem essas informações por um instante. São seres humanos complexos que estão apresentando mais do que uma resposta. Contudo, percebam o que é *comum* nas respostas que deram ao conjunto de perguntas.

Irei agora alterar um pouco as perguntas e quero que vocês percebam se há diferenças sistemáticas no modo como irão responder.

Pensem em sua música preferida... Que letra do alfabeto vem antes do R?... Conseguem ouvir a voz de sua mãe?... (Fran e Harvey olham para baixo e para a esquerda enquanto captam as informações depois de cada pergunta; Susan olha para baixo e para a direita.)

Bem, houve uma diferença entre o último conjunto de respostas e este que acabaram de dar.

Agora irei alterar novamente minhas perguntas.

Sabem qual é a sensação da água rodopiando em volta de seu corpo quando nadam?... O que acontece, no inverno, quando você está numa casa aconchegante, quentinha e gostosa e depois vai para a rua, saindo para o ar frio?... (Fran e Harvey olham para baixo e para a direita enquanto buscam captar a resposta para cada pergunta; já Susan olha para baixo e para a esquerda.)

Vocês conseguem estabelecer alguma conexão entre os tipos de perguntas que eu estava fazendo e o tipo de movimentos que estavam vendo? O que foi que viram mesmo em suas experiências sensoriais quando fiz as perguntas?

Homem: Notei principalmente que, quando parecia que Susan estava imaginando alguma coisa, ela olhava para cima. E depois havia vezes em que ela olhava direto à frente.

Certo, concordo com você. Como é que sabe quando ela está imaginando alguma coisa? Isso é um pressuposto de sua parte. A que perguntas feitas por mim estes movimentos constituíram-se em respostas?

Homem: A cor dos olhos. Quantos semáforos — como se ela estivesse imaginando os cruzamentos.

De modo que as perguntas que estive fazendo exigiram informação visual por pressupostos. E as respostas que você observou foram vários movimentos para cima. Você reparou em alguma preferência de lado?

Mulher: Susan olhava para a direita. Ela olhou para a direita por ser canhota.

Susan olha para a direita porque é canhota? Nem sempre ela olha para a direita. Observe.

Susan, você sabe como é que ficaria com um longo e flamejante cabelo vermelho?... Sabe como você ficaria se tivesse barba? Você sabe como você está, sentada bem aqui? (Seus olhos se mexem para cima e para a esquerda.) Para que lado foram seus olhos desta vez? Distinga os lados direito e esquerdo com relação a ela. Você disse que era típico ela voltar-se para seu lado direito para responder às perguntas anteriores orientadas visualmente. Que movimento foi que você viu nos olhos dela exatamente agora, em resposta às últimas perguntas? Desta vez os olhos de Susan dilataram-se e movimentaram-se para o lado *esquerdo* dela, e depois de volta. Assim, não é sempre que ela olha para o alto e para seu lado direito. Algumas vezes ela olha para cima e para seu lado esquerdo. Há uma diferença sistemática entre o tipo de perguntas que fiz agora mesmo e o tipo de questões visuais que estive fazendo antes. Você pode descrever a diferença?

Mulher: As primeiras perguntas relacionavam-se com experiências das quais ela estava se lembrando, enquanto que o segundo grupo ela não havia experimentado e estava tentando visualizar.

Excelente. Denominamos o primeiro conjunto de imagens *eidéticas* ou *recordadas* e o segundo conjunto chamamos de imagens *construídas*. Ela nunca se havia visto sentada aqui nesta cadeira desta sala. Trata-se de algo do qual ela não teve jamais uma experiência visual direta e, portanto, ela tem de *construir* a imagem a fim de ver como é que ela está, nessa situação.

A maioria das pessoas destras "organizadas normalmente" exibirão o *oposto* do que vimos suceder aqui com Susan. Susan é canhota e suas pistas para captação visual estão invertidas da esquerda para a direita. A maioria das pessoas olham para cima e para seu lado esquerdo no caso de imagens eidéticas visuais, e para cima e para seu lado direito no caso de imagens visuais construídas.

Entretanto, muitos destros organizados normalmente olharão para cima e para seu lado direito quando respondem a perguntas acerca de memória visual. Barbara, aqui na platéia, olhou para cima e para seu lado direito para recordar-se de alguma coisa, instantes atrás. Você se lembra do que foi que viu lá?

Barbara: Não.

Você se lembra de alguma das casas em que você morou quando criança?

Barbara: Sim, lembro.

Ela acabou de olhar para cima e para o lado direito novamente. Que foi que você viu, Barbara? Cite uma das coisas que você viu.

Barbara: Vi a sala de estar.

Farei uma predição, a de que a sala de estar que você viu tinha alguma coisa de especial. Quero que você verifique isto e depois me diga se minhas colocações foram precisas. A sala de estar que você viu estava suspensa no espaço, não estava circunscrita como deveria, em termos visuais, como se você estivesse realmente dentro desse aposento. Foi uma imagem como você nunca havia visto antes pois se tratava de um fragmento de um conjunto de imagens que, no passado, você havia visto muitas e muitas vezes. Não se tratou de um dado visual que você nunca tenha visto diretamente. Foi literalmente extraído, pedaço de uma certa parte de sua experiência e apresentado separadamente. Está certo?

Barbara: Sim.

Quando se fazem perguntas de memória visual para a pessoa e ela olha para cima e para a direita, você não pode concluir que ela seja canhota, nem que suas pistas para captação estejam invertidas. Tudo que você pode concluir é que a pessoa olhou para cima e para seu lado direito. Se você quer explorar o fato mais além, surgem algumas possibilidades. Uma delas é o que se passa com Susan, a saber, que tem organização cerebral invertida. A outra possibilidade é que a pessoa talvez estivesse elaborando imagens do passado, como é verdade para Barbara. Quando isto se dá, as imagens não terão a cor, os detalhes, os indicadores contextuais nem o fundo visual que uma imagem eidética verdadeira tem, ao ser lembrada. Esta é uma diferença importante.

Quando Barbara se recorda de imagens, ela recorda-as destacadas de contexto, algo característico de imagens construídas. A propósito, ela discutirá muito a respeito do passado com as pessoas, especialmente com aquelas que lembram-se eideticamente.

Sally: Não vi os olhos de Fran indo nem para cima nem para baixo, só à frente.

OK. Houve alguma diferença acentuada entre o modo como ela olhava direito à frente antes de eu lhe haver perguntado alguma coisa e o modo como continuava a olhar à frente, para mim, depois de eu lhe ter perguntado alguma coisa? Você reparou em alguma modificação?

Sally: Sim. Ela parecia mais pensativa depois.

"Pensativa". O que parece "pensativo" para mim e o que parece "pensativo" para você podem ser tipos *completamente* diferentes de experiências. "Pensativo" é um julgamento complexo acerca da experiência, não está em sua experiência sensorial. Tenho certeza de que "pensativo" tem um significado apropriado para você, e de que você pode conectá-lo facilmente à sua experiência sensorial. Então, será que você poderia descrever, para podermos concordar ou discordar, o que *viu* realmente, em oposição ao julgamento de que ela estava "pensativa"?

Como dissemos anteriormente, todas estas perguntas estão sendo respondidas antes da verbalização. Portanto, se você tem a oportunidade de observar qualquer pessoa com a qual esteja se comunicando diretamente, você terá sempre a resposta antes que essa pessoa a ofereça para você em termos verbais. Acabei de pedir a Sally uma descrição de alguma coisa e ela, não-verbalmente, demonstrou o que vira. Ela espelhou em seus próprios movimentos o que Fran estava fazendo.

Sally, você se lembra da sensação do que acabou de fazer?

Sally: Meus olhos ficaram assim meio fechados.

Então suas pálpebras caíram um pouquinho. Haveria alguma

coisa mais que você pudesse detectar a partir do que você sentia seus olhos fazendo ou do que se lembra que Fran estava fazendo?...

Alguma vez já tiveram a experiência de, numa conversa, os olhos da outra pessoa ainda estarem pousados sobre vocês mas, de algum modo, de repente vocês estarem completamente sozinhos? Completamente a sós? Isso foi o que se passou aqui. Em ambas as situações, as pupilas se dilatam e os músculos faciais relaxam.

Se você teve dificuldade para enxergar a dilatação pupilar, esta afirmação, creio, não se relaciona com a dilatação de pupilas mas, sim, com seu próprio programa perceptivo. E não estou falando sobre o fato de você ter uma visão 20/20 ou uma visão 20/2000 com lentes de correção. A sua habilidade de perceber é algo *aprendido* e você pode aprender a fazê-lo melhor. A maioria das pessoas age como se os seus sentidos fossem apenas receptáculos passivos dentro dos quais o mundo amontoa vastas quantidades de informação. Há uma enorme quantidade de informação, tão enorme que dela você só consegue representar uma fração mínima. Você aprende a selecionar ativamente segundo moldes de utilidade.

De modo que, dentro de poucos instantes, iremos pedir a vocês que modifiquem seus programas perceptivos a fim de determinarem o seguinte: 1) se existem ou não os padrões dos quais estamos falando; 2) se podem ou não ser úteis. Iremos proceder deste modo gradual. Iremos nos valer de qualquer que seja o relacionamento que temos com vocês para fazer com que executem um exercício no qual descobrirão sozinhos, usando seu próprio aparato sensorial, se de fato existem estas coisas das quais estamos falando. Depois iremos conversar sobre como *usá-las* porque isso é o que realmente importa. Em última instância, a questão é se isso é algo que vale a pena saber.

Quero garantir-lhes que, se agora vocês têm padrões de comunicação que são funcionais em terapia, educação ou negócios, tais habilidades ainda continuarão à sua disposição quando terminarem este seminário. Garanto a vocês até esse ponto. Não iremos fazer nada que elimine escolhas ou alternativas. Gostaríamos que considerassem uma nova abordagem. Minha opinião é que vocês são comunicadores bastante eficientes e competentes, terapeuticamente. Vocês alcançam resultados e se sentem satisfeitos com eles; é um desafio e vocês gostam de seus trabalhos, pelo menos parte do tempo. Mas, mesmo nos casos em que vocês se saem muito, mas muito bem mesmo, de vez em quando ficam entediados. Há a tendência de vocês repetirem o mesmo conjunto de intervenções que já realizaram no passado e que obtiveram êxito, esperando novamente pelo sucesso desta vez. Acho que uma das experiências mais perigosas para os seres humanos é a do sucesso, principalmente se logo no início da carreira vocês alcançam o sucesso, porque vocês tendem a tornar-se supersticiosos e repetitivos. É a nota de cinco dólares no final do labirinto.

Por exemplo, digamos que certa vez você fez com que uma pessoa conversasse com uma cadeira vazia e visualizasse sua mãe nessa cadeira e que, depois, a pessoa mudou de modo dramático. Você talvez então decida que todos os terapeutas do país deveriam fazer o mesmo, quando na verdade este é só um dos jeitos numa miríade de alternativas para obter o mesmo resultado.

Para aqueles que estão em dúvida e para os que têm seu lado cético, gostaríamos de pedir — e isto vale também para todas as mentiras que iremos lhes contar — que façam o seguinte: aceitem nossa mentira por um período limitado de tempo, a saber, durante o exercício que seguirá à descrição do padrão que dizemos existir. Deste modo, poderão usar suas próprias experiências sensoriais e não as verbalizações alucinadas que lhes damos, decidindo se de fato as coisas que descrevemos podem ser observadas no comportamento da pessoa com quem vocês estão se comunicando.

Estamos agora afirmando que vocês deixaram escapar algo que estava totalmente óbvio. Estamos declarando que a vida toda vocês ficaram falando com pessoas que diziam: "Bem, o jeito que eu vejo..." (olhando para o alto e para seu lado esquerdo), "Fico me dizendo..." (olhando para baixo e para sua esquerda), "Acho que sinto..." (olhando para baixo e para a direita) — e vocês nem tomaram conhecimento desse detalhe. As pessoas ficam fazendo isso sistematicamente por mais de cem anos de psicologia moderna e de teoria da comunicação e todos vocês têm sido vítimas de padrões culturais que não lhes permitiram notar e responder diretamente e de modo eficiente a essas pistas.

Exercício de pista para captação

Encontre alguém que você desconheça ou que só conheça muito pouco. Um de vocês será o A e o outro, o B. A começa fazendo perguntas. Torne relativamente simples a tarefa de aprender isso organizando as perguntas em grupos, do jeito que fiz. Iniciem fazendo perguntas visuais eidéticas: De que cor é o tapete em seu carro? De que cor são os olhos de sua mãe? Qual a forma das letras do sinal no lado de fora deste edifício? Todas estas perguntas referem-se a coisas que as pessoas já viram antes.

Depois, faça perguntas sobre coisas que a pessoa não tenha visto e que terá de elaborar: Como é que você seria, de meu ponto de vista? Você ficaria de que jeito com cabelo roxo?

A seguir, perguntas auditivas: Qual é o seu tipo favorito de música? Que porta de sua casa faz o barulho mais alto quando é batida? Consegue ouvir alguém muito especial para você dizendo seu nome de maneira especialmente deliciosa? Você pode se escutar cantando "Mary had a little lamb" (Maria tinha um carneirinho)?

Todos estes são meios de captar a experiência auditiva. As pistas que a pessoa lhe oferece não-verbalmente serão sistematicamente diferentes das pistas que podem ser proporcionadas a partir do outro conjunto de perguntas. Faça depois um conjunto de perguntas cinestésicas: Como é que você se sente de manhã cedo? Como é o pêlo do gato?

Pistas de captação visual para uma pessoa destra "normalmente organizada"

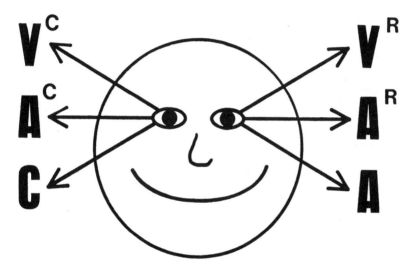

Vc Imagens visuais construídas

Vr Imagens visuais recordadas (eidéticas)

(olhos fora de foco e imóveis também indicam captação visual)

Ac Sons de palavras auditivos e construídos

Ar Sons de palavras recordados e auditivos

C Sensações cinestésicas (incluindo olfato e gosto)

A Sons auditivos ou palavras

Mulher: Há diferença entre os movimentos oculares da pessoa quando está se lembrando de algo que já ouviu no passado e quando está tentando imaginar qual é o som de alguma coisa?

Quando você diz "imagina" isso pressupõe imagens ou figuras. Pergunte-lhes por um som que devam *criar,* algo que nunca escutaram antes. Haverá uma diferença, sim. Descubra-a sozinha.

Quero advertir vocês quanto a duas armadilhas. Vocês podem *pensar* que a palavra "pensar" é um sistema representacional. Não é. As palavras "pensar, compreender, ter consciência, acreditar, sentir, saber", são todas *inespecíficas.* Não as empregue porque a resposta que elas propiciam é aleatória.

Vocês também obterão respostas confusas e que confundem, se disserem coisa do tipo: "Lembra da última vez que você teve a sensação de nadar no meio da água?" Vocês pediram à pessoa que fizesse duas coisas: pediram-lhe que *lembrasse* e que *sentisse.* Ela pode recordar-se visualmente, quer dizer, procurar ou pesquisar visualmente, repetir auditivamente, ou fazê-lo, de modo direto, cinestesicamente. De qualquer modo, você obterá um processo em duas etapas. Uma será a recordação de uma parcela, a outra será a recuperação concreta daqueles sentimentos/sensações de nadar.

Se você obtém respostas que não fazem o menor sentido, *pergunte* à pessoa o que ela fez internamente. Sua tarefa é correlacionar o que você pode observar de fora com as perguntas que você faz. Faça uma correlação entre o tipo de informação que você está pedindo e as respostas não-verbais de movimentos oculares que você está eliciando de seu parceiro. Se não compreender a resposta, pergunte. "Vi isto aqui de fora. A que corresponde isto em seu processo interno?" Se não souber, peça à pessoa para adivinhar.

Se você não consegue eliciar o tipo de movimentos oculares dos quais estamos falando, torne as perguntas mais difíceis. "De que cor eram os sapatos de sua mãe na última vez que você a viu?" Se você perguntar: "De que cor são os olhos de sua mãe?" e não vir nenhum movimento ocular, torne as perguntas mais complexas. "Seus olhos também são azuis. São de azul mais claro ou mais escuro que o azul dos olhos de sua mãe?" Esta é uma pergunta mais complexa e comparativa. A pessoa terá então que formar a imagem da cor de seus próprios olhos e a cor dos de sua mãe e depois fazer uma comparação visual.

Depois de 4 a 5 minutos perguntando ao parceiro estes tipos de coisas, você já deverá ter uma idéia de quais movimentos oculares que você pode ver indicam sem sombra de dúvida os modelos de sistemas representacionais que a pessoa está utilizando naquele momento. Troquem de papéis para que ambos tenham a oportunidade de fazer perguntas e de observar as respostas. Se você se defrontar com coisas que não compreende, estaremos andando aí pela sala, acene para nós. Chegaremos perto e o ajudaremos a entender o que se passa. Estamos lhe oferecendo generalizações e toda e qualquer generalização que alguém já tenha oferecido a vocês será falsa num dado momento e num dado lugar. As generalizações são apenas truques — da mesma forma como a maior parte do que faremos aqui — para fazer com que vocês prestem atenção às suas experiências, para notarem uma certa dimensão da experiência sensorial que, culturalmente, vocês foram treinados para não reparar. Assim que vocês notarem-na, ela se constitui numa fonte efetivamente poderosa de informações a respeito dos processos subconscientes da outra pessoa.

Vocês irão encontrar pessoas organizadas de modo estranhos. Mas, até mesmo alguém organizado de modo totalmente diferente será sistemático; seus movimentos oculares serão sistemáticos para *tais pessoas*. Até mesmo aquele que olha reto para a frente cada vez que tem uma sensação e reto para baixo cada vez que tem uma imagem continuará consistente para si mesmo. O ponto importante é que vocês tenham a experiência sensorial para notar quem está fazendo o quê. Vão em frente, agora, e descubram, se puderem, algum padrão.

* * *

Então, como é que foi o exercício? Muitos de vocês estão balançando a cabeça. Alguns tiveram dificuldades, ou dúvidas, ou ficaram perplexos por causa de alguma coisa que viram. Vejamos isto. São as coisas mais interessantes.

Mulher: Descobrimos que podíamos aprender tanto observando o que interrogava quanto o que escutava. Olhando nos olhos do que interrogava podíamos predizer o tipo de pergunta que a seguir iríamos receber.

Homem: Quando perguntei à minha parceira, Chris, uma experiência auditiva, ela olhava para cima e visualizava.

Você se lembra da pergunta que fez?

Homem: "Quais são as quatro primeiras notas da 5.ª Sinfonia de Beethoven?"

Certo. Então, mais alguém teve a mesma experiência? Alguns de vocês fizeram perguntas auditivas aos outros, ou então perguntas cinestésicas e repararam que eles estavam captando visualmente e depois dando a vocês informações auditivas ou cinestésicas. Vocês têm alguma idéia do que estava acontecendo? Chris, o que foi que você fez? Você se informou "por fora"? Viu um toca-discos ou um álbum?

Chris: Eu as ouvi.

Você escutou. Certo. Será que você teve consciência de começar com alguma forma de imagem? Se o resto de vocês estiver observando, esta é uma das discrepâncias interessantes entre a consciência que ela tem e o que ela nos está demonstrando não-verbalmente.

Chris, você sabe qual é o segundo grupo de quatro notas da 5.ª Sinfonia de Beethoven? Certo, então você sabe.

Mulher: Ah, isso talvez seja uma coisa espacial para ela.

Você pode nos dar um correlato para a palavra "espacial"? Trate-se da noção de parecer "pensativa" ou de ser uma coisa "espacial", o que iremos pedir a vocês que façam, uma vez que todos temos compreensões diferentes dessas palavras, é que se usem palavras com as quais possamos ou concordar ou discordar, tanto antes quanto depois dos julgamentos que vocês emitirem. O que foi que você viu, ouviu ou sentiu?

Mulher: Bom, quando estava fazendo, foi assim "da, da, da, DUM" sabe, e aí olhei para o intervalo espacial. Eu não estava vendo as notas.

Vocês que tiveram parceiros com quem aconteceu este tipo de experiência, verifiquem com eles. Garanto que o que se passava com eles era o seguinte: eles foram atrás de uma imagem visual e encontraram uma que, de certo modo, representava a experiência pela qual estavam procurando. A partir dessa imagem, simplesmente imitando-a ou entrando nela, eles então tiveram as sensações ou sons que eram apropriados para aquela experiência visual em particular.

Precisamos fazer uma distinção agora. Os predicados, ou seja, as palavras que a pessoa escolhe para descrever sua situação, quando são especificadas pelo sistema representacional, permitem ao outro saber qual é a sua consciência. Os predicados indicam qual porção deste complexo processo cognitivo interior é colocado sob o foco da conscientização. As pistas de captação visual, os padrões de busca visual, mostrarão literalmente a *seqüência* toda de captação a que denominamos *estratégia*. O que denominamos de *"sistema líder"* é aquele sistema que a pessoa utiliza para ir em busca de alguma informação. O *"sistema representacional"* é aquele que se encontra na consciência, indicado pelos predicados. O *"sistema referencial"* é como você decide se é ou não verdade aquilo que você sabe agora, depois de ter captado a informação e de tomar conhecimento dela em sua consciência. Por exemplo, qual é o seu nome?

Ted: Ted.

Ted. Como é que você sabe disso? Bem, ele já respondeu à pergunta não-verbalmente. Essa é uma pergunta absurda. Ted entende isto mas ele também a respondeu. Você sabe como é que você sabe? Exatamente agora, sentado nesta sala, se eu chamá-lo de "Jim", ele não responde. Se eu chamá-lo de "Ted", ele responde. Essa é uma resposta cinestésica. Bom, sem que eu forneça qualquer outro estímulo do exterior, quando simples-

mente lhe pergunto: "Você sabe qual é o seu nome?" você tem uma resposta?
Ted: Sim, tenho.
Você sabe o que dizer antes de realmente dizê-lo?
Ted: Não.
Então, se eu digo: "Qual é o seu nome?" e você não responde, você não sabe qual é o seu nome?
Ted: Eu sei qual é o meu nome porque quando alguém diz "Ted" eu tenho uma certa sensação, uma resposta porque sou eu.
Você está dizendo "Ted" dentro de você e tendo essa sensação como meio de verificar quando eu lhe faço essa pergunta?
Ted: É.
Então você tem uma estratégia para ficar sabendo, depois de dotado com dados vindos do exterior, qual é a resposta adequada para isso ou aquilo, certo? "Ted", mas não "Bob". Mas quando eu pergunto, "Qual é o seu nome?" como é que você sabe o que me responder?
Ted: Não penso nisso.
De modo que você não tem consciência de processo algum que você use nesse instante?... Certo. Bom, será que algum de vocês notou uma pista que lhe poderia dar a resposta à pergunta, mesmo depois de Ted neste momento não ter uma resposta consciente para a pergunta que nós lhe fizemos?... Cada vez que lhe perguntávamos, seus olhos desciam para seu lado esquerdo e depois voltavam. Ele escutava seu nome. Não sei que tonalidade ele percebia auditivamente nele, mas lá estava. E ele sabe que o nome "Ted" está certo porque ele sente que é isso. Assim, neste caso, o sistema líder é o auditivo; é assim que ele vai em busca de informação, mesmo quando não tem consciência de fazê-lo. Ele toma consciência de seu nome auditivamente; neste caso, seu sistema representacional é o mesmo que seu sistema líder. Seu sistema referencial é o cinestésico; quando escuta o nome "Ted" seja dentro ou fora, ele *sente* que está certo.

Uma das coisas que certas pessoas fazem, quando você lhes pergunta algo, é repetir as perguntas dentro de suas cabeças usando palavras. Muitas pessoas aqui estão fazendo isso. Eu digo: "Muitas pessoas repetem palavras" e, dentro delas mesmas, essas pessoas dizem: "É mesmo, as pessoas repetem as palavras".

Já aconteceu com algum de vocês estarem junto com alguém cuja segunda língua é aquela que você está falando? É típico para tais pessoas como primeiro movimento, após ouvirem alguma coisa, um movimento ocular traduzido internamente e vocês poderão notar a mesma pista auditiva.

Algumas pessoas demoram uma eternidade para responder a uma pergunta. Em geral, elas têm uma estratégia complexa *na consciência*. Por exemplo, há um fulano com uma estratégia fascinante. Eu lhe perguntei: "Quando foi a primeira vez que você encontrou o John?" Aí ele voltou-se para dentro e disse: "Quando foi a primeira vez que encontrei John? Hmmmm. Vejamos". Os olhos dele viraram-se para cima e ele elaborou uma imagem construída de John. Depois olhou por cima de seu lado esquerdo e visualmente passou em rápida revista todos os lugares possíveis que recordava, até encontrar um que lhe conferiu uma sensação de familiaridade. Depois mencionou auditivamente o nome do local e depois viu-se a si mesmo dizendo-me o nome daquele lugar, imaginando-se como é que estava dizendo-me aquilo. Teve então a sensação de que seria seguro continuar a fazer aquilo, de modo que disse a si mesmo: "Continue e faça mesmo".

Há todo um conjunto de padrões sofisticados ao qual denominamos de desbaste[*] e que pode ser utilizado para examinar a estrutura de uma estratégia e para desbastá-la a fim de que todos os passos desnecessários ou redundantes sejam descartados. Neste processo está envolvido o exame das estratégias para se verificar a presença de rodeios e outros tipos de restrições e problemas, e para desbastá-los para que se possa ter programas eficientes que consigam efetivar os resultados desejados.

Tomemos um exemplo da terapia. Alguém chega com o problema de ser muito ciumento. Diz: "Bem, sabe, eu assim... (olhando para cima e para seu lado direito.) Bem, eu assim (olhando para baixo e para a direita) realmente me *sinto* ciumento e (olhando para baixo e para seu lado esquerdo) me digo que isso é loucura, não tenho motivos para isso mas acontece que tenho esses sentimentos". Começa apresentando principalmente a nível visual; constrói uma imagem de sua esposa fazendo alguma coisa desagradável e invejável com alguma outra pessoa. Depois sente-se do mesmo jeito que se sentiria se estivesse presente de verdade à situação, observando-a ocorrendo na sala. Ele tem as sensações que teria caso estivesse lá. Em geral, isso é tudo de que ele tem consciência. Estes sentimentos levam o nome de "ciúme" e este é o sistema representacional, o cinestésico. Ele é liderado visualmente, representa cinestesicamente e, depois, tem um sistema referencial auditivo para verificações que lhe comunica que seus sentimentos não são válidos. De modo que todos os três sistemas são usados de modos diferentes.

Mulher: Então, nessa situação, você está sugerindo que se você estivesse trabalhando com tal pessoa você se apegaria ao sistema de sentimentos, o sistema representacional?

Depende do resultado que você deseja. Afirmamos que não há erros na comunicação: só há resultados. A fim de podermos responder à sua pergunta, você deve especificar qual é o resul-

---

* *Streamline*, no original. (N.T.)

tado que deseja. Se pretende estabelecer um contato, então seria útil combinar com o sistema representacional, indicado pelos predicados. O cliente entra e diz: "Bem, sinto-me realmente ciumento, cara, sabe, e é difícil para mim isso e não sei o que fazer". Você pode dizer: "Bem, vou tentar ajudá-lo a enfrentar de algum modo a coisa porque acho que você tem direito a isso. Vamos pegar a coisa de frente e trabalhar duro para conseguirmos um entendimento sólido do que há". Esse seria um primeiro passo que o ajudaria a entrar em contato. Se, ao contrário, você dissesse para aquela pessoa: "Bem, irei tentar ajudá-lo a conseguir enxergar seus sentimentos de outra perspectiva", você não obteria um contato consciente. Talvez consiga — ou não — estabelecer um contato *inconsciente* que, de todo jeito, é o mais importante.

Quando esse homem chega com seu problema de ciúme e você pode enxergar essas pistas de captação, você tem todas as informações necessárias para entender o processo que ele está atravessando. Mesmo quando as pessoas começam a formar uma idéia do tipo de coisa que está se passando, elas não ensinam aos outros *novos* modos de fazê-las. Se seu terapeuta tenta simplesmente ajudá-lo a elaborar imagens mais realistas, estará trabalhando com o conteúdo e continuará deixando a estrutura intata. Na maior parte do tempo, as pessoas não tentam modificar a estrutura concreta do processo; tentam torná-lo "mais realista" ou operativo. Isto significa que, à medida que o conteúdo revisto permanecer o mesmo, as pessoas estarão bem — mas, se tentarem trocar o conteúdo, criarão novamente os problemas.

O modo como você se motiva pode ter a mesma estrutura do ciúme: você cria uma imagem de algo que você queira e que faça bem e a seguir se diz o que fazer para que aquela imagem torne-se real. Se é isto o que acontece, então até ter outra forma de motivar-se você irá manter essa forma, não importando o quanto possa eventualmente ser desagradável. Mesmo a mais imbecil das estratégias é melhor do que não ter nenhuma.

Homem: Qual é a diferença nos hemisférios cerebrais quanto à mão dominante e ao olho dominante?

Toda vez que damos um seminário alguém nos faz esta pergunta. Até onde posso dizer, não há pesquisas que confirmem essa idéia da existência de uma ocularidade. Você não vai encontrar pesquisa alguma que lhe dê provas. E mesmo que houvessem tais pesquisas, ainda não sei de que modo poderiam ser relevantes para o processo da comunicação interpessoal; portanto, para mim, esta é uma pergunta não muito interessante. Os olhos são divididos, de modo que metade de cada um está em conexão com cada um dos hemisférios. A tendência de olhar no microscópio com um olho em vez do outro tem sido observada como dado estatisticamente significativo; entretanto, até este momento, não tenho notícia de algum *uso* para essa informação.

Homem: E quanto a situações em que um dos olhos é mensuravelmente melhor que o outro em termos visuais? Um é praticamente cego e o outro funciona bem. Haverá alguma correlação aí com a dominância?
Não sei. Não tenho idéia. E, novamente, nunca pensei que este fosse um princípio organizacional útil em comunicação. Se você sabe alguma coisa a esse respeito, conte-me.
Homem: Com que idade você entende que os seres humanos determinam a dominância lateral?
Não sei. Não tenho pressupostos. Os lingüistas dizem que isso acontece nalgum momento em redor dos quatro anos e meio. Não tenho base alguma para confirmar este dado. A dominância lateral é uma dimensão de experiência que eu sei existir no mundo. Nunca encontrei a menor associação útil disto com a comunicação. Há uma quantidade infinita de experiências sensoriais disponíveis exatamente aqui nesta sala. É de forma consistente que fazemos escolhas inconscientes em relação ao que escolhemos. Se assim não o fizéssemos, seríamos todos "idiots savants"[*] que não conseguem esquecer as coisas; mas não conseguem *não* saber as coisas. Quando se faz a eles uma pergunta a respeito do que quer que seja, eles têm que apresentar um "monte de lixo" enorme de tudo que conseguiram amontoar em termos de informação a respeito daquele tópico em especial.

A maioria das terapias funda-se no pressuposto de que se você sabe como é que as coisas aconteceram, as raízes de onde tudo se originou, essa informação lhe dará uma base a partir da qual mudá-las. Creio ser este um pressuposto preciso e limitador. Sim, este é *um* dos meios de se efetivar mudanças, mas é apenas *um* dentre um *número infinito de modos* de entender o comportamento. A época em que as pessoas afirmam sua dominância lateral, é um ponto sem a menor significação, em minha opinião, para o processo de realizar uma terapia ou uma comunicação *a menos que* o que você realmente deseja seja ensinar as crianças a terem uma dominância diferente.

A única coisa onde até hoje já utilizei a dominância foi em casos de gagueira. Foi a única vez que já a empreguei diretamente, em caráter experimental, com um menino, a fim de ajudá-lo a ter mais escolhas. Simplesmente observei que, se lhe fosse dada uma tarefa em que estivesse especificado fazê-la com a mão oposta — e não importava que mão se considerasse — e onde ele não tivesse que simultaneamente falar, ele conseguia fazer a tarefa e depois descrevê-la. Se ele tivesse que falar ao mesmo tempo, ou se a tarefa envolvesse ambas as mãos, onde então haveria transferência de hemisférios, ele apresentava dificuldades.

---

[*] Em francês, no original. (N.T.)

As crianças realmente possuem pistas para captação em idade bem precoce e esta *é* uma informação relevante para ser observada. Há atualmente algo que estão impondo às crianças e que se chama "problemas de aprendizagem" (*learning disabilities*). Muitos destes "problemas de aprendizagem" são em verdade funções do sistema educacional. Por exemplo, recebi um grande grupo de crianças que caíram na classificação "hemisférios cruzados" e me disseram que isto era algo que existia no mundo. Queriam que eu descobrisse se havia alguma diferença entre estas crianças e o resto, apresentando-lhes pistas para captação, etc. O que descobri foi que todas aquelas crianças estavam tentando soletrar auditivamente. Quando eu dizia: "Como se soletra a palavra 'gato'?", elas se voltavam para dentro de si mesmas e seus olhos moviam-se para baixo e para seu lado esquerdo. Perguntei a elas o que estavam fazendo e disseram: "Descobrindo quais são os sons da palavra", porque lhes havia sido ensinado a soletrar foneticamente. Não se pode sequer soletrar "fonética" foneticamente!

Há alguém aqui bom em soletração? Alguém que costumava ganhar os torneios de soletração? Como é que você soletra a palavra "fenômeno"?

Mulher: Eu a leio.

Ela a vê, ela a lê, seja qual for a palavra usada para descrever o processo. Bom, conforme você visualizou a palavra "fenômeno" de alguma maneira você sabia que estava correta. Bom, agora troque o "ph" por "f"(*) e diga-me quais são as mudanças em sua experiência quando você vê a palavra com "f" em vez de com "ph".

Mulher: Não é mais uma palavra.

Pára de ser uma palavra. Como é que você sabe que não é mais uma palavra? Qual é a experiência que você tem?

Mulher: Faz com que todo o resto da palavra se desfaça em pedaços em meu visual —

As letras dobram-se e caem literalmente?

Mulher: É, elas assim se misturam e desaparecem.

Há duas etapas na soletração. Uma é ser capaz de visualizar a palavra e a outra é ter um sistema para, utilizando-o, verificar a precisão. Tente uma coisa para mim. Você consegue ver a palavra "caught"? Tá, continue, deixe-a lá e troque o "au" por "eu" e diga-me o que acontece.

Mulher: Torna-se "cute" e sua soletração é outra(**).

---

* Em inglês a palavra "fenômeno" escreve-se "phenomenon" (pl. *phenomena*) e as consoantes "ph" equivalem foneticamente a um "f". (N.T.)
** Um equivalente a este jogo, em português, seria visualizar, por exemplo, "pires" e depois trocar o "s" por "x", aparecendo "pirex". (N.T.)

Alguém perto dela reparou qual foi a resposta? Que foi que ela fez?

Mulher: Ela se encolheu.

Eu disse para mudar para "eu" e seus ombros voltaram-se para a frente, sua cabeça inclinou-se para trás e ela se encolheu. Houve uma mudança em seus sentimentos bem naquele lugar, na linha intermediária de seu torso. Independente da linguagem dentro da qual tenhamos operado, do país no qual tenhamos nascido, da língua em questão, os bons soletradores têm exatamente essa mesma estratégia formal. Eles vêem uma imagem eidética, recordada, da palavra que desejam soletrar e sabem se se trata ou não da soletração correta através de uma verificação cinestésica na linha intermediária. Todas as pessoas que nos dizem ser maus soletradores *não* têm essa estratégia. Alguns maus soletradores fazem imagens eidéticas mas, depois, verificam-nas auditivamente. Outros fazem imagens visuais construídas e soletram criativamente.

Sabendo disto, pode-se então perguntar o seguinte: "Bem, como é que algumas crianças aprendem a soletrar visualmente com verificação cinestésica e outras crianças aprendem a soletrar de outros modos?" Mas, para mim, essa pergunta não é tão interessante quanto a seguinte: "Como é que você pega a criança que soletra mal e lhe ensina a usar a mesma estratégia que usa a criança que soletra bem?" Quando você fizer isso, você nunca precisará ensinar uma criança a soletrar. Ela aprenderá automaticamente se você lhe ensinar o *processo* adequado, ao invés do conteúdo.

Homem: E quanto aos adultos? Você pode ensinar adultos?

Não, não adianta nada. (risos) Lógico que se pode. Deixe-me colocar essa questão de modo ligeiramente diferente. Quantos de vocês aqui sabem claramente que são pessoas visualmente orientadas? Quantos vêem isto? Quantos aqui sentem realmente que são pessoas de orientação cinestésica, quanto ao seu processo? Quem lhes diz que são auditivos? Na verdade, *todos* vocês estão fazendo *todas* as coisas das quais estamos falando, *o tempo todo*. A única pergunta é: qual a porção do complexo processo interno que vocês trazem para a consciência? Todos os canais estão processando informação o tempo todo mas só parte desse processamento é que assumirá um caráter consciente.

Em seminários como este, as pessoas sempre saem na hora do almoço e tentam descobrir o que "são", como se fossem só uma coisa, e deste modo estabilizando tudo patologicamente. As pessoas tentam descobrir o que elas "são", ao invés de usarem essa informação para perceberem que têm outras escolhas. As pessoas me procuram e dizem: "Estou realmente confuso a respeito dessa coisa de representacional porque eu me *vejo* sendo uma pessoa muito *sensível*". Essa é uma declaração de profundidade, se você pensar a respeito. Talvez eu já tenha ouvido isso mais de cento e cinqüenta vezes. Quantas pessoas já não ouviram algo parecido esta manhã? Ao invés de pensarem a respeito de si mesmas como pessoas cinestésicas, visuais ou auditivas, quanto à orientação, peguem o que vocês fazem de melhor na qualidade de afirmação sobre o sistema que vocês já desenvolveram bem e já refinaram. Percebam que vocês podem devotar um certo tempo e uma certa energia para desenvolver os outros sistemas com o mesmo refinamento e com a mesma fluidez e criatividade que vocês já atribuíram ao seu sistema mais desenvolvido. Os rótulos são armadilhas e uma das maneiras pelas quais vocês conseguem estabilizar um lado de seu comportamento de maneira completamente inútil é rotulando-o. Ao invés disso, você pode levar em conta o fato de que você pode notar que a maior parte de seu comportamento encaixa na categoria X para se permitir começar a desenvolver suas habilidades em Y e em Z.

Agora, gostaria de adverti-los a respeito de mais uma coisa. Em psicoterapia, uma das coisas principais que Freud tornou elegante, e que tem continuado inconscientemente como pressuposto do comportamento da maioria dos terapeutas, é o fenômeno conhecido como introspecção. Introspecção é quando você aprende algo acerca do comportamento e aplica essa noção a você mesmo. Gostaria de adverti-los a *não* fazerem isto com a maior parte do material que lhes estamos apresentando, porque simplesmente vocês cairão num laço. Por exemplo: Quantas pessoas aqui que podem com facilidade visualizar as coisas sabem como é que seriam caso não estivessem visualizando?...

Se vocês fazem isso, têm uma sensação de vertigem. Quantos, durante o exercício, estiveram prestando atenção à sensação de seus próprios olhos se mexendo para cima e para baixo? Este é um exemplo de introspecção e *não* é útil realizá-la consigo mesmos neste contexto. Este instrumental serve principalmente para a *extrospecção*, para a experiência sensorial. São coisas para detectar nos *outros*. Se vocês o usam consigo próprios, o máximo que acontece é confundirem-se.

Homem: Até que ponto se sustenta bem, em outras culturas, esse padrão de pistas para captação?

Há apenas um grupo de nosso conhecimento que tem como característica uma organização diferente: os bascos, dos Pirineus, no norte da Espanha. Eles têm uma grande quantidade de padrões incomuns e esse fato parece ser genético e não tanto cultural. Em todos os demais lugares onde estivemos — as Américas, a Europa, a Europa Oriental, a África — persiste o mesmo padrão na maioria da população. Talvez se trate de um preconceito neurológico erigido em nosso sistema nervoso, enquanto espécie.

Mulher: Pessoas ambidestras possuem algum padrão que seja diferente?

Elas apresentam mais variações dessa generalização que já lhes apresentamos. Por exemplo, alguns ambidestros têm a visualização invertida mas *não* acontece o mesmo com o auditivo nem com o cinestésico, e vice-versa.

É realmente interessante, do meu ponto de vista, que a porcentagem de canhotos e de ambidestros na categoria de "gênios", na nossa cultura, seja muito maior que a porcentagem dentro da população geral. Uma pessoa dotada de uma organização cerebral diferente daquela que caracteriza a maioria da população irá automaticamente apresentar feitos originais e únicos, para o resto da população. Dado que possuem uma organização cerebral diferente, também têm capacidades naturais que os destros "organizados normalmente" não têm automaticamente.

Mulher: Antes você falou a respeito de crianças que soletram mal porque o fazem auditivamente e que você podia ensiná-las a fazê-lo visualmente. E agora você falou sobre a pessoa auditiva ou ambidestra como sendo uma pessoa que possui algo diferente que a torna única, exclusiva. Fico me perguntando se vale a pena gastar energia em tornar esses meninos capazes de fazer o que outras crianças fazem mais facilmente, se se trata de afastá-los de outras coisas que eles podem fazer.

Se ensino uma criança a soletrar com facilidade, não a estou afastando de nada. As escolhas não são mutuamente exclusivas. Muitas são as pessoas que ficam de olhos fechados para entrar mais em contato com seus sentimentos, mas isso é uma sentença apenas sobre o modo como se organizam. Não há aí uma necessidade compulsória. Posso ter todos os sentimentos que desejar, de olhos abertos. Da mesma forma, se me aparece uma pessoa ambidestra ou canhota com uma organização cerebral diferente, não me cabe destruir qualquer uma de suas escolhas que no momento possam *acrescentar* àquela. E essa é toda a nossa função como modeladores. Assumimos, dado que todos vocês conseguiram ajuntar qualquer que tenha sido o dinheiro que custou a vocês para chegarem aqui, que vocês são competentes, que até certo ponto estão tendo bons resultados. Respeitamos todas essas escolhas e habilidades. Estamos dizendo: "Ótimo, então *acrescentemos* outras escolhas a essas que vocês já têm para que seu repertório se amplie", da mesma forma que um bom mecânico tem uma maleta cheia de ferramentas.

Nossa alegação é que vocês ficam usando *todos os sistemas o tempo todo*. Num determinado contexto vocês têm mais *consciência* de um padrão ao invés de outro. Creio que quando vocês fazem ginástica ou amor vocês passam por uma série de episódios de sensibilidade cinestésica. Quando estão lendo ou vendo um filme, têm bastante consciência visual. Vocês podem mudar de uma para outra. Há indicadores contextuais que lhes permitem trocar de uma estratégia para outra, usando seqüências diferentes. Não há nada de artificial a esse respeito.

Há inclusive estratégias para sermos criativos, dadas formas diferentes de criatividade. Trabalhamos para uma agência de propaganda na qualidade de consultores, e aí "reproduzimos" psicologicamente seu pessoal de maior criatividade. Determinamos a estratégia empregada por uma pessoa criativa quando ela produziu um comercial e ensinamos às outras pessoas da agência essa mesma estrutura, a fim de poderem utilizá-la a nível inconsciente. Os comerciais que depois produziram mostraram-se igualmente criativos, conquanto seu conteúdo fosse totalmente original. Enquanto realizávamos o processo, uma das pessoas ali executou inclusive uma alteração na estratégia que a aperfeiçoou mais.

A maioria das pessoas não possui um número expressivo de estratégias para realizar as coisas. Usam o mesmo tipo de estratégia para fazer todas as coisas e o que acontece é tornarem-se bons para algumas coisas mas não para outras. Descobrimos que a maioria das pessoas tem apenas três ou quatro estratégias básicas, ao passo que alguém realmente flexível pode ter até uma dúzia. Calculem que, mesmo restringindo uma estratégia a quatro etapas, há bem mais do que mil possibilidades!

Alegamos um ponto muito poderoso: alegamos que, se algum ser humano consegue fazer alguma coisa, então você também pode. Tudo o que você precisa é a intervenção de um modelador, dotado da necessária experiência sensorial para observar o que realmente *faz* a pessoa de talento — deixando de lado o que ela fala — e, a seguir, preparar essas informações de modo a que você possa aprendê-las.

Homem: Está me ocorrendo agora que, em seu trabalho, o objetivo terapêutico de fazer os pacientes tomarem consciência está sendo substituído pelo de fornecer ao cliente um novo padrão de respostas que ele possa decidir usar ou não.

Eu concordo com você, se você incluir uma escolha inconsciente. Há diversos pressupostos em nosso trabalho e um deles é relevante para lhe dar uma resposta: escolha é melhor do que não ter escolha. Por escolha entendo mesmo uma escolha inconsciente, além da consciente. Todo mundo sabe, acho, o que quer dizer uma escolha consciente. Escolha inconsciente é o equivalente à variabilidade do meu comportamento, de tal modo que todas as variações alcançam para mim o resultado que estou buscando. Se eu for defrontado com a mesma situação de mundo real um bom número de vezes, e se perceber que minha resposta varia mas que cada resposta obtém o resultado que desejo, tenho a escolha inconsciente.

Entretanto, se cada vez que você se vê dentro de um contexto similar você se descobre respondendo da mesma maneira e não gostando da resposta, é provável que esteja sem escolha. O que me importa é qual estrutura — e há uma grande quantidade e diversidade delas — produz o estado no qual você está sem escolha. E, depois, que medidas precisam ser tomadas para transformar essa estrutura. Iremos apresentar-lhes uma grande quantidade de formas para concretizar isso.

Estamos oferecendo para vocês classes de informações universais para nós enquanto espécie, mas inconscientes para outras pessoas. Vocês precisam dessas informações a título de instrumental de seu repertório porque é com os processos inconscientes e com aspectos inconscientes das pessoas que vocês *têm* que trabalhar com eficiência a fim de efetivarem mudanças eficazes. Os aspectos conscientes da pessoa já realizaram o máximo que podiam. São mais ou menos úteis de ter por perto para pagarem a conta, mas o que vocês precisam enfrentar são as outras partes da pessoa.

Não se deixem enredar pelas palavras "consciente" e "inconsciente". Não são reais. Trata-se apenas de um modo de descrever eventos, útil no contexto chamado mudança terapêutica. "Consciente" (*conscious*) é como se define qualquer coisa da qual se tenha consciência (*aware*) num dado momento de tempo. "Inconsciente" (*unconscious*) é o resto todo.

É lógico que se podem fazer discriminações mais sutis. Há certos tipos de dados inconscientes em imediata disponibilidade. "Como está sua orelha esquerda?", eu digo. Até você escutar essa sentença é provável que você não tivesse consciência de sua orelha esquerda. Ao me ouvir dizendo isso, você pode deslocar sua consciência para a cinestesia de sua orelha esquerda. Isso está em fácil disponibilidade do inconsciente para o consciente. Se eu disser: "De que cor eram os sapatos do seu professor de jardim de infância no primeiro dia que você foi à aula?" essa informação também está representada em algum lugar. Contudo, chegar até aí demandará muito mais tempo e energia. Portanto, há graus de disponibilidade do material inconsciente.

É típico a pessoa chegar em seu consultório e dizer: "Socorro! Quero mudar isso aqui. Estou sofrendo. Estou em dificuldades. Quero ser diferente do que sou atualmente". Você pode assumir que essa pessoa já tentou mudar valendo-se de todos os recursos aos quais tem acesso consciente, e depois fracassou por completo. Neste sentido, um dos pré-requisitos para você ser eficiente é possuir padrões de comunicação que entrem em bom relacionamento com seus recursos *in*conscientes, a fim de ajudá-la a efetuar as tais mudanças. Restringirmo-nos aos recursos conscientes da pessoa que vem em nossa procura é a garantia de um processo longo, entediante e provavelmente muito ineficaz.

A propósito, durante este seminário não há meios de vocês conseguirem conscientemente acompanhar o rápido ritmo de verbalizações que está acontecendo. Essa é uma tentativa sistemática e deliberada de nossa parte para sobrecarregar seus recursos conscientes. Entendemos que a aprendizagem e as mudanças acontecem em plano inconsciente, de modo que é com essa parte de vocês que desejamos falar, afinal das contas. A parte de seu funcionamento responsável por aproximadamente 95% de sua aprendizagem e habilidades é denominada mente inconsciente. Ela é qualquer coisa que esteja fora de sua conscientização (*awareness*) num dado instante de tempo. Quero apelar diretamente a essa parte de vocês para que façam um registro completo e útil de todas as coisas que acontecerem aqui, em especial das coisas que não comentamos explicitamente e que essa parte crê serem úteis para um melhor entendimento e talvez para empregar como uma habilidade em seu trabalho como comunicador profissional — deixando assim o plano consciente livre e desimpedido para relaxar e gozar as experiências que aqui sucederem.

O ponto em que agora estamos é o do "E agora?". Todos vocês já tiveram algumas experiências identificando as pistas de captação e os sistemas representacionais. Para que é que se usa isso?

Um dos modos que tenho de usar essas informações é para a comunicação entre nós dois, em nível inconsciente, sem que você tenha a menor percepção de que isto esteja se passando. Posso empregar palavras inespecíficas tais como "entender" e "acreditar" e indicar a você não-verbalmente em que canal sensorial eu pretendo que você "entenda". Por exemplo, eu poderia dizer a vocês "Quero ter certeza de que vocês *entendem* (gesticulando para baixo e para o lado esquerdo da platéia) o que foi que fizemos até agora". Minha gesticulação indica inconscientemente a vocês que quero que entendam auditivamente.

Vocês podem usar essa informação também para interromper a captação da pessoa. Todos vocês formam uma imagem visual e vêem o que acontece quando eu faço o seguinte (abana ambos os braços acima da cabeça num grande arco). Meu gesto derruba do ar todas as imagens de vocês, certo?

Milhares de vezes na vida vocês já disseram algo ou perguntaram alguma coisa para uma pessoa que então falava: "Hm, deixa ver", voltando-se então para o interior de si mesma e criando uma imagem visual. Quando essa pessoa se volta deste modo para dentro de si mesma, ela não pode simultaneamente prestar atenção a dados que venham de fora. Bem, digamos que vocês e eu estamos em lados opostos com respeito a certo tema de uma conferência ou de um encontro na empresa. Começo a falar e me empenho bastante na apresentação de meu material e de meu sistema, na esperança de que vocês os entendam. Depois de eu já ter fornecido uma certa quantidade de informações, haverá um momento em que vocês começarão a captar sua compreensão interior do que está acontecendo. Olharão para cima e começarão a visualizar, ou olharão para baixo e começarão a falar consigo mesmos e a prestar atenção ao modo como estão se sentindo. Seja qual for o estado interior em que vocês se encontrem, é importante que eu faça uma pausa e lhes dê tempo para processarem as informações. Se meu tempo for rápido demais e se eu continuar a falar nesse instante, conseguirei apenas confundir e irritar vocês.

O que acontece, freqüentemente, é que notando vocês desviarem o olhar, acho que não estão me dando atenção ou estão me evitando. Minha resposta típica é, em situações de tensão durante uma conferência, *aumentar* o tempo e o volume de meu discurso porque eu vou *fazer* com que vocês prestem atenção e entendam profundamente o que estou falando. Vocês irão responder como se estivessem sendo atacados porque não estou dando a vocês um espaço adequado de tempo para que fiquem sabendo sobre o quê estou falando. No fim, vocês ficam bastante confusos e jamais entenderão o conteúdo. Se estou facilitando uma reunião, posso perceber todas as vezes em que o ouvinte se recolhe em seu interior para captar e, nesses momentos, posso interromper o orador ou distraí-lo. Isto confere ao ouvinte um tempo adequado para seus processamentos a fim de que ele apreenda o sentido do que está se passando e decida se concorda ou discorda.

Eis um outro exemplo: se você pode determinar quais são os sistemas líder e representacional de uma pessoa, você pode apresentar as informações dentro de um envoltório que lhe seja irresistível. "Você consegue ver-se fazendo estas novas modificações e, enxergando-se em meio a esse processo, você tem aquelas sensações de realização e de sucesso, enquanto fala para si mesmo: 'Isto vai ser bom'?" Se acontece de a sua seqüência típica ser feita de imagens construídas, seguidas por um comentário auditivo, tal colocação será irresistível para você.

Uma vez dei um curso de matemática na Universidade da Califórnia para pessoas desprovidas de sofisticação matemática. Acabei ensinando a matéria como se fosse uma segunda língua. A classe compunha-se de um grupo de estudantes de lingüística, que tinham um conhecimento razoável de como funcionam os sistemas da linguagem mas que não sabiam quase nada de como são os sistemas matemáticos. No entanto, num certo nível de análise, são exatamente a mesma coisa. De modo que, ao invés de ensiná-los a falar a respeito dela e pensar nela como o faria um matemático, simplesmente utilizei o que já se achava disponível em seu modelo de mundo, a saber, a noção de translação e lhes ensinei que aqueles símbolos nada mais eram do que palavras. E, do mesmo modo como existem certas seqüências de palavras que formam sentenças bem elaboradas, há na matemática certas seqüências de símbolos bem-formadas. Fiz com que minha abordagem toda se encaixasse no modelo de mundo que *eles* tinham em vez de exigir deles que tivessem a flexibilidade de se encaixar no meu. Essa é uma maneira de fazer a coisa.

Quando se faz isso, certamente presta-se um favor à pessoa, no sentido de apresentar o material de forma tal a ser muito fácil o seu aprendizado. E, também, presta-se a eles um *desserviço* no sentido de estar-se apoiando os padrões rígidos de aprendizagem dos alunos. É importante que vocês compreendam os resultados das várias escolhas que fazem quando apresentam algum material. Se vocês pretendem prestar-lhes um favor realmente de profundidade, uma contribuição maior à evolução de seus alunos seria chegar no modelo deles e depois ensiná-los a saltarem para outro modelo a fim de alcançarem maior flexibilidade em sua aprendizagem. Se vocês têm esse tipo de sensibilidade e de capacidade, são professores muito incomuns. Se puderem oferecer-lhes tais experiências, então eles terão duas estratégias de aprendizagem. Daí eles irão talvez para um outro professor desprovido dessa sensibilidade para comunicação e, uma vez que são flexíveis o bastante, serão capazes de se adaptarem ao novo estilo de ensino.

Um grande número de crianças em idade escolar tem problemas de aprendizagem apenas devido a um desencontro entre o sistema representacional primário do professor e o da criança. Se nenhum dos dois tiver flexibilidade para um ajustamento, não ocorre a aprendizagem. Sabedores agora do que sejam sistemas representacionais, vocês podem entender como é que fica possível para uma criança tornar-se "deficiente educacionalmente" durante um ano e, no seguinte, ir bem com um professor diferente, ou mesmo como é possível para a criança ir realmente muito bem em soletração e matemática e ir tão mal em literatura e história.

Pode-se também traduzir entre os sistemas representacionais de um casal. Digamos que o marido é muito cinestésico. Ele volta para casa depois de trabalhar bastante o dia todo e quer ficar à vontade. Senta-se na sala, joga os sapatos para um lado, o maço de cigarro para outro, tira uma cerveja da geladeira, agarra o jornal e se esparrama todo em sua poltrona, e assim por diante. Aí, a esposa, que é muito visual, entra. Ela trabalhou pesado o dia todo limpando a casa para dar-lhe uma boa aparência, e como forma de mostrar respeito ao marido. Vê as coisas todas do marido espalhadas pela sala inteira e fica aborrecida. Então a queixa que ele faz é: "Cara, ela não me deixa espaço suficiente para eu ficar à vontade. É a minha casa. Eu quero ficar confortável". Neste ponto, ela lhe diz o seguinte: "Você é muito relaxado. Deixa um monte de coisas espalhadas por toda parte e tudo fica parecendo uma bagunça e quando a casa fica nessa desordem eu sei que você não me respeita".

Uma das coisas que Virginia Satir faz é descobrir a contrapartida cinestésica de sua queixa visual, ou vice-versa. Assim, pode-se olhar para o marido e dizer:

"Você não entende o que ela disse, certo? Na verdade, você não tem a menor idéia do que ela sente. Alguma vez já lhe aconteceu de vê-la ir primeiro para a cama, e ela ficou lá sentada vendo televisão e comendo biscoitos? Aí você vai para a cama e quando se deita sente todos aqueles pedacinhos de biscoitos envolvendo sua pele. Você sabia que é assim que ela se sente quando chega na sala e vê todas as coisas espalhadas?"

Desse jeito não há erro, não há culpa. Você não diz: "Você é ruim", e nem "Você é um estúpido", nem nada parecido. Você diz: "Olha a outra metade da coisa que você pode entender dentro de seu sistema".

Ele diz: "Bom, quando estamos em público e quero demonstrar afeto ela sempre recua, fica sempre me empurrando longe". E ela diz: "Ele está sempre querendo aparecer, em público. Fica o tempo todo me agarrando!" Lógico que esse é simplesmente o modo que ele tem de mostrar-se afetuoso mas ela precisa *ver* o que está se passando. Ele se queixa de ela afastar-se, o que o deixa de cara no chão. Ele estica os braços para ela e nada acontece. Aí encontra-se a contrapartida e diz-se para ela:

"Alguma vez você já teve a experiência de querer e de precisar de ajuda, sentindo de verdade a necessidade de companhia e de assistência e é como se você estivesse lá no meio do deserto, olhando à sua volta em todas as direções e sem encontrar vivalma? Você não vê ninguém e está absolutamente só. Você sabia que é assim que ele se sente quando ele te procura e estende os braços e você recua?"

A questão não é se esses exemplos são precisos ou não. A questão é que se pode usar o princípio de repartir as pessoas em grupos usando os sistemas representacionais e, depois, sobrepô-las a fim de descobrir as contrapartidas entre elas. Essa atitude instaura algo que até mesmo as principais companhias seguradoras do país adotaram, a saber, a política "sem culpas". Os terapeutas de casais e de famílias têm pelo menos de contar com essa estratégia e de possuir um modo de demonstrá-la.

Enquanto fico um pouco recuado e dou a ela espaço para ver o que estou falando, e enquanto me aproximo dele e entro em contato de modo realmente sólido, no meta-nível inconsciente a aprendizagem é a seguinte: *Posso conseguir dela respostas que ele adoraria conseguir e posso conseguir dele respostas que ela adoraria conseguir.* Essas coisas não se mencionam jamais; são todas do nível inconsciente. Modelarão e adotarão meus modos de comportamento para tornar as comunicações deles mais eficientes. Essa é outra maneira de entrar em contato e de estabelecer uma relação com cada pessoa individualmente e depois traduzir entre os sistemas representacionais, na qualidade de um ensino de como comunicar-me com maior eficiência.

Os sistemas referenciais também são importantes. E se alguém entra e lhe diz: "Não sei o que eu quero". Está dizendo que não tem um sistema de referências. Há pouco tempo fizemos um seminário e uma mulher da platéia relatou ter passado por uma grande dificuldade certa vez. Não conseguia decidir o que é que queria do cardápio. Não tinha qualquer base sobre a qual tomar alguma decisão. E disse que a sua vida toda era daquele jeito: nunca conseguia decidir as coisas e estava sempre insatisfeita. Assim, formamos literalmente uma estratégia de decisões para aquela pessoa. Dissemos: Certo, quando você tiver uma decisão pela frente, recolha-se em seu interior e diga para você mesma o que é que você terá que decidir, seja lá o que for. Digamos que você está no restaurante. Diga para você mesma: "Você precisa escolher comida". Depois volte para o nível da experiência sensorial e verifique quais são suas escolhas; em outras palavras, leia o cardápio. Conforme você for lendo "hamburguer", faça uma imagem do hamburguer na sua frente, imagine qual seria seu gosto e verifique qual a sensação, se positiva ou negativa. Depois leia "ovos fritos", veja os ovos fritos à sua frente, sinta o sabor que teriam e verifique se essa sensação é positiva ou não. Depois de ela haver experimentado o processo de tentar essa estratégia algumas vezes, já contava com uma forma de tomar decisões e passou a tomá-las rápida e inconscientemente para todos os tipos de coisas em sua vida.

À medida que ela foi passando por esse processo algumas vezes, ele ficou desbastado de seus excessos da mesma forma que acontece com a pessoa que está aprendendo a guiar um carro. Cai na inconsciência. A consciência parece ficar ocupada pelas coisas que não sabemos muito bem como fazer. Quando sabemos fazer as coisas realmente bem, fazêmo-las automaticamente.

Homem: Estávamos nos perguntando a respeito de captar cheiros. Brincamos um pouco com isso e descobrimos que as pessoas passaram pelo visual para ver o objeto e depois para seu cheiro.

Não necessariamente. *Você* usou a seqüência mencionada. Você disse: "Descobrimos que *as pessoas* fazem...." e depois descreveu a si mesmo. Que me conste, esse padrão é comum na psicoterapia moderna. Thomaz Szasz disse: "Toda a psicologia ou é biografia ou autobiografia". A maioria das pessoas está fazendo terapia consigo própria ao invés de com as outras pessoas. Respondendo mais especificamente à colocação que você fez, as pessoas podem captar a experiência olfativa de modos bastante diferentes. Contudo, uma das coisas que você pode observar é que, ao captarem cheiros, as pessoas abrem as narinas para os lados. Esse é um sinal sensorial direto, igual aos movimentos de olhos dos quais estivemos falando e que nos permitem saber qual é a experiênca que a pessoa está tendo. A pessoa talvez o preceda através de uma captação auditiva, cinestésica ou visual mas pode-se ver as narinas abrirem-se.

Voltem-se para quem estiver por perto; um de vocês decide ser A e a outra, B. Irei pedir a A que observe B responder à pergunta que irei fazer. A, faça uma limpeza em seus canais sensoriais e observe o nariz de seu parceiro. B: quando foi a última vez que você deu uma bela cheirada em amoníaco?... Bem, há ainda alguma dúvida a esse respeito? Trata-se de uma resposta involuntária. Normalmente a pessoa irá inspirar no momento em que as narinas se abrem.

Deixem-me pedir a vocês todos que façam uma outra coisa na mesma linha para oferecer-lhes uma outra demonstração. Quando crianças vocês tiveram muitas experiências. Talvez tenham tido uma avó que morava noutra casa onde havia odores especiais. Talvez fosse alguma comida especial, um "cobertorzinho", um pequeno animal empalhado ou alguma outra coisa especial para vocês. Escolham um objeto de sua infância e sintam-no, falem consigo mesmos a respeito dele, ou vejam-no em suas mãos. Quando o tiverem em qualquer um destes sistemas, inspirem profundamente e deixem-se levar para onde quer que isso os leve. Tentem isso durante um minuto. Esse é um dos modos de captar cheiros.

Há tantos modos de usar essas informações quantos o permitir a engenhosidade de vocês. Se usam fantasia visual dirigida com os clientes, há certos clientes com os quais o uso sai automaticamente e funciona bem. Com outras pessoas não seria o caso sequer de tentar usar essa estratégia. Sabem qual é o critério que vocês usam para decidir isso? Se as pessoas conseguem visualizar com facilidade então vocês usam a fantasia visual dirigida, certo? O que estamos sugerindo é que *invertam* isso. Porque para as pessoas que normalmente não visualizam em estado de consciência, a fantasia visual dirigida será um estalo na cabeça, uma profunda experiência de mudança. Para aqueles que visualizam todo o tempo, será muito menos útil. A única coisa de que vocês necessitam a fim de que a coisa funcione com quem *não* visualiza normalmente é unirem-se ao sistema da pessoa onde quer que estejam — onde quer que sua consciência esteja — estabelecer o contato e a relação e depois, vagarosamente, sobrepor (*overlap*) conduzi-la para o sistema que vocês desejam vê-la envolvida no fantasiar. Será algo extremamente poderoso, muito mais poderoso do que com alguém que já visualiza.

Se você tem qualquer fragmento de alguma experiência, você pode tê-la por inteiro. Quero que façam o seguinte: Levem os ombros para a frente, fechem os olhos e sintam como se alguém ou alguma coisa os estivesse empurrando para baixo pelos ombros. Depois deixem seus sentimentos surgirem, intensifiquem-nos e deixem que se configurem numa imagem. Quem ou o quê vocês encontram aí? Quando tiverem a imagem, quero que prestem atenção em alguma dimensão da figura que esteja associada a algum som que estaria ocorrendo caso aquilo estivesse acontecendo mesmo. E agora, ouçam o som.

Esse é o princípio da *sobreposição* (*overlap*). Podemos sempre alcançar o estado de consciência indicado pela pessoa através do uso de certos predicados e, a partir daí, podemos nos sobrepor a qualquer outra dimensão da experiência, treinando a pessoa para fazer qualquer uma dessas coisas.

Richard: Eu sei. Já fiz isso. Há quatro anos eu não conseguia ver uma imagem; na realidade, nem sabia que as pessoas as viam. Achei que as pessoas estavam trapaceando quando faziam fantasia visual dirigida. Não tinha idéia de que estivessem realmente vendo imagens. E quando compreendi o que estava acontecendo, dei-me conta de que havia essas diferenças entre as pessoas. Aí comecei a tentar criar imagens. Evidentemente, a primeira coisa que tentei foi falando comigo e tendo sensações, pois este é o modo que geralmente usam as pessoas que têm dificuldades para fazer imagens. Elas dizem a si mesmas: "Puxa, tenho que prestar ainda mais atenção nisso!" e depois se sentem frustradas. É lógico que quanto mais eu falava comigo e quanto mais produzia sensações, menos poderia ver imagens. Tive de aprender a fazê-lo pela sobreposição: pegando um sentimento ou um som e depois acrescentando a dimensão visual.

Pode-se usar a sobreposição para treinar um cliente a ser capaz de fazê-lo com todos os sistemas, o que creio ser um benefício para que qualquer ser humano seja capaz de fazê-lo. Vocês mesmos podem notar qual dos sistemas representacionais usam com refinamento e sofisticação e qual deles representa uma dificuldade. Aí vocês podem usar a sobreposição como maneira de se treinarem para ser tão sofisticados em qualquer dos sistemas quanto já o são naquele que têm mais desenvolvido.

Digamos que você tem uma boa cinestesia mas não consegue visualizar. Você pode sentir-se esticando o braço e a mão e sentindo a casca de uma árvore. Você explora pelo tato até ter uma alucinação cinestésica realmente boa. Pode visualizar sua mão e depois olhar por trás de sua mão até chegar em seu olho mental e *ver* como é o jeito da árvore, baseado em sensações — percebendo sua aspereza, a textura, a temperatura da casca. Se é fácil visualizar e você quer desenvolver o sistema auditivo, você pode ver a imagem visual de um carro dobrando a esquina às pressas e depois escutar o barulho da freada dos pneus.

Homem: Será que um terapeuta cego de nascença estaria em desvantagem?

As pistas de captação visual são apenas um entre outros modos de atingir essa informação. Há outras coisas acontecendo, que são igualmente interessantes e que dariam as mesmas informações além de outras originais. Por exemplo, o tom de voz é mais alto para uma captação visual e mais baixo para a cinestesia. O tempo se acelera para o visual e se retarda para o cinestésico. Respirar fica mais no alto do peito para a visualização e mais embaixo na barriga para a cinestesia. Há *muitas* e *muitas* pistas. O que estamos fazendo é dar-lhes um pedacinho de cada vez. Suas consciências são limitadas a sete — mais ou menos duas — porções de informação. O que estamos dizendo é: "Olhe, normalmente você presta atenção a outras dimensões da experiência. Esta é uma outra classe de experiência à qual gostaríamos que você ficasse atento, observando como é que pode usá-la de modo muito eficaz".

Posso conseguir a mesma informação através do tom de voz, de mudanças no andamento das coisas, olhando uma pessoa respirar, a mudança na cor da pele no dorso de suas mãos. A pessoa cega pode alcançar a mesma classe de informações de outro modo. O movimento ocular é o meio mais fácil que descobrimos segundo o qual as pessoas podem aprender a ter acesso a tal classe de informações denominada "sistema representacional". Depois de terem isso, podemos ensinar-lhes com facilidade as demais dimensões.

Você pode pensar que um terapeuta cego estaria em desvantagem. Contudo, cegueira é uma questão de grau, em todos nós. A pessoa sem visão, que não tem oportunidade de ver, está em vantagem sobre a maioria dos demais comunicadores: ela *sabe* que é cega e tem que desenvolver seus outros órgãos dos sentidos para compensar. Por exemplo, há algumas semanas, num seminário, havia um homem completamente cego. Um ano atrás, eu lhe havia ensinado como ser capaz de detectar sistemas representacionais valendo-se de outros recursos. Ele não só era capaz de fazê-lo como ainda conseguia realizar a coisa nos menores detalhes, tão bem quanto o faria qualquer outra pessoa que enxergasse ali naquela sala. A maioria das pessoas que encontro é deficiente em termos de sua habilidade sensorial. Há uma quantidade tremenda de experiências que lhes escapa totalmente apenas por estarem operando sem uma certa coisa que, em minha opinião, é muito mais intensa do que simplesmente "noções preconcebidas". Estão operando fora de seu próprio mundo interior e tentando descobrir o que combina com ele.

A propósito, essa é uma boa fórmula para ficar desapontado. Uma das melhores maneiras de se ter quilos de desapontamento na vida é construir uma imagem de como se gostaria que as coisas fossem e, depois, tentar fazer todas as coisas daquele jeito. Ficaremos desapontados enquanto o mundo não combinar com aquela imagem feita. Este é um dos melhores meios que conheço de mantermo-nos em constante estado de desapontamento, porque nunca se irá conseguir que o mundo combine com a imagem que tecemos.

Há uma outra vasta fonte de informações processuais na observação dos programas motores passíveis de serem captados quando a pessoa reflete a respeito de alguma atividade. Por exemplo: Ann, por favor, sente-se numa posição "normal" com as pernas descruzadas. Obrigado. Bom. Agora vou fazer uma pergunta preparatória. Você dirige? (Sim.) Há algum carro em particular que você dirija normalmente? (Sim.) Certo. Agora, é uma pergunta que não quero que você responda em voz alta, mas que apenas continue com ela e capte internamente a resposta. Tem câmbio de marchas ou é hidramático?... Alguém mais percebeu a resposta? Você gostaria de arriscar uma resposta e depois verificá-la?

Homem: Câmbio de marchas.

Certo. Como é que você sabe?

Homem: Ela se mexeu. Vi que ela mexeu a mão direita.

Você pode dizer, pelo movimento que ela fez, se era manual ou hidramático?

Homem: É manual.

E agora, é verdade, Ann? (Não.) Não, é hidramático. Bem, alguém mais tem a resposta?

Mulher: É, porque achei que ela era pequena e não iria querer dirigir um câmbio de marchas.

Certo. Será que alguém usou a *experiência sensorial* para ter uma resposta?... Bem, irei responder diretamente à pergunta. Se vocês tivessem olhado para os pés de Ann teriam tido a resposta à pergunta. Uma das diferenças de programa motor entre um hidramático e um câmbio de marchas é a presença ou ausência de embreagem. Se tivessem olhado, teriam visto a tensão muscular na perna direita de Ann, mas não na esquerda, o que lhes teria adiantado a resposta.

Se vocês fazem a uma pessoa uma pergunta envolvendo um programa motor, podem observar as partes do corpo que terão de utilizar a fim de captarem essa informação. A informação não procede de um vácuo dentro dos seres humanos. A fim de conseguir informações para responderem a perguntas os seres humanos precisam entrar em contato com alguma representação das mesmas. E apesar de talvez trazerem apenas um desses sistemas para o limiar da consciência, eles irão checar inconscientemente todos os sistemas, para reunir os dados.

Ann: Temos os dois tipos de carro e eu guio os dois. Você disse: "Qual deles você dirige normalmente?" Se você tivesse perguntado: "Você tem um outro carro?" e, depois, tivesse pedido informações a respeito desse carro em especial, meu programa motor teria sido diferente? Se eu estivesse pensando a respeito de dirigir o outro carro, minhas pernas teriam se mexido de maneira diferente?

Sim. Você usa seu pé esquerdo só se existe embreagem. Considere a forma como responde à seguinte pergunta. Todos vocês têm uma porta de entrada nas casas ou apartamentos onde moram, sejam moradias fixas ou temporárias. Quando entram em casa ou no apartamento, a primeira porta abre-se para a direita ou para a esquerda? E agora, como é que decidem essa pergunta?... Todas as mãos estão se mexendo.

Deixem-me fazer mais uma pergunta ainda. Quando voltam para casa de noite e a casa está fechada, qual é a mão que vocês realmente usam para abrir a porta?... Olhem suas mãos.

As pessoas sempre tentaram transformar a linguagem do corpo num vocabulário de conteúdo, como se segurar a cabeça inclinada atrás *significasse* uma pessoa reservada e cruzar as pernas *significasse* uma pessoa fechada. Mas a linguagem corporal não funciona como as palavras; funciona de outro modo. Os movimentos oculares e os movimentos corporais apresentar-lhes-ão informações a respeito de *processos*.

O domínio próprio, em nossa opinião, dos comunicadores profissionais é o processo. Se vocês deixam-se levar pelo conteúdo, é inevitável que imponham parte de suas crenças e de seus sistemas de valores às pessoas com as quais estão se comunicando.

Os tipos de problemas que as pessoas apresentam em geral nada têm a ver com o conteúdo; relacionam-se com a *estrutura*, com a *forma* segundo a qual organizam suas experiências. Assim que vocês começam a entender isso, a terapia fica muito mais fácil. Vocês não precisam dar ouvidos ao conteúdo: precisam apenas descobrir como é que funciona o processo, o que na verdade é bem mais simples.

Há um padrão importante sobre o qual gostaríamos muito de falar, a seguir. Se eu for seu cliente e você me perguntar: "Bem, como passou esta semana?" e eu lhe responder (suspira profundamente, cabeça pendente, tom baixo de voz): "É, tudo funcionou incrivelmente bem esta semana (suspira, sacode a cabeça 'não', funga de leve). Sem problemas". Bom, os risos indicam que algumas pessoas aqui reconhecem haver a apresentação de uma comunicação incomum. O nome que adotamos para isso é *incongruência*. O que ofereço a você em termos de meu tom de voz, de movimentos de meu corpo, e de movimentos da minha cabeça não combina com minhas palavras. Bem, quais são as respostas que vocês têm na qualidade de comunicadores profissionais? Quais são as escolhas que vocês têm para responderem a essa situação?

Mulher: Se o conhecesse realmente bem iria dizer: "Não acredito em você". Ou então talvez dissesse: "Bom, você não *parece* muito feliz de as coisas estarem indo bem".

Então seu comentário seria meta-dirigido à discrepância que você foi capaz de perceber, confrontando a pessoa com isso. Alguém mais daria uma resposta diferente?

Homem: Eu tentaria ajudar o indivíduo a expressar *ambas* as mensagens, talvez exagerando os componentes não-verbais...

Certo, a técnica da gestalt: amplifique a mensagem não-verbal até que ela alcance a experiência adequada, certo? Certo. Essa é outra alternativa. Estão todos entendendo as alternativas das quais estamos falando até agora? Nosso trabalho são escolhas. A noção de incongruência é um ponto de escolha que se irá mostrar repetitivo em suas experiências, se estão trabalhando no campo das comunicações. Faz sentido para vocês contarem com um repertório variado, uma gama de respostas possíveis e compreenderem — espero que a nível inconsciente e nem tanto na consciência — que o resultado acontecerá quando vocês tiverem escolhido uma das manobras ou técnicas.

O meta-comentário é uma das escolhas e penso que seja uma das boas. Contudo, é apenas *uma* delas. Quando vejo e ouço terapeutas comunicando, é freqüente eu notar que essa é a *única* escolha que grande parte deles tem quando defrontados com a incongruência: que as pessoas trabalhando no campo das escolhas *não têm nenhuma escolha*. Vocês querem ter várias alternativas de escolha para responder à incongruência. Querem ter a escolha de exagerar o não-verbal, ou de chamar o indivíduo de mentiroso e atacá-lo, ou de ignorá-lo, ou de simplesmente devolver o comentário como se fosse espelho, dizendo incongruentemente: "Fico muito contente!" (sacudindo a cabeça e fungando).

Ou então vocês podem provocar um "curto-circuito" na pessoa invertendo as mensagens verbal e não-verbal: "Mas isso é péssimo!" (sorrindo e abanando a cabeça em sinal de aprovação). É fascinante a resposta que vocês conseguem com isso, porque a maioria das pessoas não tem idéia do que verbalizou. Ou entram num estado de confusão ou começam a verbalizar explicitamente a mensagem que anteriormente era não-verbal. É quase como se elas pegassem todo o material consciente e o tornassem inconsciente e vice-versa.

Ou então podem eventualmente escolher uma resposta na forma de uma metáfora adequada: "Isso me lembra uma estória que meu avô O'Mara me contou certa vez. Ele era irlandês mas a estória era sobre aquele país báltico onde havia passado alguns anos de sua juventude, quando viajava pela Europa, pobre, carente, mas mesmo assim entregue à experiência de viver. E o duque que reinava naquele pequenino principado — isso foi antes da Segunda Guerra Mundial, quando havia diversos países pequenos — tinha um problema. O Ministro do *Interior* não tinha uma boa comunicação com o Ministro do *Exterior*. E assim, algumas coisas que o Ministro do *Exterior* via serem necessárias a fim que fossem ajuizados os negócios com outras entidades — com as pessoas vizinhas, próximas — entravam de certo modo em conflito com certas necessidades sentidas pelo Ministro do *Interior*..."

Bem, e como é que as pessoas aprendem a ser incongruentes? Pense numa criança pequena que volta para casa e mostra aos pais uma determinada lição de casa. Eles olham para o trabalho e o pai (franzindo a testa e sacudindo a cabeça num "não", com tonalidade áspera) diz: "Ah, como estou feliz que você tenha trazido isso para casa, meu filho!" Que é que faz a criança? Inclina-se à frente e meta-comenta: "Puxa, pai! Ouço você dizer que está contente mas o que eu noto..." Não, se você for menino. Uma das coisas que as crianças fazem é tornarem-se hiperativas. Um hemisfério está registrando o *input* visual e o *input* total, enquanto que o outro está registrando as palavras e seu significado digital, e ambas as mensagens não combinam. Elas não se ajustam no ponto máximo em que ambos os hemisférios se sobrepõem ao máximo, na representação cinestésica. Se alguma vez você tiver chance de observar uma criança hiperativa, o elemento disparador para a hiperatividade será a incongruência, a qual tem início aqui na linha média do torso e depois se difunde para todos os outros tipos de comportamento.

Deixem-me pedir que agora façam outra coisa. Quero que levantem a mão direita... Alguém notou incongruências?

Homem: Você levantou a mão esquerda.

Eu levantei minha mão esquerda. Do mesmo jeito que muitas pessoas aí! Alguns levantaram a mão esquerda. Alguns, a direita. Alguns não repararam qual mão eu levantei. A questão é que, quando todos vocês foram crianças, tiveram de inventar um modo de lidar com a incongruência. O que as pessoas fazem em geral é distorcer sua própria experiência para que fique congruente. Haveria alguém aqui que tivesse escutado de fato eu dizer: "Levantem a mão esquerda"? Muitos de vocês o fizeram. Muitos de vocês levantaram a mão esquerda provavelmente pensando que estavam levantando a direita. Se não notaram a incongruência, de algum modo vocês adulteraram o relacionamento entre sua própria experiência cinestésica e minhas palavras, a fim tornar coerente sua própria experiência.

Se estão chegando mensagens misturadas, uma forma de resolver a dificuldade é — literalmente — fechar uma das dimensões — o *input* verbal, o *input* total, os movimentos corporais, o toque, o *input* visual — fora do alcance da consciência. E pode-se predizer que a criança que obstrui o hemisfério direito em relação à consciência — ele está logicamente operando, só que fora do âmbito de percepção — será posteriormente perseguida por imagens visuais — bebês mortos flutuando para fora de cachorros-quentes, no ar, em cima da mesa do psiquiatra. Aquelas que deixam de lado o elemento cinestésico sentirão insetos rastejando por toda parte em cima delas, o que realmente irá atormentá-las. E isso elas lhe dirão. Essa é uma citação extraída diretamente de um esquizofrênico. Os que eliminam a porção auditiva irão ouvir vozes saindo de todas as tomadas na parede, porque estão literalmente abandonando a consciência do sistema como um todo e da informação que está disponível a eles através desse sistema, abandono este que se torna uma maneira de se defenderem frente à incongruência permanente.

Nos Estados Unidos, quando visitamos os hospitais psiquiátricos descobrimos que a maioria das alucinações são auditivas porque as pessoas de nossa cultura não dão muita atenção ao sistema auditivo. Em outras culturas, as alucinações tendem a aglomerar-se em outros sistemas representacionais.

Mulher: Gostaria que você fizesse mais comentários a esse respeito porque já me atrapalhei com isso falando com pessoas a respeito de fenômenos alucinatórios.

Fenômenos alucinatórios é o mesmo, em minha opinião, que vocês ficaram fazendo aqui o dia todo. Não há uma diferença formal entre as alucinações e os processos que você usa se eu lhe pedir que se recorde de algo que aconteceu hoje de manhã, ou o que aconteceu quando eu disse "amoníaco" e todos vocês fizeram "ahhhrrrhhh!". Que me conste, há diferenças sutis entre as pessoas que estão em hospitais psiquiátricos e as que não estão. Uma dessas diferenças é que estão em edifícios diferentes. Outra é que muitas delas não parecem possuir uma estratégia para saber o que constitui uma realidade comum e o que não constitui.

Quem tem um animal de estimação? Você consegue ver seu animal de estimação sentado aqui nesta cadeira? (Sim) Certo. Agora, você consegue distinguir entre o animal que temos aqui e a cadeira sobre a qual está sentado? Há alguma coisa em sua experiência que lhe permita distinguir entre o fato de que você colocou a imagem visual do animalzinho aqui e o fato de que a imagem da cadeira estava lá antes de você deliberadamente tê-lo colocado ali? Há alguma diferença? Talvez não haja.

Mulher: Ah, há sim.

Certo. Então qual é a diferença? Como é que você sabe que há uma cadeira real e que não há um cãozinho real?

Mulher: Eu posso verdadeiramente ver a cadeira em minha realidade aqui agora. Mas só posso imaginar o cachorrinho em minha mente, aos meus olhos do espírito...

Você não vê o cachorro sentado aqui na cadeira?

Mulher: Bem, apenas com os olhos de minha mente.

Qual é a diferença entre a imagem da cadeira para os olhos de sua mente e a imagem do cachorro para os mesmos olhos de sua mente? Há uma diferença?

Mulher: Bem, um está aqui e o outro não.

Sim. Mas como é que você *sabe* disso?

Mulher: Bem, continuo vendo a cadeira quando desvio o olhar e volto a focalizá-la. Mas se eu parar de pensar no cachorro em cima da cadeira, o cachorro não vai mais estar lá.

Certo. Então você pode falar consigo mesma, certo? Será que você poderia voltar-se para seu interior e perguntar se alguma parte de você, a nível inconsciente, é capaz de ter o cão aqui enquanto você volta a olhar? Será que faria esses ajustes e descobriria se ainda é possível mostrar a diferença? Porque meu palpite é que há outras formas de você também saber.

Mulher: A imagem do cão não está mais tão nítida.

Certo, então esse é um dos meios que você tem de checar a realidade. Você poderia voltar-se para seu interior e perguntar se alguma parte de você consegue torná-la mais nítida?

Mulher: Não enquanto fico acordada.

Eu sei que sua mente consciente não consegue fazer isso. Não estou fazendo esse tipo de pergunta. Você consegue conversar com você mesma? Você pode dizer: "Oi, Mary, como vai?" aí dentro de você? (Sim.) Bom. Volte-se para dentro e pergunte: "Há alguma parte de mim que, a nível inconsciente, consiga fazer a imagem do cão ser tão nítida quanto a da cadeira?" E fique receptiva a qualquer resposta que aparecer a você. Poderá ser verbal, poderá ser uma sensação, poderá ser um elemento visual. Enquanto ela está fazendo isso, será que alguém mais sabe como é que se sabe qual é a diferença?

Homem: Bom, antes quando você bateu na cadeira pude escutar um som. Quando você bateu no cachorro, não ouvi.

Então, essencialmente, sua estratégia consiste em ir para outro sistema representacional e perceber se há ou não uma representação que corresponda, naquele sistema, ao que você captou no outro.

Mulher: Eu sei que pus o cachorro lá.

Como é que você sabe isso?
Mulher: Porque posso lembrar do que fiz.
Certo. *Como* é que você se lembra de pôr o cachorro lá? É um processo visual? Você fala com você mesma? Bom. Agora eu quero que você use o *mesmo* processo para a cadeira ali. Quero que ponha a cadeira ali, mesmo que ela já esteja ali. Quero que você passe pelo mesmo processo que passou para pôr o cachorro, agora para pôr a cadeira ali e depois me diga se há alguma diferença, caso haja alguma.
Será que alguém está entendendo o propósito disso tudo?
Mulher: Somos todos esquizofrênicos.
É lógico que somos todos esquizofrênicos. Na verdade, R. D. Laing é por demais conservador quando diz que a esquizofrenia é uma resposta natural. O próximo passo, em termos evolutivos, no qual todos estamos nos envolvendo é múltipla personalidade. Somos todos múltiplas personalidades. Há apenas duas diferenças entre vocês e uma múltipla personalidade diagnosticada oficialmente: (1) o fato de que vocês não precisam sofrer de amnésia a respeito do modo como estão se comportando num certo contexto — vocês podem recordar-se disso num outro contexto; (2) vocês podem escolher como responder, contextualmente. Toda vez em que você *não* tiver uma escolha quanto ao modo de responder num contexto, você é um robô. Então você tem duas escolhas. Você pode ser uma múltipla personalidade, ou um robô. Escolha bem.
O ponto que estamos tentando elucidar é que a diferença entre alguém que não sabe que sua alucinação é uma alucinação e vocês, é que vocês desenvolveram uma estratégia particular por meio da qual sabem o que é a realidade comum e o que não é. E, no caso de vocês terem alucinações, é provável que as tenham com relação a *idéias* e não com relação a *coisas*.
Se algum de vocês tivesse dito, aí na audiência: "Ei, espera um minuto, há um cachorro de verdade aí, todo mundo consegue ver isso!" então é provável que alguma outra pessoa desta sala retirasse você do recinto.
Bom, quando Sally empregou a palavra "pensativa" antes, estava ficando alucinada justamente com o mesmo processo formal que acontece no esquizofrênico. Por exemplo, havia um certo paciente mental que olhava para nós e dizia: "Você me viu beber um copo de sangue agora mesmo?" Ele estava fazendo exatamente a mesma coisa. Estava pegando *input* vindo do exterior, combinando-o de modo interessante com uma resposta que internamente estava elaborando e, depois, assumindo a combinação como vinda inteiramente do exterior.
Há apenas duas diferenças entre qualquer pessoa desta sala e um esquizofrênico institucionalizado: (1) você ter ou não uma boa estratégia de realidade e poder fazer as distinções; (2) o

conteúdo de sua alucinação ser ou não socialmente aceitável. Porque todos vocês alucinam. Todos vocês alucinam que alguém está de bom ou de mau humor, por exemplo. Algumas vezes, trata-se de uma representação verdadeiramente precisa do que vocês estão obtendo como informação do exterior, mas noutras vezes é uma resposta ao seu próprio estado interior. E quando não está lá, você às vezes pode induzi-la. "Há alguma coisa errada?" "Que é que está te incomodando?" "Bom, mas eu não quero que você se aborreça com nada do que aconteceu hoje enquanto você esteve fora".

Beber sangue, nesta cultura, não é aceitável. Já vivi em culturas nas quais isso é muito certo. Os Masai, na África Oriental, sentam-se em roda e bebem sangue o tempo todo. Sem problemas. Seria muito louco em sua cultura alguém chegar e dizer: "Posso ver que você está se sentindo muito mal por causa do que acabei de dizer". Começariam a pensar o que você tem em mente. Mas, nesta cultura, é o inverso.

Quando treinávamos residentes em hospitais psiquiátricos costumávamos acordar cedo e passar um certo tempo nas enfermarias porque os pacientes lá tinham problemas que nunca tivemos a oportunidade de encontrar. Passávamos-lhes a atribuição de determinarem para si mesmos que partes de suas experiências eram validadas por outras pessoas e quais não eram. Por exemplo, com o fulano do copo de sangue, imediatamente solidarizamo-nos com a sua realidade; "É, esquenta esse aqui pra mim, tá?" Unimo-nos à sua realidade a tal ponto que ele começou a confiar em nós. Aí demos-lhe a tarefa de descobrir quais partes de sua realidade as outras pessoas poderiam validar para ele. Não dizíamos isso estava aqui mesmo, aquilo não estava; simplesmente pedíamos a ele que determinasse quais partes de sua realidade poderiam ser compartilhadas por outras pessoas. Aí ele aprendeu — como o fizemos todos nós enquanto fomos crianças — a mencionar aquelas partes da realidade que ou são socialmente aceitáveis, conquanto alucinações, ou que as pessoas estão dispostas e ver, sentir, ouvir. Era tudo o que precisava para sair do hospital. Está indo muito bem. Ainda bebe copos e copos de sangue, mas o faz a sós. A maioria dos psicóticos simplesmente não tem uma maneira de fazer distinções entre o que é a realidade comum e o que não o é.

Homem: Muitos psiquiatras não têm isso, quando trabalham com essas pessoas.

Muitos não o têm, ponto, no que me diz respeito! A única diferença é que têm outros psiquiatras compartilhando dessa mesma realidade, de modo que pelo menos contam com uma realidade em comum! Já fiz um monte de piadas a respeito de como os psicólogos humanistas se tratam toda vez que se encontram.

Têm vários ritos sociais que, na época em que trabalhei numa empresa de eletrônica, não existiam. As pessoas da empresa chegavam de manhã, não seguravam as mãos uns dos outros, nem ficavam se olhando profunda e significativamente, durante cinco minutos e meio. Bom, quando alguém na empresa vê outra pessoa fazendo isso, fala: "Iiiiihhh, que louco!" E as pessoas nos círculos de psicologia humanista acham que os indivíduos da empresa são frios, insensíveis e desumanos. Para mim, ambas as realidades são psicóticas e não tenho certeza de qual é mais louca. E, pensando-se em termos de realidade *comum*, as pessoas da empresa estão em *maioria*!

Tem-se efetivamente uma escolha quando se pode transitar de uma para outra realidade *e* ter-se a perspectiva do que está acontecendo. Uma das coisas mais loucas que há é quando um psicólogo humanista vai dar um seminário numa dessas empresas e não altera seu comportamento. Essa inabilidade de ajustar-se a uma realidade comum diversa da sua é uma demonstração de psicose, no que me tange.

Os terapeutas sentem as letras; não creio que isso seja nem um pouco mais esquisito do que beber copos de sangue. Em todos os lugares aonde vou, as pessoas me dizem que sentem o O e o K. Isso é muito estranho. Ou então você pergunta: "Como se sente?" e as pessoas respondem *"Não* mal". Pensem nisso um instante. Trata-se de uma colocação bastante profunda. *"Não* me sinto mal". Não é um sentimento. Nem "OK", não é sentimento ou sensação.

Um dos instrumentos mais poderosos que penso ser útil para vocês, na qualidade de comunicadores profissionais, é a capacidade de fazer a distinção entre percepção e alucinação. Se você puder discernir claramente que porção de sua experiência atual está sendo criada internamente e apresentada para o exterior, em oposição ao que estiver realmente recebendo através do aparato sensorial, você não alucinará quando isso não for útil. No fundo, não há coisa alguma sobre o que você *necessite* alucinar. Não há resultado algum na terapia para o qual as alucinações sejam necessárias. Pode-se permanecer estritamente a nível da experiência sensorial e ser muito potente, efetivo, eficaz, e criativo.

Vocês precisam apenas de três coisas para serem comunicadores profissionais absolutamente únicos. Descobrimos que existem três padrões principais no comportamento de todos os mágicos da terapia com quem conversamos, e também no de executivos e de vendedores. O primeiro é saber qual resultado se deseja. O segundo é que precisa-se flexibilidade de comportamento. Necessitamos ser capazes de gerar grandes quantidades de comportamentos diferentes para encontrar as respostas emitidas. O terceiro é que precisamos ter experiências sensoriais suficientes para reparar quando tivermos obtido as respostas desejadas. Se você conta com estas três habilidades, então só precisa alterar seu comportamento até alcançar as respostas que quer.

É isso que estamos fazendo aqui. Sabemos quais são os resultados que desejamos e colocamo-nos no que chamamos de *uptime*(*), durante o qual estamos absolutamente imersos na experiência sensorial e não temos a mínima consciência. Não estamos cientes de nossos sentimentos, sensações, imagens, vozes interiores, nem de qualquer outro elemento interno. Estamos na experiência sensorial do relacionamento com vocês e prestando atenção ao modo como vocês nos respondem. Continuamos a alterar nossa conduta até responderem do modo que desejamos que vocês o façam.

Neste preciso momento sei o que estou falando porque estou me ouvindo externamente. Sei o quanto vocês estão apreendendo do que estou falando através de suas respostas, tanto conscientes quanto inconscientes. Eu as estou vendo. Não estou comentando internamente sobre as mesmas; estou simplesmente notando-as e ajustando meu comportamento. Não tenho a menor idéia de como estou me sentindo internamente. Conto com a conscientização cinestésica tátil. Posso sentir minha mão sobre meu casaco, por exemplo. Este é um estado alterado particular. É um transe entre muitos e útil para liderar grupos.

Mulher: De que modo você se ajusta no *uptime*? Você disse que mantém-se fazendo ajustamentos até obter a resposta que quer. Quais ajustamentos você está fazendo? Você explica mais? Fala mais? Ou...

Bom, ajusto todos os parâmetros possíveis. O mais óbvio de todos, para mim, é meu tom de voz. Pode-se ajustar a expressão facial também. Às vezes pode-se dizer as mesmas palavras e erguer as sobrancelhas e as pessoas de repente irão entender. Algumas vezes pode-se começar a mover as mãos. Com algumas pessoas, pode-se criar uma imagem. Algumas vezes posso apenas explicar a mesma coisa *de novo* usando um conjunto diferente de palavras. Estas são algumas das possibilidades lógicas disponíveis. Há montes e montes de possibilidades.

Mulher: Bem, na medida em que você modifica seu comportamento, não tem de estar, de certo modo, consciente do que se passa dentro de você?

Não. Acho que a maior parte das pessoas tenta fazê-lo de maneira refletida, usando a percepção consciente de si mesmas e a maioria das estratégias da consciência reflexiva não funcio-

---

* *Uptime* — expressão derivada de *up-to-date* (moderno, atual; atualizar). No contexto, o sentido é "em flagrante, flagrar, acompanhar em flagrante o que está acontecendo". (Nota da Editora)

na. Este é o motivo pelo qual a maioria das pessoas tem relacionamentos pessoais tão deteriorados. Se eu quiser que você atue de certa forma e se eu fizer de *você* a referência para o que faço, então tudo o que preciso fazer é continuar agindo diferentemente até *você* parecer, emitir sons e comportar-se do jeito que quero. Se eu tiver que verificar em mim para descobrir, então terei de ficar prestando atenção aos meus sentimentos e sensações e vozes interiores, e isso não me irá mostrar se estou ou não conseguindo o que desejo. A maioria dos terapeutas já teve êxito com seus clientes uma dúzia de vezes, antes de percebê-lo.

Mulher: OK; posso ver como é que isso funcionaria na terapia, sendo terapeuta. Mas, num relacionamento íntimo, parece que estar no *uptime* não seria tão íntimo.

Oh, discordo. Acho que seria muito *mais* íntimo desse jeito. Não creio que a intimidade seja construída falando-se consigo próprio e criando imagens internamente. Creio que a intimidade aparece eliciando-se respostas. Se eu estiver no *uptime* enquanto interajo com alguém, então serei capaz de eliciar respostas que sejam agradáveis, íntimas, e tudo o mais que eu quiser.

Mulher: Se eu estiver falando com outra pessoa a respeito de algo que estou sentindo e pensando ser importante para mim, então não estarei no *uptime,* não é?

Se esta é a sua definição de intimidade, então temos definições diferentes para intimidade!

Mulher: Estou dizendo que isto é uma parte de estar em intimidade; é um modo de ser íntimo.

OK. Discordo disso.

Mulher: Como é que você pode fazer isso, se está no *uptime?*

Você não pode fazê-lo enquanto está no *uptime.* Você pode falar a respeito de coisas que você já *sentiu* e *pensou noutras ocasiões,* e então não estaria no *uptime.* Concordo que este estado seria uma estratégia deficiente para falar-se a respeito de estados interiores mas acontece que não considero que isso seja intimidade. Segundo sua descrição, o *uptime* não é uma boa estratégia. O *uptime* é a única estratégia que conheço ter uma eficiência generalizada para interagir com pessoas em termos de obtenção de respostas.

Para o que você está mencionando, eu projetaria uma estratégia completamente diferente, porque você vai ter que saber o que está pensando e sentindo a fim de falar a esse respeito. Mas não creio que assim você vá produzir a sensação de conexão com outro ser humano. Pois, fazendo isso, você não estará prestando atenção *nele,* estará prestando atenção apenas em *você mesma.* Não estou dizendo que isso seja errado, estou apenas colocando que assim você não irá sentir-se mais ligada a uma outra pessoa. Você não irá ter um contato maior com a mulher que está sentada a seu lado se estiver interiormente imaginando coisas e falando consigo mesma e tendo sentimentos ou sensações e depois falando para ela isso tudo. Isso não irá pôr *você* em contato com *ela*. O máximo que vai acontecer é você contar à mente consciente dela uma série de coisas a respeito do que se passa dentro de você quando *não* está prestando atenção nela.

Tenho um advogado que possui uma estratégia formidável para resolver problemas legais. Primeiro ele faz uma construção visual, em sua mente, de qual problema tem de ser resolvido. Depois, em linhas gerais, ele elabora um A interno auditivo que checa contra um A visual eidético, um B interno auditivo que checa contra um B visual eidético e assim por diante, até que todos os seus elementos auditivos e todos os visuais eidéticos tenham se acomodado à construção visual. Aí ele sabe que está com o problema resolvido. Trata-se de uma superestratégia para problemas legais, mas é uma estratégia *horrível* para relacionamentos pessoais e ele a emprega também nesse segundo caso. Ele faz uma imagem de como deseja interagir com aquela pessoa e depois tenta encontrar imagens de quando foi que fez antes daquele mesmo jeito. Jamais consegue fazer algo de novo com qualquer pessoa a menos que antes tenha feito todos os elementos componentes. Simplesmente não é uma estratégia incrível para tal tarefa. E enquanto a está usando, ele foi embora — não está ali de modo algum!

Há pouco tempo, na televisão, uma psicóloga estava instruindo as pessoas a respeito de como ter uma melhor comunicação. Em essência, o que ela dizia era: "Faça uma imagem do modo como você deseja ser e depois comporte-se desse jeito". Mas nessa mensagem não constava nada quanto a perceber o *feedback* da outra pessoa. Para ela, todas as outras pessoas eram de papelão, ficavam ali a rodeá-la, eram seus alunos e diziam: "Sim! Somos muito felizes e podemos comunicar-nos. E é tão bom encontrar com vocês, se é!" Não sabiam sequer se apertavam as mãos uns dos outros. Não tinham o menor contato porque estavam recolhidos, criando imagens. Estavam todos mostrando rostos sorridentes, de modo que talvez estivessem contentes, mas essa não é uma estratégia muito boa de comunicação.

Certa vez almoçamos com um coronel do exército, já reformado, que havia decidido tornar-se um comunicador. Ele tem duas estratégias. Uma é dar ordens, e a outra está destinada a obter anuência. Nenhuma das duas tem coisa alguma a ver com conseguir informações; toda a sua estratégia simplesmente acaba assim que ele obtenha um acordo; assim, independente do que ele disser, se você diz: "Concordo com você", ele não consegue mais funcionar. Ele é o tipo de pessoa com quem naturalmente não se concordaria jamais a respeito do que quer que fosse, porque ele tem um tom de voz que faz com que se responda negativamente.

Quando nos sentamos, todos ficaram como loucos porque diziam o tempo todo: "Bom, não foi bem assim que eu disse" e começavam a discutir com ele. Finalmente, fiz com que todos se calassem e Leslie e eu dissemos a uma só voz: "Nós concordamos com você". Fosse o que fosse que ele dissesse, nós falávamos: "Concordamos com você". Quando fazíamos isso, ele não conseguia gerar comportamento algum! Ele parava de funcionar. Ficava lá sentado durante dez ou quinze minutos, em silêncio, até que começasse a criar caso por causa de algo que o resto de nós estivesse discutindo. Dizíamos apenas "Concordamos com você" e, novamente, ele ficava de fora. Sua estratégia para decidir o que ia querer do cardápio era fazer com que *cada uma das pessoas* escolhesse *qualquer coisa* no *menu*. Sua estratégia não tinha por objetivo obter uma comida que satisfizesse seu paladar; estava destinada a fazer com que as outras pessoas comessem a mesma coisa que ele. Acho que esta deve ser uma boa estratégia para um coronel do Exército, mas é uma estratégia repugnante para conseguir alguma coisa boa num restaurante, para escolher um restaurante, ou para ter amigos, algo que ele não tinha.

Conseguir ter uma experiência sensorial total é um projeto para a vida toda e isento de qualquer limitação, que eu saiba. Hoje vejo coisas, ouço coisas e consigo informações através do tato que, há dois anos atrás, teriam parecido PES (percepção extra-sensorial) para mim. Esta é uma colocação a respeito de minha disponibilidade para devotar um certo tempo e uma certa energia ao treinamento de mim mesmo quanto a realizar distinções mais refinadas entre as realidades interior e exterior, refinamentos estes que posso efetivar em todos os canais sensoriais e em todos os sistemas representacionais internos.

Uma grande parte de nosso treinamento na habilidade de fazer distinções visuais ocorreu com Milton Erickson. Ele é um dos mais extraordinários detectores visuais do mundo. Ele consegue ver coisas que são realmente "extra-sensoriais" para outras pessoas mas que estão *lá* e chegando a nós através dos mesmos órgãos dos sentidos. No exercício que fizemos, muitos pediram para que eu me aproximasse para ajudar e diziam: "Bom, esta pessoa não faz nenhum movimento com os olhos". Depois acabavam admitindo: "Bem, há um ligeiro movimento nos olhos". Quando vocês dizem que algo é *ligeiro* (*slight*), estão afirmando algo a respeito de sua habilidade para detectá-lo e não a respeito daquilo que esteja se passando com a outra pessoa.

É como a "resistência". Se os terapeutas considerassem "resistência" um comentário acerca de *si mesmos*, ao invés de concernente aos seus clientes, creio que o campo da psicoterapia se desenvolveria com maior rapidez. Toda vez que um cliente "resiste", está colocando algo a respeito do que *você* está fazendo, não a respeito do que *ele* está fazendo. Dentre todos os meios que você já tentou para o estabelecimento de um contato e de um relacionamento, você ainda não achou aquele que funcionasse. Você precisa ser mais flexível no modo como está se apresentando, até obter a resposta de relacionamento desejada.

Gostaríamos a seguir de oferecer-lhes um exercício que irá acentuar sua experiência sensorial e que permitirá discernir entre a experiência sensorial e a alucinação. O exercício está dividido em quatro partes:

Exercício de experiência x alucinação: parte 1

Queremos que se sentem em grupos de três. Um será A, outro B e o outro, C. A : sua tarefa é a detecção. B: sua tarefa é praticar diversos tipos de experiências. C: você será simplesmente um observador e pode também ajudar A e B a saberem como prosseguir. B: sem mencionar absolutamente nada verbalmente, você vai escolher três experiências *diferentes* que já teve e que foram muito intensas. Podem ser provenientes de qualquer parte de sua vida, mas torne-as distintas entre si; não pegue três situações parecidas. Você conseguirá identificá-las apenas voltando-se para dentro de si mesmo e encontrando exemplos representativos; depois, simplesmente enumere-as um, dois, três.

Depois, fique de mãos dadas com A e anuncie "um". A seguir, vá para dentro de você mesmo, esqueça-se da experiência sensorial, retorne àquele tempo e àquele lugar, e passe de novo pela experiência sem a menor verbalização manifesta. Gaste um ou dois, ou três minutos para reviver completamente aquela experiência... Depois, anuncie "dois" e reviva-a... Depois anuncie "três" e reviva-a...

Agora há um fator incrivelmente importante. Para os que dentre vocês forem extraordinariamente visuais, será imperativo que não se vejam lá, mas sim, que vocês *vejam o que viram quando estiveram lá.*

Por exemplo, fechem os olhos e *vejam a si mesmos* de algum ponto acima ou ao lado, andando de tobogã, prestes a irem abaixo na primeira grande descida... Agora entrem nessa imagem de vocês dentro de um tobogã e vejam o que estariam vendo se realmente estivessem andando num desses carrinhos. São experiências muito diferentes. O elemento cinestésico aparece em profundidade assim que é rompida a dissociação entre ver-se a si mesmo lá no tobogã e pôr sua posição perceptiva dentro de seu corpo andando de tobogã.

Quando vocês regredirem e encontrarem estas três experiências e as reexperienciarem novamente, é importante que vocês *não* o façam dissociadamente. Talvez vocês comecem vendo-se a si próprios, mas depois *entrem* na imagem. Quando estiverem dentro da imagem e sentirem novamente a experiência em seu corpo, da mesma forma que da primeira vez, comecem a apertar a mão de A, informando-o assim de modo tátil que você está naquele momento passando pela experiência.

A: sua tarefa consiste apenas em observar as mudanças em B, enquanto esta pessoa passa pelas três experiências. Quero que dêem atenção às mudanças na coloração da pele, no tamanho do lábio inferior, na respiração, na postura, no tônus muscular, etc. Haverá muitas mudanças profundas em B que você poderá enxergar visualmente à medida que B for passando pela experiência.

Parte 2

B irá fazer exatamente a mesma coisa que na parte 1: irá anunciar "um" e re-experienciá-la, depois "dois" e "três". Desta vez, porém, A irá não somente notar as mudanças como ainda descrevê-las em voz alta. A tarefa de C é garantir que todas as descrições oferecidas por A sejam *fundadas na sensorialidade:* "Os cantos de sua boca estão se levantando. A cor de sua pele está escurecendo. Sua respiração é alta e baixa e aumenta de ritmo. Há mais tensão na sua bochecha direita do que na esquerda". Estas são descrições que permitem a C — que estará não só vendo mas também ouvindo sua descrição — verificar o que você está de fato declarando. Se A disser: "Você parece feliz; agora parece preocupado", estas *não* são descrições de base sensorial. "Feliz" e "preocupado" são julgamentos e a tarefa de C é certificar-se de que as descrições de A sejam fundadas no sensorial e desafiar qualquer pronunciamento que não o seja.

Parte 3

Desta vez, B submete-se a uma das três experiências sem identificá-la por número. Você apenas escolhe uma das três e passa por ela. A está sentado, observa novamente B, não diz coisa alguma até B terminar aquela experiência. Depois, A, você irá dizer a B qual experiência foi apresentada: "um", "dois", ou "três". B continua a percorrer essas três experiências em qualquer ordem diferente da original até A tornar-se capaz de denominar corretamente qual a experiência em questão. Se A não conseguir fazê-lo logo na primeira vez, simplesmente comece tudo de novo. Não lhe diga qual experiência era, nem esclareça, quando A tiver pensado que era a um, que realmente tratava-se da número três. Apenas diga a A para parar e começar tudo de novo. Este é um meio de treinar seus sentidos para tornarem-se mais agudos.

75

Parte 4

Desta vez B entra em qualquer uma das três experiências, de novo, e A alucina, adivinhando tão especificamente quanto puder, qual foi o *conteúdo* daquela determinada experiência. E creiam-me, vocês conseguem ser *muito* específicos e *muito* precisos.

Nas partes 1, 2 e 3 nós lhes pedimos que ficassem com a experiência sensorial. Na parte 4, estamos pedindo que alucinem. Isto tem por objetivo fazer uma clara distinção entre a experiência de base sensorial e a alucinação. A alucinação pode ser uma coisa muito positiva e poderosa. Quem quer que já tenha passado por um *workshop* com Virginia Satir sabe que ela se vale da alucinação de modos muito criativos e fortes, por exemplo, em sua escultura familiar. Em certo momento, depois de já ter recolhido as informações, ela faz uma pausa e escolhe dentre todas as imagens visuais que tem, preparando-se para a escultura ou para a dança familiar sobre a tensão. Ela irá trocando de imagens até que sinta ter o arranjo certo. Isto é "ver-sentir" que constitui a mesma estratégia de soletrar ou sentir ciúme. Aí ela aproveita as imagens que a satisfizeram cinestesicamente e coloca-as na família, esculpindo-a dentro desse referencial. Este é um caso em que a alucinação faz parte integrante de um processo muito eficiente e criativo. A alucinação não é nem boa, nem má; é apenas uma outra escolha. Mas é importante vocês saberem o que estão fazendo. OK; comecem.

* * *

Tudo bem. Há algum comentário ou pergunta a respeito deste último exercício praticado? Alguns de vocês ficaram surpresos consigo mesmos por causa dos palpites que fizeram, não é? E outros, tiraram nota zero.

É realmente irrelevante se vocês foram bem ou não. De qualquer maneira, obtiveram importantes informações a respeito do que são capazes de perceber e a respeito de se suas alucinações têm alguma relação com o que vocês percebem.

Vocês podem valer-se do treinamento que lhes estamos dando para perceber, enquanto comunicam-se com um cliente ou com uma pessoa querida, que as respostas que estão vindo não são aquelas que desejavam. Se considerarem esse fato como uma indicação de que *o que estão fazendo não está funcionando* e se modificarem seu comportamento, alguma coisa mais também mudará. Se deixarem que seu comportamento permaneça o mesmo, obterão mais e mais das coisas que já estão recebendo. Bem, isso parece absurdamente simples. Mas se puderem pôr isso em prática, conseguirão ter aproveitado mais deste seminário do que as pessoas jamais conseguiram. Por algum motivo, essa parece ser a coisa mais difícil de se praticar. *O significado da comunicação que você faz é a resposta que você consegue.* Se notar que não está recebendo o que quer, *mude o que está fazendo.* Mas, a fim de notar isso, você tem de distinguir claramente entre o que está recebendo do exterior e, de outro lado, como está interpretando esse material de maneira complexa a nível inconsciente, para tanto contribuindo seu próprio estado interior.

O exercício que acabaram de realizar limitou-se essencialmente a um canal sensorial. Era uma forma de ajudar vocês a realizarem um exercício por meio do qual pudessem limpar seu canal de *input* visual. Puderam também obter algumas informações cinestésicas através do contato das mãos enlaçadas. Podem fazê-lo também auditivamente, ou cinestesicamente. Podem ainda generalizar este mesmo exercício para os dois outros sistemas. Se forem realizá-lo auditivamente, A fica de olhos fechados. B então descreve a experiência sem palavras usando apenas sons. Os padrões de andamento e de tonalidade serão diferentes e, uma vez que os olhos de A ficarão fechados, tudo o que ele pode fazer é ter *input* auditivo.

Ou podem simplesmente pensar a respeito da experiência e falar sobre cozinhar alguma coisa para o almoço. É desse jeito que freqüentemente os casais agem entre si. Ele faz uma imagem de sua mulher envolvida noutro romance e depois conversam a respeito de irem acampar, certo? E ele fala (com raiva): "É, eu realmente gostaria de ir com você. Acho que iríamos nos divertir. Vou levar o machado para poder rachar umas *lenhas*".

Uma outra coisa que os casais fazem é brigar através de *citações*. Vocês já ouviram algo a esse respeito? Citações é um padrão incrível. Se algum de vocês tiver clientes que trabalham em lugares que lhes provocam ressentimento contra os patrões ou contra os colegas de serviço, e que não podem realmente expressar seus sentimentos porque é inapropriado, ou porque ficam ameaçados de dispensa, ou por algum outro motivo, então ensinem-lhes o padrão de citações lingüísticas. É maravilhoso porque eles poderão ir até o patrão e dizer: "Estava agora mesmo na rua quando um homem aproximou-se de mim e me disse: 'Você é um asno estúpido' e eu não sabia o que lhe dizer. Que é que você faria se alguém chegasse perto de você e lhe dissesse: 'Você é um asno'? Bem no meio da rua, sabe como é?"

As pessoas quase não têm consciência de quaisquer metaníveis se você distraí-las com um conteúdo. Certa vez, numa conferência, eu falava para um grande grupo de psicólogos que eram muito cheios de si mesmos e que perguntaram um monte de coisas imbecis. Eu falei a respeito de citações enquanto um padrão. Depois eu disse *Por exemplo* — eu até lhes expliquei o que estava fazendo — Milton Erickson contou-me certa vez uma estória a respeito de uma época em que ficara numa fazenda onde se criavam perus e os animais faziam muito barulho, mantendo-o acordado à noite. Ele não sabia o que fazer. De modo que, certa noite, ele foi para fora — e eu olhei bem na cara de todos os psicólogos que estavam lá na minha frente — e notou que estava rodeado de perus, centenas de perus por todos os lados. Perus aqui, ali, por toda a parte. E ele os olhou e disse: "Seus perus!"(*)

Havia ali umas duas pessoas que sabiam o que eu estava fazendo e que simplesmente racharam de tanto rir. Lá estava eu de pé no palco, em frente àquelas pessoas que estavam pagando uma fortuna por minha causa e a chamá-las de *perus*. Eles não sabiam o que eu estava fazendo. Todos ficaram lá sentados balançando seriamente a cabeça. Se você for congruente, eles não saberão *nunca*. Se você der às pessoas um conteúdo interessante, pode-se experimentar qualquer padrão. Assim que eu disse: "Irei agora contar-lhes uma estória a respeito de Milton", todos eles sintonizaram na "faixa do conteúdo" e foi isso tudo o que ouviram.

Enquanto a estória ia pelo meio, eu até cheguei a me virar para o lado e rir até estourar meus pulmões. Aí, voltei-me para eles e terminei o relato. Eles apenas acharam aquele comportamento estranho, porque eu rio muito. Ou então talvez o riso fosse parte da estória. "Milton virou-se de lado e riu". No final do dia, todas aquelas pessoas chegaram-se perto de mim e disseram: "E quero lhe dizer o quanto isso foi importante para mim" e eu respondi: "Obrigado. Você ouviu a estória a respeito de Milton? Não quero que fique pensando que *é a respeito de você mesmo!*"

Você pode tentar qualquer comportamento *novo* em citações e isso fará parecer que você não o fez. As citações lhe dão uma grande liberdade para experimentar adquirir flexibilidade, porque significa que você pode fazer qualquer coisa. Posso entrar num restaurante, dirigir-me à garçonete e dizer: "Acabei de ir ao banheiro quando um cara chegou perto de mim e disse 'pisque'", e depois descobrir o que acontece. Ela irá piscar e eu direi: "Mas isso não é mesmo estranho?" afastando-me em seguida. Não era *eu*, de modo que eu não tinha de me preocupar com isso. É uma grande margem de liberdade pessoal; você não está mais na responsabilidade pelo seu próprio comportamento porque é "o comportamento de uma outra pessoa".

Quando eu freqüentava encontros psiquiátricos e coisas do gênero, eu costumava chegar perto de alguém e dizer: "Estive há pouco numa conferência **com** o Dr. X e ele fez algo que nunca

---

* O que tem conotação pejorativa, como *Seus tontos*. "*You turkeys*", no original. (N.T.)

tinha visto alguém antes fazendo. Ele chegou perto de uma pessoa, ergueu a mão desse jeito e disse: 'Olhe para esta mão'". Depois, eu ficava durante quinze ou vinte minutos numa indução de transe, colocando a pessoa em transe. Depois eu lhe dava um tapa no estômago, para que pudesse voltar, e lhe dizia: "Mas não é estranho ele fazer isso?" E o cara dizia: "É, isso é realmente uma coisa muito esquisita nele. Ele não devia fazer essas coisas". E aí eu dizia: "*Eu* nunca faria nada parecido. E você?" E ele diria: "Não".

As citações também funcionam se você está fazendo terapia com uma família que briga, discute, não escuta de jeito nenhum, porque você pode se inclinar à frente e dizer: "Estou *tão* feliz que vocês formem uma família responsiva, porque a *última* família que veio aqui exigia de mim que eu olhasse para cada uma das pessoas e dissesse: 'Cale a sua boca'. Era isso que eu tinha de dizer a eles". Isso me recorda um grupo que tivemos em San Diego; havia cerca de cento e cinqüenta pessoas e nós lhes dissemos: "A próxima coisa que gostaríamos de comentar com vocês é o modo como os casais discutem em citações".

"Bem, se fosse você a me dizer isso, você sabe o que é que eu te diria?"

"Bom, se você me dissesse para fazer isso, eu simplesmente te mandaria pro inferno!"

"Bom, escute aqui, se alguma vez você me disser isso eu vou em cima de você e..."

O problema é que geralmente eles *perdem* citações e acabam mesmo brigando. A maioria de vocês já escutou citações na terapia familiar. Você pergunta: "Como foi?" Se as pessoas se atrapalham relatando uma discussão, elas começarão fazendo citações e a seguir estarão novamente em meio à mesma discussão! Todos os seus análogos não-verbais darão apoio à briga. Citações é um padrão dissociativo e quando a dissociação desaparece, as citações vão embora.

O luto é, em geral, um padrão semelhante. O que acontece com a pessoa sucumbida pelo peso do luto é o seguinte: ela faz uma imagem visual *construída* de estar com a pessoa perdida. Está se vendo com o ente querido que agora está morto ou desaparecido, não disponível de qualquer modo. A resposta que esta pessoa emite, chamada "luto" ou "sensação de perda" é uma resposta complexa ao estado de dissociação dessas recordações. A pessoa vê a pessoa querida e a si mesma se divertindo e depois sente-se vazia *porque não está lá,* na imagem. Se a pessoa de luto pudesse entrar por inteiro na mesma imagem que estimula a resposta de luto, recuperaria os sentimentos cinestésicos positivos das boas experiências compartilhadas com aquela pessoa por quem nutria tanto afeto. Isso lhe serviria então como recurso para prosseguir e construir alguma coisa nova para si mesma em sua vida, ao invés de ser o elemento que aciona a resposta de luto.

Já a culpa é um pouco diferente. Há uns poucos modos de se sentir culpa. Um dos melhores meios de se sentir culpa é fazer uma imagem da resposta na cara de alguém quando você fez alguma coisa de que esse alguém não gostou. Neste caso você estará construindo uma imagem visual eidética. Desse modo, é possível sentir-se culpa a respeito do que quer que seja. Contudo, se você der um passo *para fora* dessa imagem, ou em outras palavras, inverter o procedimento que se usa com o luto, o que acontece é que não se sentirá mais culpa, porque então você terá uma perspectiva literalmente nova.

Parece tão fácil, não é? *É fácil demais.* Noventa e nove entre cem clientes deprimidos por mim examinados exibem precisamente o mesmo padrão: estarão visualizando e/ou falando consigo mesmos a respeito de alguma experiência que os está deprimindo. Mas só terão presentes em sua consciência os sentimentos/sensações cinestésicos. E empregarão palavras apropriadas: "pesado, sobrecarregado, arriado, esmagado". Entretanto, se lhes perguntarmos alguma coisa quanto a seus sentimentos, apresentam uma descrição não-verbal elegante de *como* criaram sua depressão. "Como é que você sabe que está deprimido? Já vem se sentindo assim há bastante tempo? Que foi que deu início a esta síndrome?" As questões em si são absolutamente irrelevantes; são apenas meios de se captar esse processo.

As pessoas deprimidas em geral elaboram uma série de imagens visuais, normalmente construídas e alheias à conscientização. É comum não terem a menor idéia de estarem fazendo imagens. Alguns de vocês tiveram essa experiência com seus parceiros, hoje. Vocês lhes disseram que eles estavam captando num determinado sistema e eles diziam: "Ah, não sei nada disso" e, de fato, não o sabiam, porque isso não estava presente a eles em sua percepção. As pessoas deprimidas estão exercendo induções hipnóticas profundamente efetivas, ao verem imagens e falarem consigo mesmas, fora do âmbito de sua autopercepção, e respondendo na consciência apenas com os sentimentos. E ficarão extremamente surpresas de saber qual a origem de seus sentimentos, uma vez que esse ponto original está totalmente fora do campo de sua tomada de consciência.

Muitas e muitas pessoas que têm problema de peso estão fazendo a mesma coisa. Valem-se de uma voz hipnótica que diz: "Não coma aquele bolo que está na geladeira". "Não pense a respeito de todos aqueles doces lá na sala". "Não sinta fome". A maioria das pessoas não tem noção de que ordens desse tipo são efetivamente ordens para *ter* aquele comportamento. A fim de entender a sentença "Não pense em azul" a pessoa tem de captar o significado das palavras e pensar em azul.

Se uma criança estiver numa situação perigosa e você disser "Não caia", a fim de poder entender o que você falou, a criança tem que captar alguma representação de "cair". A representação interna, especialmente se for cinestésica, resultará geralmente no comportamento que o pai ou a mãe está procurando evitar. No entanto, se você der instruções positivas tais como: "Tome cuidado; preste atenção em seu equilíbrio e movimente-se devagar", a criança então captará representações que a ajudarão a enfrentar a situação.

Homem: Poderia falar mais um pouco sobre culpa?

A culpa é como tudo o mais. É apenas uma *palavra* e a questão é: "A qual *experiência* se refere tal palavra?" Já faz anos que as pessoas entram nos consultórios psiquiátricos de todos os tipos e dizem: "Tenho culpa". Os terapeutas escutam a palavra "culpa" e dizem "Sim, estou sabendo o que você quer dizer". Se esta mesma pessoa tivesse entrado e dito: "Tenho um certo X", esses terapeutas não teriam dado aquele salto mental para pensarem que compreendiam o que o cliente estava dizendo.

O ponto que estamos tentando esclarecer quanto à culpa, à depressão e ao ciúme e a todas as outras palavras é que o importante é descobrir *como ela funciona,* descobrir qual é o processo. Como é que a pessoa sabe quando está na hora de se sentir culpada, em oposição a saber de uma hora em que não é para sentir-se culpada? E dissemos que um exemplo — e isto é *apenas um* exemplo — de como sentir-se culpado é fazendo imagens eidéticas de pessoas com expressão desapontada, e em seguida sentindo-se mal por causa disso. Há outras formas de se poder sentir culpa. Você pode ter imagens construídas ou então pode falar consigo mesmo para sentir culpa. Há muitas e muitas maneiras de se encarar essa situação. Com cada pessoa é importante que se descubra *como* é que ela faz, se você quiser modificar o processo em alguma outra coisa. Se o modo de uma determinada pessoa sentir culpa é fazendo imagens eidéticas, você pode fazer com que ela mude a imagem eidética numa imagem construída. Se conseguir a culpa através de imagens construídas, pode-se conseguir que as modifique para eidéticas. Se fala consigo mesma, consiga que cante para si mesma.

Se você tiver refinamento sensorial suficiente para descobrir os passos específicos que a pessoa dá, no processo de criar alguma resposta em particular que a ela não pareça útil e que ela deseje modificar, você adquire múltiplos pontos de intervenção. A intervenção pode ser simples como a substituição de um sistema por outro, já que isto irá romper o padrão.

Uma mulher tinha fobia de altura. Nosso consultório era no

terceiro andar, o que era mais ou menos conveniente. Assim, pedi-lhe que se inclinasse e olhasse pela janela, descrevendo-me o que acontecesse. A primeira vez em que se debruçou, conseguiu apenas engasgar. Disse-lhe que essa não era uma descrição adequada. Eu tinha que saber como é que ela chegava ao ponto de se engasgar até sufocar e ficar tão transtornada. Fazendo um monte de perguntas, acabei descobrindo que ela elaborava uma imagem construída de si mesma caindo lá embaixo, tinha a sensação de cair e então sentia náusea. Tudo isto ela o fazia muito rapidamente e a imagem permanecia fora de sua consciência.

Portanto, pedi-lhe que caminhasse até a janela enquanto cantava o hino nacional mentalmente. Bem, isso pode parecer um pouco idiota, exceto pelo fato de que ela foi até lá, debruçou-se e não teve a resposta fóbica! Nenhuma resposta fóbica, de qualquer espécie. Ela havia sofrido dessa fobia durante anos e anos.

Um homem que era índio da tribo Cree e que lá exercia a medicina, um xamã, compareceu a um *workshop* e estávamos discutindo diferentes mecanismos que funcionavam em culturas diferentes, no sentido de induzir mudanças de modo rápido e eficiente. Se a pessoa está com dor de cabeça, uma antiga coisa semigestáltica a fazer era sentá-la numa cadeira, fazê-la olhar para uma cadeira vazia, fazê-la intensificar a sensação da dor, e fazer com que essa dor intensificada que estivesse sentindo se transformasse numa nuvem de fumaça, na outra cadeira. Lentamente, a fumaça adquire a imagem de alguém com quem o "dolorido" tem uma situação inacabada; depois faz-se aquilo que preferir. E funciona; a dor de cabeça desaparece.

Para este xamã, o correlato era estar sempre carregando um pedaço de papel em branco. Toda vez que alguém chegava para ele e lhe dizia: "Estou com dor de cabeça. Você me ajuda?" ele respondia: "Claro que sim; porém, antes de começar quero que você gaste cinco minutos estudando este pedaço de papel em todos os seus detalhes porque ele contém algo de grande interesse para você". O elemento comum a ambas as intervenções é que as duas envolvem a troca de sistemas representacionais. Você interrompe o processo por meio do qual a pessoa está tendo a experiência que não quer ter, fazendo com que sua atenção seja canalizada para qualquer *outro* sistema representacional, diferente daquele pelo qual está naquele momento recebendo mensagens de dor. O resultado é absolutamente idêntico em ambos os casos. Estudando o pedaço de papel em branco com toda a intenção, ou intensificando o sentimento e fazendo-o transformar-se numa imagem sobre uma cadeira, está-se procedendo à mesma coisa. Você estará trocando de sistemas representacionais e esta é uma intervenção realmente profunda para qualquer problema que se apresente. Qualquer coisa que altere o padrão de seqüência dos acontecimentos pelo qual a pessoa está passando, a nível interior — respondendo tanto a estímulos internos quanto a estímulos externos — não mais permitirá que seja possível a resposta na qual ela esteja "empacada".

Havia um homem em Marin, California, que toda vez que enxergasse uma cobra — independente da distância entre ele e a cobra, independente da posição que ele estivesse em relação a ela, de quem estivesse por perto — suas pupilas se dilatavam imediatamente. Mas era preciso estar muito perto para notá-lo. Ele fazia uma imagem da cobra voando pelo ar. Isto ficava de fora da sua consciência até ele descobrir o problema. Quando contava seis anos de idade, alguém jogou uma cobra nele, inesperadamente, o que o assustou profundamente. Sua resposta então, como criança de seis anos, foi cinestésica e teve a imagem interior de uma cobra voadora atravessando o ar em sua direção. Uma coisa que poderíamos ter feito era simplesmente trocar o conteúdo daquela imagem. Poderíamos ter feito com que ele elaborasse a imagem de alguém jogando-lhe beijos. O que *fizemos* de fato foi simplesmente trocar a *ordem* de ocorrência dos sistemas. Fizemos com que primeiro ele tivesse a resposta cinestésica e depois criasse internamente a imagem. Isso tornava-lhe impossível ser fóbico.

Você pode considerar qualquer limitação que lhe seja apresentada como uma realização ímpar de um ser humano, descobrindo quais são seus passos. Assim que você entender quais são suas etapas, poderá inverter a ordem dentro da qual acontecem, poderá modificar o conteúdo, ou então inserir algum novo elemento, ou mesmo retardar certo passo. Há todo tipo de coisas interessantes que se pode fazer. Se você acredita que o aspecto importante de uma mudança é "compreender as raízes do problema e o significado interior oculto e profundo", e que realmente é preciso lidar com o conteúdo na qualidade de um problema, então provavelmente você levará anos para mudar as pessoas.

Se você modificar a forma, você mudará o produto final pelo menos tão bem quanto se trabalhasse com o conteúdo. Os instrumentos necessários à modificação da forma são mais fáceis de serem manipulados. É muito mais fácil mudar a forma, e a mudança é bem mais generalizada.

Homem: Quais são algumas das perguntas que você faz para eliciar os passos do processo pelo qual as pessoas passam?

Peça-lhes que tenham a experiência. Pergunte-lhes sobre a última vez em que passaram pela experiência, ou então o que é que aconteceria se fossem passar por ela naquele preciso momento, ou se elas se lembram da última vez em que aconteceu. Qualquer uma destas perguntas irá eliciar as mesmas respostas inconscientes que estivemos demonstrando para vocês aqui. Toda vez em que faço uma pergunta ou uma colocação a respeito de alguma coisa para uma pessoa deste grupo, se vocês estão alertas, as respostas já terão sido dadas não-verbalmente muito mais cedo e de modo muito mais completo do que a pessoa conscientemente conseguirá explicitar/verbalizar.

"Como é que você sabe quando está sendo fóbico, em oposição a saber quando não está sendo fóbico?" "Como é que você sabe?" — esse tipo de pergunta normalmente nos conduz a praticamente qualquer ponto. As pessoas têm uma tendência a demonstrá-lo, mais do que a trazê-lo para a consciência.

Nosso livro *The Structure of Magic, I* (A Estrutura da Mágica, I) está devotado ao que chamamos de "meta-modelo". É um modelo verbal, um modo de escutar a *forma* das verbalizações ao invés de seu conteúdo. Uma das distinções é chamada de "verbo inespecífico". Se eu sou seu cliente e lhe digo: "Meu pai me assusta", você tem a compreensão do que estou falando? Não, lógico que não. "Meu pai me X", seria igualmente significativo. Pois, para uma pessoa, "Pai me assusta" talvez signifique que seu pai apontou um 38 carregado para sua cabeça. E para uma outra pessoa talvez signifique apenas que o pai atravessou a sala e não disse uma palavra! Assim, a sentença "Meu pai me assusta" tem muito pouco conteúdo. Descreve tão-somente que existe algum processo — inespecífico até este ponto. Logicamente, o padrão é ser capaz de ouvir a linguagem e saber quando a pessoa tiver especificado alguma experiência de maneira adequada, através de uma descrição verbal.

Uma das coisas que ensinamos com o meta-modelo é que, ao ficar frente a uma sentença como essa — "Meu pai me assusta" — deve-se pedir uma especificação do processo ao qual a pessoa está fazendo referência quando fala "assusta". "Como é que seu pai especificamente a assusta?" "Como é que você sabe especificamente que está deprimido, culpado, fóbico?" "Saber" é uma outra palavra do tipo de "assustar". Não especifica o processo. Assim, se eu lhe digo: "Bem, *acho* que tenho um problema", isso não nos indica coisa alguma a respeito do processo. Se você disser: "*Como* é que você pensa nisso?" a princípio a pessoa dirá: "*O quê?!*" Mas depois que se recupera do choque inicial de ter sido interrogada a respeito de algo tão peculiar, começa a demonstrar o processo para você, não-verbalmente, de início. Dirá: "Bem, eu apenas penso nisso" (olhos e cabeça movendo-se para cima e para a esquerda). Ou então dirá: "Ah, não sei. Eu, assim, sabe, é apenas uma idéia que eu tenho" (olhos e cabeça movendo-se para baixo e para a esquerda). A combinação entre verbos inespecíficos que a pessoa está usando e a especificação não-verbal bastante elegante que os movimentos dos olhos indicam, juntamente com as alterações corporais, nos conférem a resposta à pergunta, quer a pessoa esteja ou não conscientizada.

Se você fica fazendo perguntas, em geral as pessoas irão tomar consciência de seu processo e explicá-lo para você. Normalmente, fazem-no com desdém pois assumem que todos os outros pensam do mesmo modo que elas, usando os mesmos tipos de processo. Um terapeuta bastante famoso contou-nos seriamente certo dia que "todo adulto humano, inteligente, sempre pensa em imagens". Bom, isso é uma colocação a respeito *dele*. É dessa forma que ele organiza uma grande parte de sua atividade consciente. Mas tem muito pouco a ver com mais ou menos metade da população que entrevistamos neste país.

Muito freqüentemente, em seminários deste tipo, as pessoas fazem perguntas da seguinte maneira: "Que é que você faz com alguém que está deprimido?" (apontando para si mesmo). A palavra "alguém" não é específica verbalmente. Dizemos que é uma palavra sem índice referencial. Não se refere a algo específico no mundo da experiência. Contudo, a comunicação não-verbal era muito específica neste caso, e as pessoas fazem a mesma coisa com os outros processos não-verbais. Se vocês são capazes de identificar coisas tais como pistas para captação e outras indicações não-verbais, podem tornar-se bastante explícitos a respeito do funcionamento de algum processo. As pessoas chegam e dizem: "Bom, tenho um problema" e seu comportamento não-verbal já apresentou a seqüência que o produz.

Então, uma pergunta do tipo "Como, especificamente?" ou do tipo "Como é que você sabe?" sempre confere uma especificação não-verbal completa do processo que a pessoa atravessa. *Magic, I* tem uma especificação bem completa de como fazer perguntas apropriadas usando o meta-modelo.

Um de nossos alunos ensinou o meta-modelo para uma equipe de enfermeiras de um hospital. Assim, se o paciente dizia: "Tenho certeza de que irei piorar", ou "Ainda não consigo me levantar", a enfermeira dizia: "Como é que você sabe disso?". A enfermeira então prosseguiria fazendo perguntas sobre o assunto valendo-se do meta-modelo, a fim de ajudar o paciente a perceber as limitações de seu modelo de mundo. O resultado é que a permanência hospitalar média foi reduzida de 14 para 12,2 dias.

A idéia toda do meta-modelo é fornecer um controle sistemático sobre a linguagem. Quando, pela primeira vez, dedicamos um certo tempo a ensiná-lo para nossos alunos, tivemos o seguinte resultado: houve primeiro uma fase em que ficaram o tempo todo meta-modelando o outro, durante uma semana. Depois começaram a colocar-se de fora, para escutar o que falavam. Às vezes, paravam de falar no meio de uma sentença porque começavam a *ouvir* o que estavam dizendo. Isto é mais uma coisa que o meta-modelo consegue: ensina não só como escutar os outros mas ainda como escutar a si mesmo. O próximo passo foi os alunos voltarem-se para dentro de si mesmos e começarem a meta-modelar seus próprios diálogos interiores, o que transformou sua linguagem interior, de algo que era aterrorizante, em algo que tinha utilidade.

O meta-modelo é realmente simplista, mas ainda constitui o fundamento de todo o nosso trabalho. Sem ele e sem um controle sistemático sobre ele, tudo que for feito, a partir do que lhes ensinarmos, será com displicência. A diferença entre as pessoas que fazem *bem* aquilo que as ensinamos a fazer e as que não o fazem é que as primeiras exercem controle sobre o meta-modelo. *Literalmente,* trata-se do fundamento de tudo o que fazemos. Você pode ser brilhante, de espírito atilado e agudo e elaborar as mais complexas metáforas do mundo, mas se não conseguir reunir informações de modo satisfatório, tanto interna quanto externamente, não saberá o que fazer. As perguntas do meta-modelo são aquelas que realmente darão a você as informações apropriadas de modo imediato. Neste sentido, é um instrumento excelente, tanto no âmbito interno quanto no externo. Transformará seu diálogo interior numa coisa útil.

Quando usamos a linguagem com as pessoas, elas assumem que tudo aquilo que estão captando em seu interior é o mesmo que você disse. Há *tantas coisas* acontecendo em seu interior que elas não têm consciência da forma exterior da comunicação. Você pode pronunciar sentenças sintáticas sem *qualquer* sentido e a elas responderão como se o que escutaram tivesse um significado completo. Fico surpreso que ninguém ainda tenha reparado que alguns esquizofrênicos falam uma "salada de palavras". Já estive em certos lugares e falando uma salada de palavras e as pessoas respondiam como se o que eu tivesse dito fosse o idioma perfeito. E, logicamente, pode-se incluir aí as ordens mais absurdas, em meio à salada de palavras.

Certa vez havia uma festa em nossa casa e queríamos comprar champanha. Moramos num bairro em que não há lojas e por isso entramos num restaurante e dissemos: "Olhe, queremos comprar umas duas garrafas de champanha para levar para casa". E o cara disse: "Ah, não podemos fazer isso. É contra a lei." Dissemos: "Bom, estamos dando uma festa e viemos aqui e comemos um monte de coisas e não há mesmo jeito de você *fazer alguma coisa!*" Ele parou um momento, e disse: "Espera aí. Acho que posso fazer alguma coisa". Então pegou as garrafas e as deu a si mesmo, depois dirigiu-se para fora, atrás do restaurante e as deu para nós, que então o gratificamos. Nosso comportamento era completamente bizarro, mas ele *tinha* que responder pois a única coisa que estava evidente em sua consciência era esta estranha seqüência. É realmente importante entender que a maioria das pessoas tem uma organização profundamente caótica em seu interior.

Homem: Será que o nível intelectual do cliente faz diferença, por exemplo, um retardado ou um gênio?

Não. Não que eu saiba. A mente inconsciente opera surpreendentemente de modo igual, independente do nível educacional ou do de inteligência. O Q.I. também é uma função dos tipos de estruturas a respeito das quais estivemos falando.

Mulher: Quando você pede a uma pessoa que passe por uma determinada experiência que a esteja perturbando e você a observa, você toma consciência de qual é o processo pelo qual ela está passando?

Sim, admitindo-se um sentido particular para a palavra "consciência" (*awareness*). Não há coisa alguma que eu tenha feito hoje aqui, em momento algum, e do qual tenha consciência (*conscious*) no sentido normal de estar consciente, pela reflexão, daquilo que estou fazendo. A primeira vez em que sei o que irei dizer ou fazer é quando me descubro fazendo-o ou quando me escuto dizendo-o. Este ponto é importante. Acredito realmente que a tarefa frente a frente de comunicarmo-nos com outro ser humano — quanto mais a de comunicarmo-nos com um grupo de pessoas —, é muito complexa para tentarmos realizá-la conscientemente. Não se pode executá-la conscientemente. Se assim o fizermos, ficará interrompido o fluxo natural da comunicação.

Há alguém aqui que faça música? Quantas pessoas aqui dentro podem tocar um instrumento? OK. Quantos de vocês, quando estão tocando alguma coisa bem, tocam conscientemente?... Exato. Ninguém. Temos consciência do resultado, os sons que estamos produzindo, mas não do processo de emiti-los. E o que acontece quando vocês ficam conscientes do que estão fazendo, no meio da execução de alguma peça musical? Bum! Fica tudo estragado. No entanto, a fim de *aprender* a tocar aquela mesma peça de música, vocês executaram passos conscientes.

Enquanto estamos aqui nos comunicando com vocês, estou consciente no sentido de estar respondendo diretamente. Mas não tenho a consciência reflexiva do que estou fazendo. Se a tivesse, estaria fazendo um trabalho muito malfeito.

Digamos que voltando a seus consultórios, segunda-feira de manhã, aparece um cliente que diz: "Tenho fobia de mascar chicletes". Surge uma pequena voz dentro de sua cabeça que diz: "Ah! uma oportunidade sem precedentes para eu tentar fazer algo novo". Aí você olha para a pessoa e pergunta: "Bem, quando foi a última vez em que você apresentou uma resposta fóbica *bastante forte?*" Aí o cliente começa com alguns movimentos oculares e por aí vai. Se você começar a visualizar o quadro-negro aqui de cima, a lista de pistas para captação, e começar a falar consigo mesmo a respeito das coisas que nos ouviu falando, tendo sensações relativas a se irá ou não ser capaz de fazer a coisa, então não terá a menor informação sensorial sobre a qual fundamentar aquilo que irá fazer. É neste sentido que a consciência reflexiva na comunicação face a face não irá ser de utilidade. Se você tem que dizer coisas para você mesmo, criar imagens, ter sensações, enquanto está fazendo terapia, é provável que termine por fazer terapia em si mesmo. Acho que isso é o que acontece na maior parte do tempo. Em geral, os terapeutas não estão fazendo terapia com o outro ser humano naquela sala, mas sim consigo mesmos. E muitos dos clientes que mudam, mudam por metáfora.

Muitas pessoas no campo da terapia vão às escolas mas não aprendem coisa alguma a respeito de pessoas que seja relevante de algum modo para o trabalho terapêutico. Aprendem estatísticas: "Há 3,5% de clientes que são..." Mas muito raramente acontece com você de 100 pessoas entrarem em seu consultório para que você possa trabalhar com 3,5% delas. Assim, vocês vão a *workshops* para aprenderem como fazer terapia. Há um grande número de pessoas que são muito bons terapeutas, que fazem *workshops,* mas que não sabem como executam aquilo que fazem. Contarão à platéia aquilo que *pensam* estar fazendo, distraindo os ouvintes, assim, para outro elemento que não o cliente com quem estão trabalhando. Se vocês tiverem sorte, apreenderão subliminarmente os tipos de pistas que estamos mencionando, conseguindo apresentar respostas genuínas, de alguma forma sistemática. Isso, porém, não funciona com uma grande quantidade de pessoas. Há um grande número delas fazendo terapia, sem êxito. O que vocês precisam começar a fazer é reestruturar o comportamento de vocês mesmos, em termos de prestar atenção nos clientes que têm.

Na qualidade de comunicadores profissionais, parece-me fazer muito sentido que vocês gastem um tempo, conscientemente, na prática de tipos específicos de padrões comunicativos, para que se tornem tão inconscientes e sistemáticos, em seu comportamento, quanto andar de bicicleta ou dirigir um carro. Vocês precisam se treinar para serem sistemáticos, quanto a seu comportamento, e isso requer um tempo de prática consciente que medeie a atividade propriamente dita, para que quando virem pistas de captação visual e ouvirem predicados visuais possam automaticamente ter a escolha de responderem acompanhando, ou fazendo justamente o oposto, ou escolhendo alguma outra combinação que lhes pareça possível.

Em outras palavras, vocês precisam de um bom repertório sistemático e inconsciente de padrões para cada ponto de escolha que vocês têm e que irá mostrar-se repetitivo em seu trabalho: como é que entro em relação com este outro ser humano? Como é que respondo numa situação em que o cliente não tem informação consciente nem verbal para dar uma resposta às minhas perguntas? Como é que respondo à incongruência? Tudo isto são pontos de escolha. Identifiquem quais são os pontos de escolha repetitivos em sua experiência de realizar um trabalho e, para cada um deles, tenham uma meia-dúzia de respostas diferentes, três pelo menos, sendo cada uma delas inconsciente e sistemática, em termos de seu comportamento. Se vocês não têm três escolhas quanto ao modo de responder às coisas que acontecem na situação terapêutica, então não creio que estejam funcionando dentro de uma posição de escolhas. Se vocês contam só com uma saída, então são robôs. Se contam com duas, então estão num dilema.

Vocês necessitam de um fundamento sólido a partir do qual possam gerar escolhas. Uma forma de obter essa base sólida é considerar a estrutura de seu comportamento e de sua atividade na terapia. Escolha aspectos que são repetitivos, certifique-se de ter muitas e muitas respostas para esses aspectos, e depois se esqueça disso tudo. E acrescente um ingrediente a mais, uma meta-regra a dizer: *"Se o que você está fazendo não está funcionando, mude. Faça qualquer outra coisa"*.

Uma vez que a consciência é limitada, respeite esse fato e não diga: "Ótimo, irei fazer *todas* aquelas coisas que aconteceram no *workshop*". Você não o conseguirá. Mas você *pode*, por exemplo, começar os primeiros cinco minutos de uma em cada três entrevistas perguntando: "Olhe, antes de começarmos hoje, há umas duas coisinhas que preciso conhecer quanto ao seu funcionamento cognitivo geral. Você poderia me dizer de que cor é o sinal do alto do semáforo?" Faça perguntas que indiquem os sistemas representacionais e sintonize durante cinco minutos as respostas daquela pessoa, para que possa saber o que está acontecendo posteriormente, na sessão, sob tensão. Todas as quintas-feiras você pode tentar combinar o uso de predicados com o primeiro cliente que entrar, e tentar intencionalmente não combinar, com o segundo. Este é um modo de descobrir sistematicamente qual é o resultado de seu comportamento. Se você não organizá-lo deste modo, permanecerá fortuito. Se você organiza-o e depois tem liberdade para se limitar a padrões específicos observando quais são os resultados, mudando então para padrões novos, você irá edificar um incrível repertório de respostas, a nível inconsciente. É este o único meio a nosso dispor para aprendermos a ser mais flexíveis, *de maneira sistemática*. É provável que haja outras formas. Acontece que esta é a única de que temos conhecimento.

Homem: Parece-me que vocês talvez estejam nos incitando a fazer experimentos com nossos clientes. Acho que tenho uma obrigação profissional de —

Discordo. Acho que você tem a obrigação de experimentar com *cada* cliente para se tornar cada vez mais habilitado, pois a longo prazo você irá ser capaz de ajudar um maior número de pessoas com mais presteza. Se, com a desculpa de um profissionalismo, você *não* tentar expandir suas habilidades pelos experimentos, acho, no fundo, que você está no caminho errado e o profissionalismo acaba sendo apenas mais uma maneira de você se limitar. Pense a respeito de "profissionalismo". Se essa palavra for uma designação para um conjunto de coisas que você *não* pode fazer, então você estará restringindo seu comportamento.

Há, na cibernética, uma lei denominada *Lei da Variedade Indispensável*. Segundo a mesma, em qualquer sistema de seres humanos ou de máquinas, será o elemento controlador aquele que contar com a mais ampla gama de variabilidade. E, restringindo seu comportamento, você perde essa variedade indispensável.

Os exemplos, por excelência, para este aspecto são os hospitais psquiátricos. Não conheço os hospitais psiquiátricos que vocês têm aqui mas, na California, temos uns realmente *whakos*[*], além de muitos pacientes também. É muito fácil distinguir os funcionários porque têm uma ética profissional. Eles sofrem de uma alucinação grupal que é muito mais perigosa para *eles* do que para qualquer outra pessoa, pois a equipe acredita que deve restringir seu comportamento a certos modos. Estes modos fazem com que aquelas pessoas ajam de maneira consistente; os pacientes não têm que se comportar segundo as mesmas regras. A mais ampla gama de flexibilidade irá permitir que sejam eliciadas respostas para o controle da situação. Quem é que será capaz de eliciar o maior número de respostas? O psiquiatra que está agindo "normalmente" ou o paciente que está sendo desatinado? Gostaria agora de lhes apresentar meu exemplo favorito.

Estamos andando por um corredor no Hospital Psiquiátrico Estadual Napa, na California, com um grupo de psiquiatras residentes. Aproximamo-nos de uma grande sala de estar e estamos conversando num tom de voz normal. Assim que alcançamos a porta e a abrimos para entrar, todos os psiquiatras começam a sussurrar. Portanto, começamos também a sussurrar, evidentemente. Depois, acabamos nos entreolhando e perguntamos: "Por que é que estamos sussurrando?" E um dos psiquiatras voltou-se para nós e sussurrou: "Oh, há um catatônico aqui na sala. Não queremos incomodá-lo". Bom, quando um catatônico pode ter uma variedade indispensável de comportamento controlando um psiquiatra, sou mais o catatônico.

Quando vocês vão para a California, a maioria dos terapeutas

---

* Palavra que normalmente serve para designar uma pessoa em estado de loucura, uma pessoa funcionalmente sã, mas que faz coisas excêntricas. É um termo afetuoso, podendo ser usado também para nos referirmos a pessoas seriamente perturbadas, totalmente fora de contato com a realidade consensual. (Nota da Editora)

tem uma ética profissional *diferente*. Por exemplo, a fim de ser um bom comunicador, você tem que se vestir como um trabalhador de fazenda. Essa é a primeira regra. A segunda regra é que você tem que abraçar todas as pessoas *muito* apertado. Estas pessoas estão sempre rindo dos psiquiatras porque estes usam gravata! Na minha opinião, seu comportamento é simplesmente tão limitado, unidimensional e restrito quanto o dos psiquiatras. O problema com muitos códigos de ética profissional, sejam eles humanísticos, analíticos, ou qualquer outra coisa, é que limitam o comportamento dos indivíduos. E, toda vez em que se aceitar um "Não o farei jamais", haverá pessoas com as quais você não poderá trabalhar. Entramos naquele mesmo dispensário no Napa e eu me encaminhei para junto do catatônico e lhe dei no pé o pisão mais forte que pude, tendo obtido imediatamente uma resposta. Ele saiu completamente de sua "catatonia", deu um pulo no ar e falou: *"Não faça isso!"*

Frank Farrelly, que escreveu *Provocative Therapy* (*Terapia Provocativa*) é efetivamente um exemplo único de variedade indispensável. Conta com disposição para fazer o que for preciso a fim de entrar em contato e estabelecer uma relação. Certa vez ele fazia uma demonstração com uma mulher que vinha sendo catatônica por três ou quatro anos. Ele senta-se, olha para ela e a adverte, com honestidade: "Eu vou te pegar". Ela está simplesmente sentada ali, lógico que catatonicamente. É um hospital e ela está vestindo o camisolão do hospital. Ele estende o braço e arranca um pêlo da perna da mulher logo acima do tornozelo. E não há resposta, certo? Então ele sobe uns cinco centímetros e arranca outro pêlo. Nenhuma resposta. Ele sobe mais outros cinco centímetros e arranca o terceiro. *"Tire as mãos de cima de mim!"* A maioria das pessoas não consideraria esse um procedimento "profissional". Mas o ponto interessante a respeito de certas coisas não profissionais é que elas *funcionam!* Frank diz que até hoje nunca precisou ir acima do joelho.

Uma vez dei uma palestra num instituto analítico, no Texas. Antes de começarmos, eles ficaram lendo durante três horas as pesquisas que demonstravam ser basicamente impossível as pessoas loucas receberem ajuda. No final eu disse: "Estou começando a ter uma idéia a esse respeito. Deixem-me descobrir se ela está correta. Será que o que vocês estão tentando me dizer é que vocês não acreditam que a terapia, do modo como é atualmente praticada, funcione?" E eles disseram: "Não, o que estamos tentando dizer a você é que não acreditamos que *alguma* forma de terapia possa funcionar com esquizofrênicos *em momento nenhum*". E eu disse: "Ótimo. Vocês aí estão realmente na profissão certa: todos nós deveríamos ser psiquiatras e acreditar que vocês não conseguem ajudar as pessoas". E eles disseram: "Bem, vamos falar a respeito de psicóticos. Pessoas que vivem uma realidade psicótica e blablablá" e todo aquele papo furado sobre recaídas. Falei: "Bem, que tipos de coisas vocês *fazem* com essas pessoas?" Então eles me relataram suas pesquisas e o tipo de terapia que haviam feito. Jamais haviam feito coisa alguma que eliciasse uma resposta daquelas pessoas.

Frank Farrelly tinha uma moça num hospital psiquiátrico que acreditava ser a amante de Jesus. Tem-se que admitir que essa é uma coisa levemente incomum de se acreditar. As pessoas entravam e ela dizia: "Sou a amante de Jesus". E, evidentemente, o indivíduo falava: "Han" e depois "Bom, mas você não é. Isso é só uma ilusão da sua parte..., *não é?*" Se você vai a um hospital psiquiátrico, a maioria dos pacientes se sai *muito* bem agindo como loucos e eliciando respostas das pessoas. Frank treinou uma jovem assistente social para se comportar consistentemente e enviou-a para lá. A paciente falou: "Bem, sou a amante de Jesus" e a assistente social devolveu-lhe o olhar, dizendo secamente: "Eu sei, ele comenta a seu respeito". Quarenta e cinco minutos depois a paciente está falando: "Olhe aqui, não agüento escutar mais nada dessa estória de Jesus!"

Há um homem chamado John Rosen, que alguns de vocês já conhecem de nome. Há duas coisas que Rosen executa consistentemente e de maneira muito intensa, obtendo um grande número de bons resultados. Uma das coisas que Rosen faz realmente bem, segundo a descrição de Schefflin, é que ele acompanha a realidade do esquizofrênico *tão bem* que ele a destrói. É a mesma coisa que Frank ensinou a assistente social a fazer.

Os psiquiatras do Texas jamais haviam tentado uma coisa dessas antes. E quando lhes sugeri que o fizessem, todos ficaram apresentando caretas esquisitas, pois isto estava fora de sua ética profissional. Haviam sido treinados dentro de um sistema de crenças que rezava: "Limite seu comportamento. Não acompanhe o mundo de seu cliente, insista para que ele entre no seu". É muito mais difícil para alguém que está louco atingir um modelo profissional de mundo do que o é para um comunicador profissional ir até o dele. Pelo menos, é menor a chance de isso acontecer.

Homem: Vocês aí estão estereotipando um monte de gente aqui!

É lógico que estamos. As palavras fazem isso: é para isso que servem as palavras. As palavras generalizam a experiência. Mas você tem que se sentir ofendido *apenas se elas se aplicam diretamente a você.*

Um dos lugares principais para atolar comunicadores profissionais é num padrão lingüístico que chamamos de "operador modal". O cliente diz: "Não consigo falar novamente a respeito daquilo hoje. Isto não é possível neste grupo em especial. E também não acho que você tenha condições de entendê-lo". Quando você ouve o conteúdo, fica destruído. Provavelmente você dirá: "Mas o que aconteceu?"

O padrão é que o cliente diz "Não posso X" ou "Não devo X". Se alguém chega e diz: "Não devo ficar zangado" se você é um gestalt-terapeuta você diz: "Diga 'não ficarei' ". Fritz Perls era alemão e talvez essas palavras fizessem diferença em alemão. Mas não fazem a menor diferença em inglês. "Não irei ficar" e "Não devo ficar" e "não consigo", em inglês, são a mesma coisa*. Não faz diferença se você não deve (*shouldn't*), não consegue ou não pode (*couldn't*) ou não o fará (*won't*), você ainda *não o tem* (*haven't*). Não faz qualquer diferença. Então a pessoa diz: "Não irei ficar zangada".

Se você então pergunta: "Por que não?" a pessoa irá lhe apresentar razões e esse é um ótimo meio para você ficar atolado. Se você perguntar: "O que aconteceria se você ficasse?" ou então "Que é que te detém?" você fará uma coisa um pouco mais útil.

Publicamos tudo isso em *The Structure of Magic* (A Estrutura da Mágica) há alguns anos e perguntamos a diversas pessoas: "Você leu *Magic I*?" (Mágica I) E elas respondiam: "Bem, exaustivamente, sim". E perguntávamos: "Aprendeu o que estava lá? Aprendeu o capítulo quatro?" Essa é a única parte significativa do livro, no que me diz respeito. E as pessoas diziam: "Ah, sim. Eu sabia tudo aquilo". Então eu falava: "Certo, ótimo. Vou fazer de conta que sou seu cliente e você me responde com perguntas". Eu digo: "Não consigo ficar zangado"; e me diziam: "Ah, bem, qual parece ser o problema?", ao invés de "Que é que impede você" ou "Que é que aconteceria se você ficasse?". Sem ter as respostas do meta-modelo organizadas sistematicamente, as pessoas se atolam. Uma das coisas que notamos em Sal Minuchin, Virginia Satir, Milton Erickson e Fritz Perls é que tinham intuitivamente muitas daquelas doze perguntas do meta-modelo já instaladas.

Vocês necessitam passar por alguma forma de programa para instalar suas escolhas a fim de não terem que pensar a respeito do que fazer. Se não for assim, enquanto vocês estiverem raciocinando a respeito do que fazer, estarão perdendo o que se passa. Neste exato momento, estamos falando sobre como organizar sua própria consciência para serem eficazes na complexa tarefa da comunicação.

No que tange ao entendimento consciente do cliente, ele é realmente irrelevante. Se o cliente deseja saber o que está acontecendo, o modo mais simples de responder é: "Você tem um carro? Alguma vez já mandou para o conserto o seu carro? Será que o mecânico descreveu em detalhes tudo que irá fazer antes de começar a mexer no carro?" Ou então: "Alguma vez você já fez uma operação? Será que o cirurgião descreveu em detalhes

---

* "Won't" and "shouldn't" and "can't" in English are all the same. (N.T.)

quais músculos iriam ser cortados e de que forma iriam ser obstruídas as artérias?" Acho que estas são analogias pertinentes a uma resposta para esse tipo de indagação.

As pessoas que conseguem nos dar os diagnósticos mais refinados e detalhados a respeito de seus próprios problemas são aquelas que encontrei nas enfermarias mais discretas de vários dos hospitais psiquiátricos dos Estados Unidos e da Europa. Essas pessoas podem contar-nos por que motivo estão daquele jeito, de onde provêm seus problemas e como estão perpetuando o padrão destrutivo ou inadaptado. Contudo, essa compreensão verbal consciente e explícita não lhes traz benefício algum em termos de mudança de seu comportamento e de suas experiências.

O que gostaríamos de fazer *agora* é dar uma sugestão. E, evidentemente, sendo como somos apenas hipnotizadores, trata-se somente de uma sugestão. E o que gostaríamos de fazer é sugerir à porção inconsciente de cada um de vocês, cuja comunicação tivemos tanto prazer em receber durante todo o dia de hoje que, dado ter ele representado para vocês todas as experiências que aconteceram conscientemente e de outras formas, que ele faça uso de seu processo natural de sonhar e de dormir, o que hoje à noite acontecerá no curso natural de suas vidas, enquanto oportunidade para selecionar as experiências do dia de hoje. E que represente de modo ainda mais útil, do que até este momento, o material que aqui aprenderam hoje, sem terem se dado conta disso por completo, para que nos dias e semanas e meses que virão à frente vocês possam ser capazes de descobrir, para sua deliciosa surpresa, que estão fazendo algo de novo. Vocês aprenderam coisas novas sem nem percebê-lo e ficarão agradavelmente surpresos ao encontrá-las em seu comportamento. Assim, se acontecer de vocês se lembrarem, ou não, dos sonhos que hoje à noite tiverem — que esperamos sejam bastante incomuns, permitam eles que vocês descansem em paz para que possam levantar-se e nos encontrar aqui alertas e rejuvenescidos, prontos para aprender coisas novas e excitantes.

Até amanhã.

II

Mudando a história e a organização pessoais

Descrevemos ontem alguns meios para se conseguir estabelecer um relacionamento com outra pessoa e para acompanhar seu modelo de mundo, à guisa de prelúdio para ajudá-la a encontrar novas alternativas em seu comportamento. Todos aqueles são exemplos do que denominamos de *espelhamento* (*pacing* ou *mirroring*). Você estará acompanhando compassadamente a experiência de outra pessoa na medida em que conseguir acompanhar o comportamento da mesma, tanto verbal quanto não-verbal. O espelhamento é a base do que a maioria das pessoas denominam de relacionamento (*rapport*), havendo tantas dimensões dele quantas forem as que sua experiência sensorial conseguir discriminar. Pode-se espelhar os predicados e a sintaxe da outra pessoa, sua postura corporal, sua respiração, sua tonalidade de voz e o andamento em que fala, sua expressão facial, as piscadas de seus olhos, etc.

Há dois tipos de espelhamento não-verbal. Um é o direto. Um exemplo disto é quando eu respiro na mesma velocidade ou ritmo e com a mesma profundidade que você respira. Mesmo que você não tenha consciência disso, exercerá um profundo impacto sobre você.

Outro modo de fazer um espelhamento não-verbal é substituindo um canal não-verbal por outro. A este procedimento chamamos de "espelhamento cruzado" (*cross-over mirroring*). Há duas espécies de espelhamento cruzado; um acontece dentro do mesmo canal. Posso usar o movimento de minha mão para ritmar compassadamente seu movimento respiratório — o subir e descer de seu peito. Mesmo que seja muito sutil o movimento de minha mão, ainda assim surtirá o mesmo efeito. Não é assim tão dramático quanto o espelhamento direto, mas é muito forte; estará se valendo de um aspecto diferente de um mesmo canal: o movimento cinestésico.

No outro tipo de espelhamento cruzado, há uma troca de canais. Por exemplo, enquanto eu lhe digo alguma coisa ... presto atenção... na sua respiração... e eu igualo o... andamento... de minha voz... à subida... e à descida... de seu peito. Esse tipo de cruzamento é diferente. Faço combinar o andamento de minha elocução com o ritmo de sua respiração.

Assim que você houver *espelhado* bem, você poderá *conduzir* a pessoa a adotar novos comportamentos, mudando o que está fazendo. O padrão de sobreposição que mencionamos ontem é um exemplo dessa situação. Primeiro acompanha-se o cliente na representação de mundo por ele apresentada para depois sobrepô-la a uma outra representação.

Espelhar e conduzir é um padrão evidente em quase tudo o que fazemos. Sendo realizado delicada e suavemente, funcionará com qualquer pessoa, inclusive com catatônicos. Certa vez eu estava no Hospital Psiquiátrico Estadual Napa, na California, e havia ali um fulano que já estava sentado lá há anos, no mesmo sofá, na sala de estar. A única comunicação que ele me oferecia era sua posição corporal e seu ritmo respiratório. Seus olhos estavam abertos, as pupilas dilatadas. Portanto, sentei-me de lado, olhando longe dele, num ângulo de aproximadamente quarenta e cinco graus, numa cadeira próxima, colocando-me exatamente na mesma posição corporal. Nem me dei ao trabalho de ser delicado. Coloquei-me na mesma postura corporal e fiquei ali sentado durante quarenta minutos respirando com ele. Ao cabo de quarenta minutos eu havia tentado pequenas variações em minha respiração e ele as acompanhava, de modo que eu sabia ter estabelecido um relacionamento, a esse nível. Eu poderia ter modificado lentamente minha respiração, durante um certo tempo, trazendo-o para fora por esse caminho mas, ao invés disso, interrompi o contato e o choquei. Gritei: "Ei! Você tem aí um cigarro?" Ele saltou do sofá e disse: "Meu Deus! Não faça isso!"

Tenho um amigo que é diretor de uma faculdade. Ele está vivendo uma realidade delirante na qual ele é inteligente e tem um enorme prestígio e todas essas coisas. Anda por toda parte empertigado, tem uma aparência emproada, fuma cachimbo; faz a palhaçada toda. É uma realidade completamente delirante. A última vez em que estive num hospital psiquiátrico, havia lá um indivíduo que se achava um agente da CIA, sendo mantido preso pelos comunistas. A única diferença entre ambos é que o resto das pessoas do mundo mais provavelmente acreditarão no diretor da faculdade do que no psicótico. O diretor da faculdade recebe um salário pelo seu delírio. A fim de espelhar um ou outro terei que aceitar a realidade de cada um deles. Para o diretor da faculdade direi: "*Uma vez que* ele é tão inteligente e tem tanto prestígio, será capaz de —" e aí completo com qualquer coisa que deseje que ele execute. Se eu for a uma conferência acadêmica, e se eu estiver lá com aquelas pessoas que vivem na realidade psicótica de uma academia, irei espelhar essa realidade. Apresentarei um *texto* pois a experiência bruta não espelharia a realidade deles. Se houvesse qualquer experiência se processando por ali, eles simplesmente a ignorariam.

Com o psicótico que se acredita um agente da CIA, eu abro a porta, olho para trás, me esgueiro para dentro do recinto, fecho rapidamente a porta e murmuro: "Por fim conseguimos chegar até você! Ufa! Quase fui apanhado quando vinha para cá! Bom, agora depressa, só disponho de poucos minutos para lhe passar estas instruções. Está pronto? Conseguimos para você um disfarce na qualidade de professor de faculdade e queremos que você se candidate a este emprego e espere até darmos notícias de novo. Você poderá fazê-lo porque, como agente, foi treinado para isso, certo? Faça-o bem de modo que não seja descoberto e enviado de novo para cá. Entendeu?"

Quando a pessoa acompanha a realidade do outro, espelhando-a, consegue um relacionamento de confiança, o que a coloca em posição de utilizar a realidade do outro de um modo que a modifique.

O espelhamento não-verbal é um mecanismo inconsciente poderoso que todo ser humano usa para comunicar-se efetivamente. Olhando as pessoas comunicando-se entre si, num restaurante, pode-se predizer se estão ou não comunicando-se bem, através da observação de suas posturas e movimentos.

A maioria dos terapeutas que sei espelharem, fazem-no compulsivamente. Realizamos um seminário no qual havia uma mulher, comunicadora estranhamente boa, que espelhava muito compulsivamente. Enquanto falava comigo, comecei a escorregar para fora da minha cadeira e ela literalmente caiu no chão. Se você acredita que precisa ter empatia, isso significa que você precisa ter os mesmos sentimentos de seu cliente, a fim de funcionar bem, na qualidade de terapeuta. Uma pessoa entra e diz: "Bom, eu tenho um tipo de resposta fóbica toda vez em que ando pela rua e começo a conversar com alguém; sinto que irei vomitar, sabe como é, fico assim realmente nauseado e com a cabeça leve e me sinto como se fosse perder o equilíbrio..." Se você *tem* de espelhar, você irá sentir-se mal.

Quantos de vocês alguma vez já terminaram um dia de trabalho fazendo terapia ou trabalhando numa escola e se sentiram como se tivessem levado para casa algum resíduo? Conhecem esta experiência. As estatísticas demonstram que as pessoas no campo da terapia vivem em média oito anos menos do que qualquer outro profissional.

Se você trabalha com pessoas adoentadas ou prestes a morrer, você não quer espelhar isso diretamente, a menos que deseje uma carreira bastante breve. As pessoas da terapia estão sempre falando a respeito de dor, tristeza, vazio, sofrimento, e agüentar as atribulações da existência humana. Se você tem de entender a experiência dos outros experienciando-a, então, na minha opinião, você irá ter momentos realmente desagradáveis. O ponto importante é ter uma *escolha* entre o espelhamento direto ou o cruzado. Com a pessoa que respirar normalmente, espelhe com sua própria respiração. Com quem for asmático, espelhe com o movimento de sua mão ou de alguma outra forma.

Agora, vamos fazer alguma coisa com isso e com todas as coisas sobre as quais conversamos ontem. Há alguém aqui que tenha uma experiência passada da qual se lembre de tempos em tempos e que o faça ter uma sensação indesejada?...

OK. Linda, esta é uma terapia secreta. Sua tarefa é sempre manter as pessoas na ignorância do que acontece aqui, porque se você lhes disser algo a respeito do conteúdo, elas ficarão envolvidas e, ficando envolvidas, será muito mais difícil para elas aprender.

Toda vez em que pedimos para uma pessoa vir aqui e realizar uma mudança, à guisa de demonstração, *insistimos* para que ela guarde o conteúdo para si mesma. Geralmente pedimos: "Queremos que você escolha uma palavra em código, uma cor, um número, uma letra, que designe o que você deseja modificar". Então a pessoa dirá: "Quero ser capaz de M", ou "Não quero ter o três". Este estratagema tem duas dimensões positivas. Se o resultado final que estamos buscando é *ensinar às pessoas como fazer aquilo que fazemos,* então exigiremos que a terapia seja um processo isento de conteúdo. Neste caso, as únicas coisas que vocês têm à mão para dar atenção são os elementos do processo. Não se consegue alucinar efetivamente a respeito do "número três" — pelo menos a alucinação não será *tão* eficiente quanto o seria se se tratasse de "assertividade", "amor", "confiança" ou de qualquer uma dessas denominações.

Além disso, o estratagema conta com outra vantagem. Se você se encontra num contexto em que as pessoas se conhecem entre si, muitas delas estarão relutantes em trabalhar certo material que, na sua opinião, possa modificar o relacionamento com quem estiver ali. Realizando-se uma terapia secreta, é evitada a dificuldade pois ninguém sabe o que está sendo trabalhado.

Linda, de que é que você se lembra que lhe confere um sentimento (uma sensação) desagradável? É um conjunto de imagens ou uma voz? OK. Ela já respondeu não-verbalmente à pergunta. Se vocês estiveram observando os olhos dela, vocês os viram mover-se para cima e para o lado esquerdo dela, depois para baixo e para a direita. Portanto, ela cria uma imagem eidética visual e depois tem uma sensação a respeito dela.

Linda, quando você vê essa imagem você passa por alguns sentimentos/sensações que lhe são desagradáveis. Eu gostaria agora que você olhasse para essa imagem e descobrisse se, quando a vê agora, ainda sente a mesma coisa desagradável. E gostaria que você se comportasse realmente bem a esse respeito. Feche os olhos e veja realmente aquela imagem. (Pausa. Enquanto ela experiencia seus sentimentos, ele toca seu ombro direito.) E, conforme todos vocês podem verificar por intermédio de suas respostas, Linda nos está contando a verdade: quando ela vê aquela imagem, ela se sente mal. Então, aconteceu alguma experiência no passado em que as coisas não ocorreram exatamente do jeito que você gostaria que elas tivessem ocorrido. Trata-se de uma forma atenuada de dizê-lo, se é que escutei bem.

Linda: Certo. É exatamente isso.

Portanto, de tempos em tempos, vem uma imagem à sua mente e quando você pensa a respeito dela acontecem certos tipos de sentimentos, os quais ocorreram em função daquela experiência. Eu agora gostaria que você pensasse em quais teriam sido os recursos que você necessitaria naquela época para ter conseguido produzir uma resposta diferente àquela situação, resposta esta que então lhe teria proporcionado um resultado muito mais aceitável, se você tivesse conseguido produzi-la. Espere um pouco, pois quero esclarecer o que significa a palavra "recurso" para mim. Não quero dizer alguma forma de ajuda exterior, nem qualquer coisa do gênero. Quando menciono *recurso,* quero dizer mais confiança, mais assertividade, mais autoconfiança, mais cuidado, qualquer recurso *interior.* Até este momento em que nos encontramos correu um certo tempo; não sei precisamente quanto mas, nesse intervalo, você adquiriu recursos — enquanto ser humano — aos quais antes você não tinha acesso. Quero que você escolha um recurso que a teria capacitado a passar naquela época por uma experiência absolutamente diferente. Não quero que você me conte qual ele seja. Apenas desejo que você pense em qual ele seria. (Pausa. Enquanto ela pensa sobre o recurso, ele toca o ombro esquerdo da moça.)

Perceberam mudanças, os que estiveram observando? Chamemos de Y a resposta que ela consegue com a imagem, e de X ao novo recurso por ela necessitado naquela ocasião. Bem, então demonstremos. Qual das duas respostas é esta? (Ele toca no ombro direito) ... Bom, vocês deverão ser capazes de ver as mudanças de cor, de tamanho do lábio, de respiração, um tremor concreto em seu corpo, a que chamamos de Y.

E agora, qual é esta resposta? (Ele toca o ombro esquerdo da moça) ... Bom, quando digo que ela precisa deste recurso X, já lhes dei verbalmente o mesmo tanto de informações que vocês em geral obtêm de seus clientes quando estes lhes contam aquilo que desejam. Se um cliente diz: "Eu quero ser mais assertivo; quero ser mais confiante; quero ser mais cuidadoso, respeitar mais as outras pessoas", ele lhe deu exatamente o mesmo tanto de informações que se dissesse: "Preciso de X". De certo modo, deu-lhe *menos* dados pois, se disser: "Eu quero ser mais assertivo", você irá captar o *seu próprio* significado de assertividade e atribuí-lo ao comportamento daquela pessoa. Se ela disser: "Bem, o que preciso é um pouco de X", você não corre o risco de a entender mal. Acho às vezes que seria mais fácil fazer terapia numa língua estranha que o terapeuta não falasse. Desse jeito não se teria a ilusão de que as palavras ouvidas têm o mesmo significado para a pessoa que a pronuncia e para você. E, pode acreditar em mim, é uma ilusão.

E agora, por que é que acontece a resposta Y quando eu toco seu ombro direito?... Você reparou que isso acontece? Alguém aqui reparou nisso? Que é que está acontecendo aqui? Está mesmo na hora de assustar criancinhas! Linda, você acredita em livre arbítrio?

Linda: Sim.

(Ele toca o ombro direito da moça.) E agora, quem foi que enrijeceu os músculos em redor de sua boca? No livre arbítrio *de quem* é que você acredita? Livre arbítrio é uma frase engraçada. Também é uma nominalização. Quando você subiu aqui, em resposta ao meu pedido, você fez uma afirmação quanto ao seu próprio livre arbítrio. Eu disse: "Quero aqui em cima uma pessoa que crie imagens das quais não goste". Esta é uma afirmação de que alguém está criando tais imagens e não é você. É o seu inconsciente, sua "mãe", um ou outro.

E agora, que é que está acontecendo? Alguém entendeu o que foi feito?

Mulher: Quando você lhe pediu que entrasse fundo dentro de si mesma e visse aquela imagem, você pôs a mão no ombro direito dela enquanto ela passava pelos sentimentos ruins, de modo que ela fez uma associação com o toque.

Você quer me dizer que de agora em diante toda vez que a tocar no ombro direito desse modo ela apresentará aquela resposta? (Ele toca novamente o ombro direito da moça e a resposta Y aparece.)

Homem: Certamente a coisa parece assim. Concordo com você.

Como é que uma coisa assim tão poderosa poderia ter sido negligenciada pela psicologia moderna? Eis aqui, vocês todos seres humanos adultos. A maioria de vocês freqüentou a faculdade e a maioria se compõe de comunicadores profissionais. Vocês aprenderam coisas quanto a seres humanos e sobre o modo deles funcionarem. Como é que vocês entendem o que se passou aqui?...

Será que o nome de Pavlov toca algum sino? Este é um condicionamento estímulo-resposta direto. Linda teve uma determinada experiência que se tratou de uma resposta a uma pergunta de captação que eu lhe fizera, a saber, uma pergunta relativa à experiência que ela deseja modificar. Enquanto ela recuperava a experiência em sua totalidade — e eu o sabia pela observação de suas respostas — tudo que precisei fazer foi tocá-la. Este toque está agora associado com a totalidade da experiência de que ela se recordou. É o mesmo processo da coisa que ela deseja mudar. Como é que, ao criar a imagem, ela tem todo um conjunto de sentimentos e sensações, automaticamente? Ela vê a imagem e bam! — acontece nela o sentimento desagradável. É o mesmo processo.

Quando a pessoa se encontra num determinado estado de consciência, tal como o da experiência Y para Linda, pode-se introduzir uma nova dimensão em qualquer um dos sistemas sensoriais, tal como o toque. Chamamos a este elemento de "âncora", neste caso, uma âncora cinestésica. Enquanto eu repetir esse mesmo toque com pressão igual e no mesmo local, no corpo de Linda, *e* quando ela não apresentar estados de consciência mais fortes que entrem em competição com a consciência quando eu começar, o toque sempre recaptará aquela experiência. É um condicionamento direto. Na minha opinião, constitui um dos mais poderosos instrumentos subliminares dos quais se pode fazer uso enquanto terapeuta ou comunicador profissional. Tem o poder de conseguir praticamente qualquer coisa que você pretenda. Cerca de 90% do que ocorre em terapia é mudar as respostas cinestésicas que as pessoas têm em estímulos auditivos ou visuais. "Meu marido me faz sentir mal". "Minha mulher sempre me deixa zangado".

Façamos agora uma demonstração — e esta é apenas *uma* maneira de usá-lo. O que eu gostaria que você fizesse, Linda, é voltar à experiência. Feche os olhos e retome aquela experiência. Desta vez quero que você leve junto este recurso (ele toca seu ombro esquerdo) e quero que você se veja respondendo de uma maneira inteiramente nova. Faça todo o trajeto necessário até sentir-se satisfeita.

O que ela está fazendo agora é reviver aquela experiência *com* o novo recurso então disponível — e que não o era na primeira vez em que se deu a situação — até ficar satisfeita com a resposta por ela apresentada nessa oportunidade. Chamamos a este processo de "mudança da história pessoal". A pessoa volta atrás em sua história pessoal com os recursos que não possuía *no passado,* mas desta vez levando-os junto. Não sabemos qual é o conteúdo dessa situação e não temos necessidade disso. Agora ela está passando de novo pela experiência. Depois disto, ela terá *duas* histórias: a "real" na qual ela não possuía o recurso e a nova, na qual possuía *mesmo* o recurso. Na medida em que estas experiências são completas — e garantimos isso usando o processo de ancoragem — ambas as histórias serão igualmente úteis como guias para futuros comportamentos.

Linda: (abre os olhos e sorri largamente) Adoro-o!

OK, então Linda. Gostaria que você tornasse a voltar e fizesse de novo a imagem, aquela que fez você se sentir mal e diga-me o que acontece. Observadores, que é que vocês vêem: X ou Y? E é aqui que a experiência sensorial vale realmente para alguma coisa. Vocês podem *fazer* terapia mas o fato de saber se funcionou ou não é que constitui o elemento mais essencial.

Homem: Vejo uma mistura de X e Y.

Linda, que é que acontece em sua experiência? Quando você vê aquela imagem, você se sente do mesmo modo que antes?

Linda: Não, não me sinto não.

Não revele conteúdo algum; conte-nos apenas como é essa diferença.

Linda: Han, meu medo desapareceu.

Bom, há um outro meio de se checar seu trabalho. O processo de ancoragem pode ser empregado de diversas maneiras. Agora, observem isto. (Ele toca o ombro direito da moça.) Esta é a mesma resposta que o toque eliciava antes?

Mulher: Parcialmente.

Parcialmente. Bem, se o processo fosse completamente invertido, consideraria termos feito um desserviço. Se estamos trabalhando com escolhas, então estamos trabalhando para *acrescentar escolhas* e não subtraí-las, nem para substituir um circuito rígido estímulo-resposta por outro. Se você tem aquele cliente que se sente desamparado e diminuído toda vez que sai para o trabalho, e você muda tudo de modo a que ele se sinta assertivo, feliz e confiante toda vez que vai trabalhar, na minha opinião ele não está nem um pouco melhor. Ele ainda tem só uma escolha quanto ao modo de responder. E se você tem uma escolha, então é um robô. Achamos que a terapia seja a tarefa de transformar robôs em pessoas. Essa tarefa não é fácil. Todos nós somos robotizados. Parte de nosso trabalho é mudar essa situação inconscientemente, para que as pessoas pratiquem realmente as escolhas em seu comportamento, sejam elas conscientes ou não.

O que é escolha? Para mim, escolha é ter respostas múltiplas para o mesmo estímulo. Vocês já notaram que toda vez que lêem um livro é provável que não haja palavras novas nesse livro, que são sempre as mesmas palavras em ordem diferente? Apenas novas seqüências das mesmas palavras? Não importa onde se vá, iremos sempre escutar as mesmas velhas palavras, ou apenas seqüências novas com as mesmas velhas palavras. E toda vez em que leio um livro de ficção, é a mesma coisa. Praticamente todas as palavras que empregamos hoje foram palavras velhas. Como é que se pode aprender coisas novas?

Agora precisamos fazer mais uma coisa que é muito importante. Linda tem uma escolha, sentada aqui nesta sala. Todos vocês viram isso. Queremos que ela também conte com essa margem de escolha em outros contextos. Todos vocês tiveram esta experiência. Vocês trabalham com um cliente e tanto vocês quanto ele sabem que têm escolhas novas. O cliente sai do consultório e vocês estão felizes e ele também está feliz e congruente; duas semanas depois, ao voltar, ele diz: "Bem, não aconteceu bem daquele jeito... Não sei o que aconteceu. Eu sabia e han..." Ou então pior, ele volta e lhe apresenta exatamente o mesmo problema, com muito pouca recordação de terem inclusive trabalhado naquilo há duas semanas!

Linda estava aqui num estado alterado. Ela alterou radicalmente sua consciência para ir em busca de experiências passadas, para integrá-las com novos tipos de recursos. O ponto é — e este foi um *insight* primário da terapia familiar, vinte anos atrás — se simplesmente se induzirem mudanças num estado alterado de consciência conhecido como instituição, ou consultório terapêutico, ou situação grupal, é muito pouco provável que grande parte de seu trabalho seja transferido, na primeira vez. Você terá que refazê-lo diversas vezes. Tem-se que ter certeza de que os novos entendimentos e aprendizagens, os novos comportamentos, as novas escolhas, sejam transferidos para além desse estado alterado de consciência, para o contexto apropriado do mundo real.

Há um processo muito fácil que denominamos *bridging*(*) ou "acompanhamento de futuro", e que faz uma conexão entre a nova resposta e o contexto apropriado. É um outro uso do processo de ancoragem. Você sabe qual é a nova resposta e também sabe que a pessoa deseja que ela ocorra em um contexto particular, portanto simplesmente faz-se a ela a seguinte pergunta: "Qual é a primeira coisa que você veria, escutaria, ou sentiria e que lhe iria permitir saber que está naquele contexto no qual deseja efetuar esta nova escolha?"

Linda, há outras situações em sua vida atual que são semelhantes à que você viu naquelas imagens, certo? Nestas situações você respondeu da mesma forma que naquela visualizada na imagem, ao contrário do modo como você teria preferido responder. Agora, o que preciso saber é o que permite a você saber que um contexto é semelhante àquele. Trata-se de alguma coisa que você vê? Seria o tom de voz de alguma pessoa, o jeito de alguém falar, o modo como a pessoa toca você?

Linda: É o jeito da pessoa parecer.

---

* *Bridging* — vincular, estabelecer uma vinculação: o psiquiatra consegue criar um outro estado de vivência para a pessoa enfrentar uma dada situação. *Bridging* é o último passo da técnica para a pessoa se transportar para o estado novo, em que estará superado o problema. (Nota da Editora)

Certo. Quero que você *veja* como é que isso se parece. E, enquanto você vê isso, toda vez que você vir qualquer coisa de parecido você sentirá *isso* (ele toca a âncora-recurso). Quero que você se lembre de ter este recurso especial...

Isso é o *bridging*. Leva um minuto e meio a dois e garante à pessoa que seu trabalho será transferido até o mundo real. O mesmo estímulo que, no passado, eliciou o comportamento estereotipado desadaptado, o sentimento sensação que ela quer mudar, serve agora como o estímulo para o qual o recurso é a resposta. Agora ela irá ter automaticamente um acesso à nova escolha nos contextos em que precisar disso e não apenas dentro do consultório, do grupo, da instituição. Este é um condicionamento estímulo-estímulo.

Vocês não irão estar presentes lá para apertar o ombro da moça, portanto precisam de algum elemento de seu contexto verdadeiro para funcionar como espoleta que ponha em funcionamento o novo comportamento. A melhor coisa para se usar com essa função é aquilo que acionou o comportamento indesejado. Se o tom de voz de seu patrão a faz sentir-se desprotegida, faça então com que o tom de voz seja o elemento disparador para a captação dos recursos de criatividade, autoconfiança, ou de qualquer outro. Se não for assim, se as âncoras anteriores forem mais potentes do que as novas criadas por você, as antigas irão montar nas costas das novas e dominá-las.

Foi esse fato que ativou o desenvolvimento da terapia familiar. Pegam um menino esquizofrênico e colocam-no num hospital onde lhe dão M & M, de modo certo, e o menino fica melhor, está bem, normal, feliz, aprendendo. Depois, devolvem-no para a família e ele fica esquizofrênico novamente, em questão de semanas. E aí dizem: "Ah! Alguma coisa na família segura o menino daquele jeito, então é preciso tratar a família toda". Vocês não *precisam* tratar a família toda. Isso é uma forma de fazê-lo: uma escolha. Se você traz a família para o consultório, as âncoras estão lá e você pode usá-las. Na realidade, farei uma demonstração. Pode se sentar agora Linda. Obrigado.

Gostaria que viessem aqui em cima duas pessoas para um *role-playing* de marido e mulher...

Obrigado, Larry e Susie. Bom, no papel de esposa você vai me apresentar algumas queixas. O que é que ele faz ou que não faz?

Susie: Ele bebe cerveja demais. E nunca assiste comigo a um jogo de futebol.

Ele nunca assiste a um jogo de futebol com você? E como é que isso faz você se sentir?

Susie: Louca. Abandonada.

Abandonada, então o que você quer dele é um pouco de atenção.

Susie: Certo.

E quando você tenta obter atenção dele, o que — olhem para isso, ele acabou de entrar numa captação visual. Bum! É isso que acontece sempre. A esposa diz: "Sinto que quero que ele me toque" e o marido diz: (olhando para cima) "Bom, não vejo em que isso possa ser útil". Certo? Aí ele entra em casa e diz: "Olha aqui, essa casa está uma bagunça. Não suporto ficar num lugar desorganizado". E ela diz: "Mas fica aconchegante, assim".

Bom, o que irei usar aqui é o processo de ancoragem; eu digo: "Bom, acho isso meio difícil de acreditar mas deixem-me verificar". Então eu chego e faço ao marido algumas perguntas retóricas, apenas com o propósito de eliciar algumas respostas. Digo: "Larry, quero lhe fazer uma pergunta. Há momentos em que você sente realmente vontade de ficar perto dela, dar-lhe um pouco de atenção e algumas sensações gostosas, conseguir mesmo aproximar-se dela? Há momentos assim?"

Larry: Lógico, há momentos assim (ele toca o punho de Larry.)

"Bom, com base na minha experiência anterior como terapeuta, sei que os casais criam problemas por causa das palavras porque as pessoas não são muito boas com as palavras. Os adultos não são treinados para usarem palavras. Nem tampouco as crianças. Portanto, o que irei recomendar Susie é que você tente fazer o seguinte: eu irei dar a você um sinal não-verbal para experimentar com Larry, durante as próximas duas semanas, apenas como maneira de descobrir se ele está realmente aberto ou não a dar atenção para você. O que eu gostaria que fizesse é o seguinte: toda vez que você quiser dez ou quinze minutos de sua atenção integral, de um pouco de afeto, chegue perto dele e segure-o no punho, deste jeito. Certo. Você faria isso agora mesmo? Quero checar se funciona e ter certeza de que você sabe o que eu quero dizer".

"Bom, Susie, quando você fizer isso, olhe para ele e ele assentirá ou negará com a cabeça, dependendo de se ele sentir que aquele é ou não o momento conveniente para devotar um pouco de tempo para você. Deste modo, ele recebe de você uma mensagem não-ambígua, porque se você chega perto dele e diz (voz áspera, socando o braço dele): 'Quer ver futebol?', talvez ele interprete errado esse gesto". Posso despedir este casal e deixar que tentem. E direi a ela: "Agora, você só vai usar isto duas vezes por dia". Evidentemente ela ficará curiosa e experimentará fazê-lo. E o que é que se encontra por baixo do "sinal não-verbal"? *Uma âncora.* Então, o que é que vai acontecer? Ele irá sacudir a cabeça num "sim" ou num "não"?

Bom, nas primeiras poucas vezes em que ela o fizer, ela completará todo o padrão. Mas muito em breve este será desbastado de seus exageros. Ela andará em direção a ele e começará apenas a estender o braço, e isto será o bastante. Logo mais, ela já conseguirá apenas andar em direção a ele, olhá-lo e isso eliciará a mesma resposta.

Os casais entram em conflito porque não sabem como eliciar respostas um do outro. A resposta que *pretendem* obter é completamente diferente daquela que obtêm *de fato*. Digamos, por exemplo, que eu tenho aqui um camarada que realmente quer que a esposa chegue e o conforte, às vezes. Nestas ocasiões, ele se senta na beirada da cama e fica olhando parado para o chão. Evidentemente, ela assume que isto significa que ele deseja espaço para si mesmo; então, o que é que ela faz? Sai do quarto. Acabam fazendo terapia *dezessete anos* mais tarde e ele me diz: "Ela não me dá apoio quando eu preciso ser apoiado". E ela diz: *"Eu também!"* Ele diz: "Você nunca o fez, durante dezessete anos, toda vez que eu realmente precisei". Eu digo: "De que jeito você faz com que ela saiba que está precisando disso?" Ele fala: "Bem, sento-me na beirada da cama e assim mostro a ela". E ela fala: "Ah! Ah, eu pensei que você quisesse ficar sozinho". É por causa disso que dizemos: "A resposta que obtemos é o significado de nossa comunicação". Este é um meio de se conseguir ter as respostas que as pessoas desejam, em associação com seu próprio comportamento. Agora, quando esta Susie desejar afeto, ela terá uma maneira direta de eliciar essa parte nele. Depois que se dá a um casal algumas âncoras, eles começam a fazê-lo sozinhos, sem sequer saberem o que aconteceu. Subitamente, começam a conseguir "de maneira misteriosa" aquilo que desejam. Este é um modo de se empregar o processo de ancoragem com casais.

A maioria dos casais simplesmente se habituou ao comportamento do parceiro e cessam de apresentar algo novo para o outro, entre si. Não é que sejam incapazes de fazê-lo, é que estão tão ancorados em padrões rígidos de interação que não fazem coisa alguma que seja nova. Muito raramente encontrei de fato uma disfunção mais séria, entre casais, do que a de se terem habituado dentro de padrões rígidos.

Toda vez que há padrões ou respostas rígidos e repetitivos que você deseje interromper, pode principiar ancorando alguma coisa desagradável ou que chame a atenção, acionando a seguir a âncora toda vez em que ocorrer o padrão ou a resposta.

Com um casal que vi certa vez, acontecia de toda a experiência de vida dele ser a elaboração de imagens construídas de possibilidades, enquanto que a função dela na vida era responder a toda coisa que ele dissesse elaborando uma imagem eidética de alguma coisa que fosse semelhante e comentando depois o modo como aquilo não iria dar certo. Ele diria então: "Quero fazer uma clarabóia no quarto" e ela diria: "Nós estamos mais no alto do que a casa do fulano-de-tal e a clarabóia deles tem vazamento".

Nunca apresentavam qualquer outro tipo de comunicação. Não havia mais nada!

Fiz terapia com esses dois na minha sala de visitas. Quando entrei, sentei-me e disse: "Vocês sabem, eu sou um cara mais urbano e o fato de viver no campo um tempo me proporcionou algumas grandes surpresas. Vocês sabiam que uma cascavel entrou bem nesta sala de visitas, ontem? Bem pelo meio do chão da sala. Foi a coisa mais assustadora". Enquanto eu dizia isso, olhei para o chão bem atrás das cadeiras onde estavam sentados e lentamente segui com meus olhos uma cobra imaginária que se arrastava pelo chão.

Então o casal começou a falar. Toda vez que começavam a discutir, eu olhava para o chão novamente e eles paravam. Comecei a ancorar seu terror de cobras à produção daquele tipo de conversa. Depois de mais ou menos uma hora de proceder dessa maneira eles não mais conversavam daquela forma. Era por demais desagradável pois, após um certo tempo, seus sentimentos e sensações referentes a cobras tornaram-se associados ao fato de discutirem. Se você for conversar com uma pessoa com quem sabe que há até uma pequena possibilidade de precisar interrompê-la, você pode determiná-la dessa forma antes de dar início à sessão.

Você pode interromper comportamentalmente desse modo, ou então interromper por meio de palavras: "Oh, espere um minuto! O que —" Ou então olhar para o calcanhar de seu interlocutor e dizer: "Você é alérgico a picada de abelha?" Esses comentários chamarão a atenção do indivíduo. "Pare! Acabo de me lembrar de algo que preciso anotar".

O processo de ancoragem é uma coisa espantosa. Você pode ancorar o ar e as pessoas irão responder a isso. Qualquer bom mímico ancora o ar por meio de seus movimentos, definindo objetos e conceitos no espaço vazio. Há pouco tempo eu estava dando um curso de vendas e alguém disse: "Você sempre nos diz para sermos flexíveis. O que acontece se você experimenta toda uma variedade de formas e alguém lhe responde de maneira realmente negativa?" Eu disse — "Bom, a primeira coisa é se mexer e apontar para o local onde você estava, falando de como isso é terrível". Isso é denominado dissociação. Você pode entrar e tentar a "venda difícil". Quando você vê que o outro está respondendo negativamente, você sempre pode dar um passo para o lado e dizer: "Mas *esse* tipo de conversa deixa as pessoas de fora" e tentar outra coisa.

Aqueles dentre vocês que estiverem mesmo interessados em se tornar mais generativos, quando se cansarem de tocar os joelhos e os antebraços das pessoas, compreendam que o processo de ancoragem é uma das coisas mais universais e generalizáveis que já fizemos até hoje.

Certa vez eu dava uma palestra para duzentos e cinqüenta psicólogos razoavelmente austeros, de forma bastante acadêmica, falando acerca de sistemas representacionais e livros, fazendo equações. Em meio à minha acadêmica palestra eu simplesmente me encaminhei para a beirada do palco, olhei para o alto por um instante e disse: "Isto é uma loucura", e depois prossegui. Um pouco depois olhei para o alto e de novo disse: "Bom, isso é realmente uma loucura". Fiz a mesma coisa mais umas duas vezes ao longo da minha palestra e a maioria das pessoas sentadas nas primeiras quatro ou cinco filas ficou fixada, olhando firmemente para o ponto no alto do teto. Depois me dirigi para o lado do palco e falei diretamente através deles. Eu poderia ter conseguido que os braços levitassem ou quaisquer outras respostas inconscientes.

Se as pessoas notassem que o que estão fazendo não está funcionando e tentassem alguma coisa diferente, então fazer parte de um casal seria uma experiência realmente interessante. Na verdade, as pessoas precisam fazer uma coisa ainda mesmo antes disso. Precisam tomar consciência de qual é o resultado final que desejam e *depois* prestar atenção para ver se estão ou não conseguindo isso.

Uma das coisas que já realizamos com casais é tirar deles sua habilidade para falar entre si. "Vocês não podem mais conversar um com o outro até eu dar permissão. Se eu pegar vocês conversando, ponho verrugas em vocês". O casal terá que gerar novos comportamentos e começam a interessar-se um pelo outro, pelo menos. Mesmo se mantiverem os mesmos padrões de comportamento, pelo menos dão à luz algum conteúdo novo. Precisam aprender novas formas de eliciar as respostas que desejam. Ele quer que ela passe a ferro uma camisa então ele chega perto e faz gestos com as mãos. Então ela sai dali e pega um pedaço de pão e passa manteiga nele e o traz de volta, certo? Bom, no passado, quando ele dizia: "Você passaria a ferro minha camisa?", se ela fizesse alguma outra coisa, ele a criticaria: "Você nunca faz o que eu quero" e assim por diante. Agora, quando ele recebe o pedaço de pão, não pode criticá-la porque não pode falar. A fim de obter o que deseja, ele tem de modificar *seu próprio* comportamento. Então ele faz uma nova tentativa. Ele lhe dá a camisa com as mãos... e ela a veste. Ele tem que continuar produzindo novos comportamentos até descobrir um que funcione. Aí eu posso usar isso como exemplo. Posso dizer: "Olhe, mesmo que você o faça com palavras, se o que você fizer não funcionar, experimente mudar seu próprio comportamento".

À medida que forem aprendendo a variar seu comportamento, estarão estabelecendo novas âncoras. Cerca de apenas metade delas será de alguma utilidade, mas mesmo assim eles ainda terão uma *grande* quantidade de novas possibilidades em seu relacionamento.

O que há de bom na terapia familiar é que as pessoas trazem consigo suas âncoras. Se você tem uma criança respondendo de maneira problemática, pode observar a que ela está respondendo, pois todos os relacionamentos hipnóticos primários estão bem ali. Quando as crianças apresentam um comportamento sintomático, esse comportamento sintomático sempre é uma resposta a algo. O comportamento sintomático de qualquer pessoa é uma resposta a alguma coisa e a pergunta é: *a quê?* Se você consegue mudar aquilo a que estão respondendo, esta é muitas vezes uma tarefa *bem* mais fácil do que mudar seu comportamento. Nem sempre você precisa saber do que se trata, mas freqüentemente é muito fácil de adivinhar. Você tem uma criança "hiperativa" com os pais e, durante os primeiros cinco minutos da sessão, a criança não é hiperativa. Então o pai olha para a mãe e diz: "O que é que você vai fazer com esta criança?" Quando a criança começa imediatamente a pular pela sala toda, tem-se uma razoável indicação do elemento ao qual a criança está respondendo. Mas isso você não irá notar se estiver voltado para dentro de si mesmo, criando imagens e falando consigo mesmo sobre quais medicamentos irá prescrever.

Homem: E quando se tem uma criança suicida? Como é que se procura o estímulo para esse comportamento? Sempre deprimida, sempre sentada no canto...

Bom, em 99% dos casos, a depressão se encaixa no padrão anteriormente discutido. Eu não iria tentar a terapia familiar, não antes de ter cuidado da parte suicida do caso. Eu tentaria uma pergunta do tipo: "Que recurso, como ser humano, você precisa ter para saber que pode continuar vivendo e ter muita felicidade?" E depois fazer o que fizemos com Linda, o padrão "mudança de história pessoal".

Nosso pressuposto é que qualquer ser humano que chegue e diga: "Socorro! preciso de ajuda!" já tentou com os seus recursos conscientes todos e fracassou completamente. Contudo, também pressupomos que *em algum ponto* de sua história pessoal ele passou por algum conjunto de experiências que podem servir como recurso para ajudá-lo a obter exatamente o que precisa, nessa situação em particular. Acreditamos que as pessoas têm os recursos de que precisam, mas os possuem inconscientemente, e de forma não-organizada para o contexto apropriado. Não é que o cara *não consiga* ser autoconfiante e assertivo em seu trabalho; apenas, ele não o *é*. Ele pode perfeitamente ter autoconfiança e ser assertivo no campo de golfe. Tudo que precisamos fazer é pegar esse recurso e colocá-lo onde ele precisa ser colocado. Ele tem o recurso de que precisa para ser autoconfiante e assertivo em seu trabalho, no campo de golfe, mas nunca realizou essa transferência, essa conexão. Estas partes dele estão dissociadas. O processo de ancoragem e a integração que sucede ao mesmo constituirão o instrumento para derrubar por terra as dissociações, a fim de que a pessoa tenha acesso ao recurso, no contexto em que ele se faz necessário.

Homem: Há situações em que isto não é verdadeiro e em que o terapeuta precise dar à pessoa...?

Não, não conheço nenhuma.

Gostaria de mencionar uma coisa que é relevante para o seu próprio aprendizado. Há um fenômeno do campo da Psicoterapia que não parece acontecer em alguns dos outros campos nos quais já trabalhei. Quando ensino uma pessoa a fazer uma coisa e demonstro que aquilo funciona, em geral ela pergunta em que situações aquilo *não* irá funcionar, ou pergunta alguma coisa a respeito de outro assunto. Então, quando demonstro como é que se pode trabalhar com as pessoas incomodadas por imagens oriundas de seu passado, perguntam-me: "Em que momento é que isto não irá funcionar?"

Agora, o interessante a respeito desse padrão de comportamento é que, se o que eu demonstrei é uma coisa que você gostaria de ser capaz de fazer, então você bem que poderia gastar seu tempo aprendendo a fazê-lo. Há muitas e muitas coisas que nós não conseguimos fazer. Se você puder programar-se para procurar as coisas que serão *úteis* para você e para aprendê-las, ao invés de tentar descobrir onde é que fracassa aquilo que lhes estamos apresentando, garanto-lhes que logo irão perceber onde é que as coisas fracassam. Se você usar de modo congruente essa informação, encontrará montes de lugares onde ela não adianta nada. E quando não der certo, sugiro-lhes que experimentem alguma coisa diferente.

E agora, respondendo à sua pergunta. O caso limitante é o da pessoa que tenha tido muito pouca experiência do mundo real. Tivemos um cliente que havia ficado trancafiado durante doze anos na casa dos pais e que só havia saído de casa para ir se consultar com um psiquiatra três vezes por semana, e que tinha tomado tranqüilizantes dos doze aos vinte e dois anos. Não apresentava quase nada de história pessoal. No entanto, havia tido doze anos de experiências de televisão e isso constituiu recurso suficiente para que conseguíssemos começar a gerar aquilo de que precisávamos.

Deixe-me reinterpretar a pergunta. Se você pergunta a um cliente: "Como é que você gostaria de ser?" e ele coerentemente diz: "Não sei o que quero. Realmente não sei. Não sei qual é o recurso do qual eu teria necessidade naquela época", o que é que vocês fazem? Vocês podem pedir-lhe que adivinhe. Ou então comentar: "Bem, se você soubesse, qual seria?" Bem, se você não sabe, minta para mim. Invente um". "Você conhece alguém que saiba como fazer isso?" "Como é que você se sentiria se soubesse? Como é que seria o jeito da coisa? Como é que sua voz ficaria, nesse caso?" Assim que você conseguir uma resposta, pode *ancorá-la*. Você literalmente pode construir recursos pessoais.

Para a maioria das pessoas que visitam vocês profissionalmente, e para todos os que estão sentados aqui, a história pessoal de vocês é um conjunto de limitações sobre sua experiência e comportamento no momento presente. O processo de ancoragem e a construção de novas possibilidades por intermédio deste processo podem literalmente converter sua história pessoal, de um conjunto de limitações, num conjunto de recursos.

Outra forma de responder à pergunta é que, se a pessoa não teve a experiência direta por ela exigida para formar um recurso, ela conta com alguma representação do que tal recurso poderia ser, mesmo que se trate de comportamento de uma outra pessoa. Ou seja, já há dentro do indivíduo uma representação por ele denominada de "comportamento da outra pessoa" e que ele não se permite ter. No entanto, enquanto representação, existe dentro dele. Se se puder captá-la integralmente, pode-se ancorá-la. Pode-se fazer isso direta ou indiretamente. "Bem, não consigo enxergar as imagens para as quais você está olhando neste momento, a representação que você faz deste seu amigo que sabe como fazer isso, portanto, será que você poderia fingir ser esse amigo para me dar uma idéia da coisa em direção da qual estamos nos encaminhando?" "Exiba esse comportamento para mim para que eu possa formar uma idéia de como é que Joe agiria". "Mostre-me de que jeito você *não* se comportaria". Depois, ancore a resposta enquanto a pessoa a for emitindo. Essa agora passa a ser um elemento de comportamento com tanta realidade quanto outra conduta qualquer.

Ou então pode-se conseguir que eles o façam. Quando as pessoas nos dizem: "Bem, puxa, nunca conseguiria ser desse jeito", isso não é necessariamente verdade. Tivemos uma mulher que apareceu e disse que para ela era impossível dizer o que queria e ser assertiva consigo mesma. Não conseguia atingir a atenção dos outros. E também era alguém que treinava a assertividade nos outros, algo bem interessante. Ela não podia freqüentar um terapeuta regularmente porque isto arruinaria sua reputação. De modo que lhe dissemos que esperasse um instante, que iríamos discutir o assunto, saímos da sala de visitas e ficamos lendo revistas durante mais ou menos duas horas e meia até que ela saiu voando de dentro do consultório: "Se vocês não voltarem aqui blablablá". Se somos flexíveis o bastante, quanto a nosso comportamento, podemos eliciar o que desejamos sem a

111

menor demora. Assumimos, criamos o pressuposto, de que aquela mulher sabia como obter a atenção de alguém se lhe fosse proporcionado o contexto adequado. Demos-lhe o contexto adequado: ela fez a mudança. Simplesmente a ancoramos e depois a transferimos para outros contextos nos quais ela desejava tal comportamento.

Há uma vantagem enorme em proceder deste modo. Não temos de decidir, antes de dar início ao trabalho com uma pessoa, quantas partes ela possui e o que fazem essas partes. Acho que o modelo Michigan de AT (Análise Transacional) abrange nove partes: pai crítico, criança natural, adulto, pequeno professor, etc. Em convenções teóricas, discutem-se quantas partes uma pessoa deveria ter. É assim que os treinadores e os terapeutas de AT se instruem quanto ao modo de organizar a experiência da outra pessoa. Nenhum de meus clientes tem "pai", "criança", "adulto", *exceto* aqueles que saíram de um terapeuta de AT. E aí eles realmente os têm.

Dentro do processo de ancoragem não se tem necessidade de decidir, previamente à sessão, quais irão ser as categorias legítimas de experiência ou de comunicação humanas. Pode-se aceitar simplesmente o que quer que surja, sem entender o significado de parte alguma. Não sei o que eram X e Y para Linda, mas sei que posso operar a nível de processo, sem sequer saber qual fora o conteúdo, assistindo-a na efetuação da mudança. Não se precisa decidir antecipadamente quantas partes iremos permitir que a pessoa tenha. Não se precisa exigir do cliente que seja flexível o suficiente para reorganizar sua experiência dentro das categorias do terapeuta. Simplesmente aceita-se aquilo que for oferecido, ancora-se esse dado e o utilizamos.

Mulher: Você sempre ancora sentimentos negativos? Porque já está no repertório dela.

Nós não fazemos *coisa alguma sempre*. Muitas vezes é útil ancorar-se a resposta que a pessoa não deseja, e há várias maneiras de se empregar tal resposta. Todos vocês já passaram pela experiência de começar a trabalhar com um cliente a respeito de um problema específico, especialmente com crianças, pois as crianças são tão fluidas em termos de sua consciência, e repentinamente descobriram estar trabalhando com uma outra coisa. A âncora inicial que estabeleci estabilizou a coisa sobre a qual iríamos trabalhar, de modo a podermos sempre voltar para ela. Se eu tivesse querido voltar e descobrir sua origem, dentro da história pessoal de Linda, essa âncora ter-me-ia possibilitado uma excelente oportunidade para executá-lo.

Em gestalt-terapia, se o cliente está perturbado por uma sensação/sentimento, o terapeuta dirá: "Intensifique o sentimento/sensação, fique com esse sentimento/sensação, exagere-o! Volte atrás no tempo... o que é que você vê agora?" O terapeuta está estabilizando uma parte da experiência da pessoa, a saber, o componente cinestésico, as sensações/sentimentos que a pessoa tem. E está dizendo: "Mantenha essa experiência constante e depois deixe que ela o guie de volta na sua história pessoal para uma representação completa, envolvendo todos os sistemas, daquilo com o que estamos trabalhando". Usando-se uma âncora sempre podemos voltar para o mesmo conjunto de respostas cinestésicas com o qual começamos, estabilizando assim com facilidade o elemento com o qual se está trabalhando. Este é um dos usos.

Um outro dos usos que já demonstrei é o teste. Depois de havermos efetuado o trabalho de integração, depois que ela possuía o recurso e reviveu a experiência com o mesmo a fim de ter mudanças em sua história pessoal, dei-lhe alguns momentos e depois estiquei meu braço e acionei a âncora original. A resposta que obtive foi uma resposta integrada, informando-me por esse meio não-verbal de que o processo fora eficaz. Recomendo-lhes que jamais permitam que o cliente perceba que vocês estão verificando seu trabalho desse modo. Esta forma lhes oferece uma maneira encoberta, não-verbal, de verificar para nos certificarmos de que as integrações efetuadas estão em funcionamento, antes que a pessoa saia do consultório. Dado nosso desenvolvimento histórico na Psicologia Humanista, a maioria de nós deseja um tipo de *feedback* consciente, explícito, verbal. Este é o tipo *menos* útil de *feedback* que se pode conseguir de um cliente.

Gostaria agora que vocês percebessem que seu cliente não fará *coisa alguma* que vocês deixem de ancorar. Uma vez que vão mesmo ancorar, não há nada de mal em saber qual é a âncora. Se o cliente entra e diz: "Estou realmente deprimido" e vocês dizem: "umhm", essa é uma âncora tão conveniente quanto tocá-lo no braço. E, uma vez que vocês irão mesmo fazer isso, bem podem ficar sabendo qual é essa ou aquela âncora. Recomendamos a pessoas que estão principiando que pratiquem usando âncoras cinestésicas pelo período de um mês. Enquanto forem fazendo isso, essas pessoas irão descobrir que estão ancorando do mesmo jeito, constantemente, em todos os sistemas representacionais. A maior parte do tempo as pessoas usam âncoras de um tal modo que retarda o processo de mudança porque elas não sabem o que estão ancorando nem como o estão fazendo.

Há um outro ponto importante. Quando você diz: "Você sempre ancora o elemento *negativo?*" não havia coisa alguma negativa naquilo. "Negativo" é um julgamento a respeito da experiência. Não é a experiência em si; é um julgamento feito especificamente pela mente consciente da pessoa. A experiência sofrida por Linda, que lhe foi desagradável, serve-lhe agora, bem como para todas as demais pessoas presentes nesta sala, como uma base para o aprendizado que vier no futuro, se vier a usá-la dessa forma. Se, durante os primeiros vinte anos de sua vida, você cresceu sem ter passado por nenhuma experiência desagradável, talvez você seja burro e incapaz de enfrentar coisa alguma. É importante que vocês compreendam que todas as experiências podem servir de base para a aprendizagem e não é por serem positivas ou negativas, desejadas ou indesejadas, boas ou más.

Na realidade, não é nem que *sejam* isto ou aquilo. Peguem qualquer experiência que vocês creiam ter ocorrido com vocês e eu lhes garanto que, examinando-a de perto, ela não se passou com vocês. A história pessoal que Linda reviveu, reexperimentada conforme passava hoje pela experiência toda de novo, é tanto um mito quanto o é a nova experiência pela qual passou com o recurso. A experiência que criamos é tão real quanto a que ela "realmente teve". Nenhuma delas chegou mesmo a acontecer. Se desejam uma demonstração disto, esperem dois ou três meses, lembrem-se de terem estado aqui durante três dias e depois vejam o vídeo-teipe que estão fazendo agora. Descobrirão que há bem pouco relacionamento entre o filme e as lembranças "do que aconteceu aqui". Dado que sua história pessoal é um mito de qualquer jeito, *use-a como recurso* ao invés de como conjunto de limitações. Um modo de efetuá-lo é usando o processo de ancoragem.

Àqueles, aqui dentro, que fizeram o trabalho de "redecisão" em AT, na qualidade de clientes: lembram-se de todas aquelas cenas vívidas que vocês tão bem retomaram de seu passado, quando contavam dois anos e oito meses?

Mulher: Bem, as minhas aconteceram realmente.

Nada chegou *realmente* a acontecer um dia. A única coisa que aconteceu verdadeiramente é que você fez um conjunto de percepções a respeito dos eventos. O relacionamento entre suas experiências e o que ocorreu *fatualmente* é, no máximo, tênue. Mas as suas percepções são concretas. Fazer a redecisão quanto a uma experiência que jamais ocorreu tem apenas tanto valor — talvez *mais* valor do que — quanto uma redecisão a respeito de uma que tenha acontecido, principalmente se for menos dolorosa e se der margem a mais escolhas. Eu poderia com grande facilidade instalar em vocês recordações as quais vocês relacionariam com experiências reais que *nunca* aconteceram e que *não* poderiam ser documentadas de forma alguma — que fossem apenas alucinações bizarras da minha fantasia. Recordações fabricadas conseguem nos modificar na mesma medida em que as percepções arbitrárias criadas pela pessoa, naquela época, com relação a "acontecimentos do mundo real". Isso acontece muito em terapia.

Podemos também convencer nossos pais. Pode-se retroceder no tempo e conferir com os pais alguma estória, convencendo-os de coisas que na verdade nunca aconteceram realmente. Tentei fazer isso e deu certo. Agora minha mãe acredita ter feito comigo quando criança certas coisas que nunca aconteceram. E eu *sei* que elas não aconteceram. Mas a convenci disso. Disse-lhe que fora a uma terapia de grupo na qual fizera certas modificações realmente importantes para mim e tudo aquilo se baseava numa determinada experiência ocorrida quando eu era pequeno. Quando mencionei o episódio, ela teve de procurar em sua história passada e descobrir alguma coisa que se lhe aproximasse. E, evidentemente, tínhamos em comum experiências suficientes para que ela pudesse encontrar alguma coisa o mais próximo possível de se encaixar naquela categoria.

É a mesma coisa que se eu chegasse, me sentasse aqui e dissesse: "Neste preciso momento, enquanto estão aí sentados, vocês talvez não estejam completamente cientes da sensação, mas em breve irão tomar consciência de uma sensação em uma das mãos". Bom, se você não tiver nenhuma, é provável que você esteja *morto*. Estamos fadados a ter *alguma* sensação numa das mãos e, dado que chamei a atenção para esse detalhe, iremos ter de prestar atenção a qualquer sensação. A maioria do que as pessoas fazem à guisa de terapia é de caráter tão geral que os clientes podem passar em revista seu passado para encontrar as experiências apropriadas.

Pode-se desta maneira realizar leituras "psíquicas" maravilhosas. Pegue um objeto que pertença a alguém e segure-o com sua mão. Isso lhe permitirá vê-lo realmente bem com sua visão periférica. Você falará usando a primeira pessoa, de modo que os ouvintes se identifiquem diretamente e respondam mais, e dirá coisas do tipo: "Bom, sou uma pessoa que... que está passando por um certo tipo de problema que está relacionado a uma herança". E aí você olha bem para a pessoa a quem pertence o objeto e a pessoa diz: "Uma herança!" Certo? E aí ela diz: "Ummmmm", e passa em revista todas as suas recordações, certo? E, em algum ponto de sua vida, aconteceu mesmo algo que tinha relação com uma herança e aí ela diz: "Você está certo! Tio George! Agora me lembro!"

A visão periférica é a fonte da grande maioria da informação visual que considero útil. A periferia de nossos olhos está fisiologicamente formada para detectar o movimento de maneira muito melhor que a porção fóvea desses órgãos. Trata-se simplesmente do modo como está formado nosso olho. Neste exato momento estou olhando na direção de vocês: se existisse uma trajetória, meus olhos estariam em cima de vocês. Isso faz apenas com que todos vocês estejam colocados na minha visão periférica, situação esta que, para mim, é eficaz. Enquanto estou falando, vou olhando as pessoas nesta sala, com minha visão periférica, a fim de detectar respostas amplas, movimentos súbitos, mudanças de respiração, etc.

Para os que gostariam de aprender a fazer isso, há um rápido exercício, muito simples. Se eu estivesse ajudando a Jane aqui a aprender a confiar em sua visão periférica, a primeira coisa que a faria fazer seria chegar perto de mim e ficar à minha frente, olhando com um desvio de cerca de 45° para minha figura. Bom, sem modificar o foco de seu olhar, Jane, escolha entre formar uma imagem mental de onde você acha que minhas mãos estão ou colocar suas mãos numa posição que corresponda a isso o mais possível. Olhe agora para verificar se você está ou não certa. E, agora, volte o olhar para aquele ponto e repita todo o processo. Assim que ela conseguir realizar isto num ângulo de 45°, passarei em seguida para um de 90°. Você já estará obtendo todas as informações de que necessita, com sua visão periférica. Mas nunca chegou alguém que dissesse para você confiar naquelas informações, usando-as como fundamento de suas respostas. O que se faz nesse caso, basicamente, é ensinar a si mesmo a ter confiança nos julgamentos que você provavelmente *já* está fazendo, uma vez que obtém informações através de sua visão periférica. Este exercício é uma situação estabilizada, o que representa sua parte mais difícil. Os movimentos são de *muito* mais fácil detecção. Quando se obtém informações posicionais, a parte relativa ao movimento fica fácil.

Este aspecto é particularmente importante num trabalho de conferência ou em terapia familiar. Não presto atenção à pessoa que estiver se comunicando verbalmente de modo ativo; fico olhando para *qualquer outra* pessoa, pois esta irá informar-me mais do que quem fala porque eu me interesso pelas *respostas* eliciadas pelo locutor nas demais pessoas da família, ou da platéia na conferência. Prestar atenção assim me confere diversas escolhas, por exemplo, relativas a saber em que momento é que estarão prestes a ser interrompidos. Posso tanto reforçar a interrupção, como efetuá-la eu mesmo, ou interromper quem ia fazer a interrupção para permitir ao orador daquele momento que conclua sua locução. A visão periférica nos apresenta muito mais informações e essa é a base para as escolhas.

Sua história pessoal serve de base para todas as suas capacidades e para todas as suas limitações. Uma vez que você só conta com uma história pessoal, você só tem um conjunto de limitações e um de possibilidades. E nós realmente acreditamos que cada um de vocês merece mais do que uma história pessoal na qual basear-se. Quanto mais histórias pessoais se tiver, mais escolhas se tornarão disponíveis.

Há bastante tempo atrás estivemos tentando descobrir modos eficazes de ajudar as pessoas a perder peso. A maioria dos expedientes disponíveis naquela época parecia não funcionar, e descobrimos que havia algumas diferenças reais entre as maneiras de as pessoas sofrerem com problemas de peso. Uma das principais coisas que descobrimos foi que grande número de pessoas *sempre* tinham sido gordas. Havia outras pessoas que haviam *ficado* gordas, mas havia muitas e muitas que *sempre* tinham sido gordas. Quando ficavam magras se desintegravam porque não sabiam como interagir com o mundo na qualidade de pessoas magras. Se você sempre foi gordo, nunca o escolheram primeiro para a equipe esportiva. Nunca o convidaram para dançar durante o ginasial. Nunca você correu depressa. Você não conta com a experiência de certos tipos de movimentos atléticos e físicos.

Então, ao invés de tentar fazer as pessoas se ajustarem, nós simplesmente retrocedemos e criamos uma infância completamente nova, depois fazendo com que ao crescerem fossem pessoas magras. Aprendemos isto com Milton Erickson. Erickson tinha uma cliente cuja mãe falecera quando a garota tinha doze anos de idade; a menina fora criada por uma série de governantas. Ela queria se casar e ter filhos mas ela mesma sabia muito bem que não contava com as experiências passadas indispensáveis para responder a crianças do modo como desejava ser capaz de responder. Erickson hipnotizou-a, fê-la regredir de idade para seu passado e periodicamente se fazia presente como "Homem de Fevereiro". O Homem de Fevereiro apareceu muitas e muitas vezes ao longo de sua história pessoal, apresentando à cliente todas as experiências por ela necessitadas. Nós apenas ampliamos o princípio mais um pouco. Decidimos que não havia necessidade de apenas aparecer como Homem de Fevereiro. Por que não março, abril e maio? Começamos a criar histórias individuais completas para as pessoas, nas quais elas teriam tido as experiências que lhes iriam servir de recurso para os tipos de comportamentos que queriam ter. E aí fomos nos estendendo, dos problemas de peso, para todos os outros tipos de comportamento.

Uma vez procedemos assim com uma mulher que havia crescido na qualidade de asmática. Na época de seu encontro conosco tinha três ou quatro filhos que queriam ter animais de estimação. Ela havia se consultado com um alergista muito refinado que insistira em que ela não era alérgica a animais, na opinião dele. Se ele a testasse sem avisar de qual animal era o pedaço de pêlo, ela não se mostrava alérgica a animais. Contudo, se um animal fosse colocado em sua presença, ou se se lhe falasse que fazia pouco um animal havia estado naquela sala, ela apresentava uma reação alérgica muito intensa. Assim, demos-lhe simplesmente uma infância durante a qual cresceu sem ser asmática. E algo espantoso aconteceu: ela não só perdeu sua resposta alérgica a animais como também desapareceu sua reação às

117

coisas que se descobrira eliciarem alergia nessa paciente, através do teste de pêlo de animal.

Mulher: Quanto tempo demora isso, em geral? Você usa hipnose nesse caso?

Richard: *Tudo* é hipnose.

John: Há um desentendimento grave entre nós. Não existe isso que se chama de hipnose. Na verdade, prefiro que não se usem termos assim, pois não se referem a coisa alguma.

Acreditamos que *toda* comunicação é hipnose. Essa é a função de todas as conversas. Digamos que me sento junto de você para jantar e começo a comunicar-lhe algo sobre certa experiência. Se eu contar-lhe algo a respeito de uma época em que tirei férias, minha intenção é induzi-lo a entrar num estado em que se tem experiências relativas a férias. Toda vez que é comunicado algo por *quem quer que seja,* este alguém está tentando induzir o interlocutor a determinados estados usando seqüências sonoras denominadas "palavras".

Teríamos aqui algum hipnotizador profissional? Quantos dos demais sabem que são hipnotizadores não-oficiais? Temos um aqui. E o resto de vocês ainda não sabe. Acho que é importante estudar a hipnose oficial se se pretende ser um comunicador profissional, pois esta conta em seu corpo de conhecimentos com alguns dos mais interessantes fenômenos a respeito de pessoas. Uma das coisas mais fascinantes que vocês poderão um dia chegar a descobrir, assim que estiverem com completo e competente domínio do uso das noções ritualistas da hipnose tradicional, é que jamais tornarão a repetir isso. Um programa de treinamento em hipnose não serve para os clientes de vocês. Serve para *vocês,* porque descobrirão que o transe sonambúlico é mais a regra do que a exceção, em termos das "atividades em vigília" das pessoas, cotidianamente. Também irão descobrir que a maioria das técnicas dos diferentes tipos de Psicoterapia nada mais são do que fenômenos hipnóticos. Quando se olha para uma cadeira vazia e se começa uma conversa com a própria mãe, está-se presenciando um "fenômeno de transe profundo" denominado "alucinação visual e auditiva positiva". Esse é um dos fenômenos de transe profundo que define o sonambulismo. A amnésia é um outro padrão que se encontra em toda parte... Sobre o que é que falávamos?

Lembro-me de uma ocasião, cerca de dois meses depois que eu entrara neste campo e começara a estudá-lo, em que eu estava sentado numa sala cheia de adultos de terno e gravata. E um homem ali fazia com que eles falassem com cadeiras vazias. Um deles disse: "Sinto-me um bobo" e eu explodi numa gargalhada. Todos olharam para mim como se *eu* estivesse louco. Eles estavam conversando com pessoas que *não estavam ali* e me falando que a *hipnose é uma coisa ruim!*

Uma das coisas que ajuda as pessoas a aprenderem a ser bons terapeutas é a capacidade de olhar para o que fazem e de escutar o que dizem, percebendo quão absurda é a maior parte do que acontece na terapia. Isto não quer dizer que ela não funcione; apenas, que é ainda o maior teatro do absurdo de nosso tempo. E quando digo absurdo, quero que vocês distingam as noções de absurdo e de utilidade uma da outra, porque são temas completamente diferentes. Dada a situação cultural-econômica particular aos Estados Unidos, acontece que a terapia é uma atividade que reputo de muita utilidade.

Respondendo à outra metade de sua pergunta, não criamos mais histórias individuais para as pessoas, em geral. Gastamos três horas até agora fazendo isso. E já o efetuamos durante quinze minutos por semana, ao longo de seis semanas, treinamos inclusive uma pessoa para fazer uma distorção de tempo certa vez, realizando-o em cerca de quatro minutos. Programamos outra pessoa para fazê-lo toda noite, enquanto dormisse. Instalamos, literalmente falando, durante um transe sonambúlico, um gerador de sonhos que iria dar à luz a história pessoal necessária no caso, e fazíamos a paciente recordar-se do que sonhara no dia seguinte, ao acordar, durante vários dias. No que diz respeito às minhas informações, ela ainda conta com a habilidade de criar diariamente uma história pessoal para qualquer coisa que desejar. Quando costumávamos fazer esse trabalho de mudança com as pessoas, uma sessão para nós poderia durar qualquer coisa entre trinta segundos e sete, oito horas.

Temos uma situação diferente da de vocês. Somos modeladores. Nossa tarefa é testar todos os padrões que possuímos a fim de, quando fizermos um *workshop,* podermos lhes oferecer padrões que já tenhamos verificado quanto à eficiência para lidar com os problemas apresentados e que *achamos* que vocês irão ter que enfrentar.

Treinamos um grupo de pessoas que trabalha numa clínica de saúde mental. O diretor passou por um grande treinamento conosco e na clínica eles realizam este tipo de trabalho. A clínica é financiada pelo Estado; eles não precisam do dinheiro dos clientes para ganhar a vida. Atualmente, fazem cerca de seis visitas por cliente e praticamente não têm retornos. O trabalho deles perdura.

Uma das coisas interessantes é que o fulano que dirige a clínica também trabalha meio período num consultório particular. Nesta atividade privada, ele tende a ver um cliente doze ou quinze vezes, ao invés de seis, e nunca lhe ocorreu entender o que causava esse fato. Os mesmos padrões que se pode usar para modificar uma pessoa rápida e inconscientemente podem servir para aprisioná-la e conservá-la como paciente. Isto é uma coisa estranha na terapia: quanto mais eficiente se é, menos dinheiro se ganha, pois os clientes conseguem o que desejam e vão embora, não pagando mais nada pra gente.

Mulher: Tenho uma paciente que não suporta ser tocada devido a uma experiência de estupro. Como é que eu poderia ancorá-la?

Você pode ancorar em qualquer sistema. Mas eu recomendaria que você a tocasse *de fato*, porque senão iria afirmar uma de suas limitações. Você pode começar captando alguma experiência realmente agradável dentro da vida da moça, ancorando-a e, depois, expandindo essa âncora até ela gostar de ser tocada. Se não for assim ela irá responder dessa forma pelo resto da vida. Se você respeitar suas limitações acho que estará lhe prestando um enorme desserviço. Essa é a pessoa que você deseja mesmo que seja capaz de ser tocada, sem precisar se recordar de ter sido estuprada. E é lógico que a seqüência escolhida por você é importante. Você começa com um referencial positivo. Por exemplo, você pode começar a conversar com ela, *antes de começar a terapia*, a respeito de férias ou alguma outra coisa agradável e, quando conseguir uma resposta, ancore-a. Ou então faça uma investigação em sua vida sexual e descubra alguma experiência agradável, ancorando-a imediatamente.

Homem: É preciso ancorar de maneira tão óbvia quanto a que você vem demonstrando?

Estamos sendo muito óbvios e exagerados quanto a nossos movimentos, enquanto procedemos à ancoragem, aqui, porque queremos que vocês observem o processo e que aprendam conforme vão acontecendo as mudanças. Se tivéssemos trazido Linda até aqui, ancorando-a auditivamente a tonalidades de voz, vocês não teriam *a menor* idéia do que havíamos feito. Quanto mais discretos vocês forem, melhor se sairão em sua prática particular. Vocês podem ser bastante sutis, quanto ao modo como tocam. Podem usar tons de voz. Podem usar palavras tais como "pai", "criança" e "adulto", ou então posturas, gestos, expressões. Vocês não conseguem *não* ancorar mas a maioria das pessoas não é sistemática.

As âncoras estão em toda parte. Alguma vez vocês já estiveram numa sala de aula com quadro-negro e alguém chega lá perto e faz (ele faz a mímica de raspar a unha de cima para baixo no quadro-negro. A maioria das pessoas aperta os olhos ou geme). O que é que vocês estão fazendo? Vocês estão loucos! Não há quadro-negro. Que tal esse exemplo de âncora?

A primeira vez que prestamos atenção no processo de ancoragem foi observando outras pessoas fazendo terapia. O cliente entra e diz: "É cara, faz sete anos que estou vivendo lá embaixo no monte de lixo e..." O terapeuta debruça-se à frente e põe sua mão sobre o ombro do cliente, enquanto diz: "Irei aplicar o máximo de minhas forças e habilidades para as mudanças que juntos iremos alcançar nesta sessão". E aí o terapeuta executa um trabalho realmente bom. O cliente se transforma e sente-se realmente bem. Então o terapeuta diz: "Isso me agrada bastante" e, ao fazê-lo, ele se inclina à frente e põe a mão no ombro do cliente novamente. *Pam!* A âncora captou a depressão novamente.

Já vi uma terapeuta fazer uma fobia desaparecer e reaparecer *nove* vezes durante uma única sessão, sem que ela se desse a *mínima* conta do que estivera fazendo. Ao final da sessão, disse: "Bom, teremos que trabalhar mais neste problema, da próxima vez".

Façam-se um favor. Escondam-se aonde conseguirem ver seus clientes fazendo a transição da rua para dentro de seu consultório. O que acontece é um milagre. O cliente está andando pela rua, sorrindo, sentindo-se bem. Conforme vão entrando no prédio, começam a captar toda a sujeira a respeito da qual irão falar, pois o edifício é uma âncora. Não se pode *não* ancorar. A questão apenas é se a gente faz isso de maneira *útil* ou não.

Conhecemos um antigo terapeuta da Transilvânia que resolveu o problema tendo dois consultórios. Ele tem um consultório no qual o cliente entra e lhe conta todos os problemas. Aí ele nada lhe diz. Ele apenas se levanta e entra na próxima sala e efetua o trabalho de mudança. E então, em muito pouco tempo, ele simplesmente conduz o cliente para a outra sala e a pessoa muda; não se tem necessidade de passar pela história pessoal que contém tanta dor e sofrimento.

Quando os casais já estão juntos por algum tempo em geral acabam não se tocando mais bastante. Vocês sabem como é que eles fazem isto? Deixe-me demonstrar. Venha até aqui, Char. Este é um modo muito bom de alienar as pessoas amadas. Você está realmente de mau humor, realmente deprimida. Eu sou seu adorado marido, então eu apareço e digo: "Olha, vai ficar tudo bem" e ponho meu braço ao redor de seus ombros. Então tudo que preciso fazer é esperar até você ficar realmente de bom humor e muito feliz para aparecer e perguntar: "Olha, você quer dar uma volta?" colocando meu braço em redor de seus ombros novamente. *Bum!* Ao invés de se tocarem quando estão felizes e criando toda sorte de âncoras maravilhosas, os casais geralmente se tocam ancorando-se em estados desagradáveis.

Todos vocês que já fizeram algum trabalho com casais ou famílias sabem que podem ficar sentados lá, tudo vai indo muito bem, e de repente alguém ali explode. Se aconteceu de você perder o som sutil, o pequeno movimento, o ajeitar de um corpo afastando-se da outra pessoa, a coisa é incompreensível. O que aconteceu? Ninguém sabe. As âncoras às quais as pessoas estão respondendo com "comportamentos inadaptados" em geral permanecem fora do âmbito de sua conscientização.

Há um excelente exercício que vocês podem fazer. Reúnam-se a um casal ou a uma família, esperem até acontecer uma daquelas explosões, e detectem aquilo que em seu parecer foi a pista detonadora da explosão. Adotem-na então no comportamento *de vocês* e descubram se conseguem fazer com que novamente ocorra uma explosão. Se conseguir fazê-los explodir, você saberá que identificou exatamente o ponto-chave da interação daquelas pessoas. Digamos que se trate de uma sobrancelha levantada. Então, o máximo que será preciso fazer é ancorar uma resposta agradável cinestesicamente e depois acionar a âncora erguendo simultaneamente a sobrancelha. No futuro, quando alguém levantar a sobrancelha, o efeito já não será mais o mesmo.

Pode-se usar o processo de ancoragem também no contexto de uma organização ou de uma corporação. São lá assim como famílias, no fundo. Se você sabe com antecipação que um grupo de pessoas irá se reunir e que faz anos que vêm se encontrando, irão se desentender dentro de moldes já padronizados. Uma das coisas que vocês podem realizar é se encontrar com cada elemento individualmente, antes, e estabelecer uma âncora não-verbal sutil para alterar as partes mais irritantes e salientes de sua comunicação não-verbal.

Algumas pessoas têm uma tonalidade de voz que, ao escutá-la, independente do conteúdo expresso, as pessoas se sentem mal e desagradável. Ninguém poderia continuar a falar dessa maneira se tivesse os laços de *feedback* auditivo. Se pudessem se escutar, falariam diferentemente. Penso mesmo que seja um estratagema defensivo.

As rãs gigantes (*bullfrogs*)[*] fazem o mesmo. A rã gigante faz um barulho tão alto que a deixaria surda, caso o ouvisse, porque seus ouvidos ficam muito próximos da fonte de tão forte barulho. Os impulsos neuronais para o som e os impulsos neuronais para os músculos que produzem o som chegam ao cérebro com 180° de fase, cancelando-se mutuamente. Assim, a rã gigante nunca escuta seu barulho. E parece que uma grande porção de pessoas que encontro opera dessa forma.

Outra coisa que acontece muitas vezes numa situação de corporação é a seguinte: alguém fica *tão* excitado a respeito de alguma coisa que eles querem fazer que começa efetivamente a empurrar e a gesticular. Subitamente, a pessoa no outro lado vê o dedo em riste e a intensidade da face, e isto detona uma resposta ancorada nela. E aí começam a brigar. A resposta de ambos é, em parte, endereçada a este ser humano localizado naquele tempo

---

* Rã norte-americana de grandes dimensões (*Rana catesbeiana*). (Nota da Editora)

e lugar e a muitos outros tempos e lugares, ancorados pelo rosto excitado e pelo dedo em riste. Os seres humanos funcionam dentro do que chamamos de "estado confuso" a maior parte do tempo. Se eu lhes pedir que dêem uma olhada em volta e descubram uma pessoa deste grupo que lhes recorde uma outra, garanto que as respostas de vocês a esse elemento serão uma mistura de respostas a ele, aqui e agora, com respostas antigas a quem quer que tenha sido a pessoa recordada pelo indivíduo deste grupo, a menos que sejam muito, muito cuidadosos e claros quanto às respostas para este indivíduo. Todos vocês são muito sensíveis a este processo que, em AT, é chamado de resposta "contaminada", constituindo ainda uma maneira muito comum de as pessoas responderem.

Mulher: Faz alguma diferença tocar o lado direito ou o esquerdo do corpo quando se ancora cinestesicamente?

Há distinções sutis e há uma grande dose de talento artístico. Mas, para os propósitos de se fazer terapia, não há necessidade de vocês saberem disso. Se vocês desejam tornar-se mágicos, então a estória é outra. Se você quer criar cartões de crédito artificiais que não estão ali e coisas do tipo, há certos tipos úteis de distinção. Mas, tendo em vista a realização de uma terapia, as âncoras cinestésicas são adequadas, e qualquer lado do corpo será igualmente bom.

Algumas vezes ajuda ser capaz de ancorar com a tonalidade de voz. Virginia Satir ancora pela tonalidade. Ela usa um certo tom de voz toda vez em que faz um trabalho de mudança. Ela fala numa tonalidade regular durante seis horas e, de repente, muda de tonalidade. Quando emprega esta tonalidade específica, *Bum!* é o fim. As pessoas mudam. Erickson tem uma tonalidade específica que utiliza quando deseja que as pessoas entrem em transe.

Grande número de pessoas fica de olhos fechados durante um transe. O que é que faz Erickson para conseguir ancorar, neste momento, posto que está numa cadeira de rodas e não consegue dar a volta e alcançar o outro com a mão para uma ancoragem cinestésica? Fechem os olhos durante um instante. Irei falar e enquanto eu o fizer irei mexendo minha cabeça para a frente e para trás. Quero que vocês prestem atenção para ver se conseguem ou não detectar o deslocamento espacial de minha voz, mesmo dessa distância. Se puderem, ótimo. Se não puderem, vocês a detectam inconscientemente, garanto para vocês, porque este é um dos principais sistemas de ancoragem usado por Erickson com pessoas de olhos fechados durante um transe.

Tudo isto funciona. A escolha feita quanto ao sistema no qual serão instaladas as âncoras determinará o tipo de resposta obtido. Se desejarem envolver a consciência da pessoa, ancorem em todos os sistemas. Se desejarem ser sutis e enredar uma mente consciente resistente, ancorem em qualquer sistema que *não* esteja representado na consciência. Se os predicados da pessoa e os padrões de seu movimento ocular indicarem a você que aquele é um indivíduo basicamente cinestésico, não ancore nesse sistema a menos que pretenda ter envolvidos os recursos daquela consciência. Se você ancorar pela tonalidade de voz aquela pessoa, ela não terá qualquer representação mental da âncora.

Exercício de ancoragem

Iremos pedir a vocês que comecem com âncoras cinestésicas. Parece que são as de mais fácil aprendizado, bem como as mais úteis. Irão generalizando naturalmente a partir delas. Pode-se ancorar em qualquer sistema. Façam pares de novo, A e B. Os dois irão funcionar nas duas posições.

A, sua tarefa é a seguinte: olhe B de frente, colocando a mão direita de leve sobre o joelho esquerdo de B. Aí faça uma pergunta para captação: "Você se lembra da última vez em que teve uma experiência sexual realmente satisfatória?" Espere uma resposta adequada. Você precisa ser capaz de detectar uma resposta antes de poder ancorá-la. À medida que for começando a ver mudanças, comece a aplicar uma pressão suave com sua mão. As mudanças podem ser observadas nos parâmetros de tônus muscular, cor da pele, respiração, tamanho do lábio, etc. Conforme as for detectando, deixe que elas realmente guiem a pressão aplicada pela mão. Quando as mudanças evanescerem, simplesmente retire a mão. Neste caso, você terá uma âncora sincronizada com perfeição. De início não ancore, até poder enxergar uma diferença nas respostas de seu parceiro.

Sua capacidade para notar uma diferença depende de quão convincente você for na amplificação do que está tentando obter. Se fizer coisas do tipo (voz lenta e baixa): "Alguma vez você já ficou realmente excitado?" ou então (voz rápida e aguda): "Alguma vez você já se sentiu profundamente triste?" — isso não irá funcionar tão bem quanto se você disser, coerentemente, com excitação: "Alguma vez você já se sentiu excitado mesmo?" Quanto mais expressivo você for na captação, mais expressiva será a resposta.

Então coloque sua mão esquerda no joelho direito do parceiro e lhe pergunte: "Na sua experiência, qual é o *oposto* daquilo?" O parceiro irá captar aquilo que, para ele, for o oposto. Conforme forem acontecendo as mudanças, você irá novamente intensificando a pressão até ver que as mesmas atingiram um platô, momento em que irá retirar sua mão.

Aí vocês terão duas âncoras. O que queremos que façam é

que usem uma, observando as alterações. Façam uma pausa e depois usem a outra, observando novamente as mudanças. Funciona ainda melhor se distraírem a consciência do parceiro para alguma outra coisa que seja neutra, tal como: "Você se lembra de ter visto as luzes quando estávamos entrando no edifício?", ao usar essa âncora. Veja se consegue obter sempre a mesma resposta quando usa suas âncoras.

Quando você estiver satisfeito de contar com duas âncoras que funcionam, e quando puder notar as diferenças entre elas, queremos que utilize ambas ao mesmo tempo, durante 30 a 60 segundos, e aí observe um fenômeno espantoso denominado "integração". Olhe para o rosto de seu parceiro. Primeiro você irá notar metade de seu rosto com uma das respostas e a outra metade com a segunda resposta e depois elas se integrarão. As âncoras não são botões; é preciso ficar segurando nelas até se ver as respostas completas. Assim que começar a integração, não se precisa mais ficar segurando.

O propósito deste exercício não é fazer terapia com o parceiro, mas simplesmente permitir a vocês verificarem com seu próprio aparato sensorial que as âncoras existem e que vocês são capazes de ancorar. Tudo que estarão fazendo é aprender como se ancora. À tarde, eu lhes ensinarei como usá-las para fazer terapia. Comecem.

* * *

Houve uma pergunta que veio repetidas vezes à tona, durante o exercício. Bill disse: "Bem, eu estava imaginando uma ocasião com minha esposa, que foi extremamente agradável, quanto à sensualidade, naquele primeiro joelho. E, no outro, fiquei me lembrando de uma ocasião em que ela não parecia disposta a ficar comigo ou em que as exigências da manutenção de uma casa, etc., não nos permitiam tempo para nos sentarmos juntos, o que me deixou zangado". O parceiro de Bill conseguiu as duas respostas bem nítidas, voltou atrás e as captou novamente; as âncoras funcionaram bem. Depois ele desmancha as duas, tendo acontecido a integração. E a pergunta que surge é "Que é que vai acontecer agora quando eu encontrar minha esposa?" A resposta a esta questão é realmente importante no que tange ao entendimento de nosso trabalho. O que acontecerá com ele, quando novamente vir a esposa, será estar de posse de uma *escolha* de sentimentos agradáveis e puramente sensuais, *ou* dos sentimentos de raiva do passado, *ou* — e isto é da maior importância — de *qualquer combinação das duas escolhas*.

Estes eram dois estados passados de sentimentos dissociados e antagônicos. Quando são ancorados, também estão sendo ancorados a fisiologia antagônica, os padrões musculares antagônicos, a respiração antagônica, etc. Depois, quando se estimulam ambos ao mesmo tempo, os padrões fisiológicos antagônicos interrompem-se um ao outro, de modo literal; pode-se ver isto no rosto da pessoa, em sua respiração e assim por diante. Ao longo do processo de ancoragem, as respostas tornam-se integradas de sorte que a pessoa pode manifestar *qualquer* combinação de tais sentimentos, primeiramente dissociados, respondendo de modo apropriado a um dado contexto. O pressuposto subjacente a nosso comportamento, nesta área, é que dado um conjunto de escolhas a pessoa sempre fará a escolha melhor para aquele contexto, desde que essa escolha esteja *em disponibilidade*. Penso que seja inteiramente adequado para qualquer pessoa contar com a habilidade tanto de ser completamente sensual com outra pessoa, tanto quanto de ficar zangada, e de ser todas as combinações possíveis entre estes dois extremos. Realizando a integração deste modo, usando o processo de ancoragem como dispositivo integracional para romper com as dissociações, certificamo-nos de que a pessoa tem toda uma ampla gama de respostas a esse respeito.

Uma das mentiras que lhes contamos foi que o exercício de ancoragem por vocês realizado não é terapia. "Vocês irão apenas ancorar isto aqui e aquilo lá e depois irão desmanchar as duas e integrá-las". Quero que reflitam a respeito disso. Aquilo que fizeram com as âncoras do joelho e com a integração é formalmente idêntico ao trabalho gestáltico com as duas cadeiras. Os terapeutas da gestalt usam as cadeiras como âncoras e quando a pessoa troca de uma para a outra, os sentimentos dela de fato mudam. Se vocês estivessem de fora, como terapeutas, teriam realmente reparado em mudanças de cor, de postura e de expressão facial, quando a pessoa troca de uma cadeira para a outra. As cadeiras são âncoras. O problema é que fica difícil conseguir uma integração. Como é que se ajuntam as cadeiras? Então a gente teria de ficar fazendo as pessoas irem e virem de uma para a outra de maneira realmente veloz.

Agora gostaríamos que vocês se agrupassem em pares novamente para fazer aquele padrão de "mudança da história pessoal", tal como o fizemos com Linda pela manhã. Farei uma breve revisão.

Primeiro: Qual é a resposta que seu parceiro apresenta agora e que deseja mudar? Ancore-a para estabilizar a situação e para lhe permitir um meio de captá-la.

Agora: Como é que você gostaria de se comportar, ou qual é o recurso do qual necessitaria para comportar-se segundo um modo mais coerente com os seus recursos atuais? Na primeira vez em que passou por esta experiência, você não possuía todos os recursos que tem agora. Qual destes então você levaria de volta para aquela época para modificar sua história pessoal? Quando foi que você teve uma experiência com esse recurso? Ancore esta resposta.

Agora coloque as duas respostas juntas. Segure ambas as âncoras enquanto seu parceiro retrocede e revive no passado a mesma experiência, agora com o recurso, modificando e criando uma nova história antiga, até sentir-se satisfeito. Sua experiência sensorial é importante aqui. Investigue a congruência. Gostou do modo como tudo aconteceu? Se não gostou, faça-o todo novamente. De que *outros* recursos você precisa? Às vezes é preciso dar-se às pessoas uns dois recursos. Ou então, noutras vezes, a pessoa acha que tudo que é preciso é um determinado recurso e, ao pegá-lo e voltar no tempo com ele, repara que aquilo não serve para nada. A mente consciente tem uma compreensão limitada do que teria sido necessário naquela época. A única maneira de se descobrir é tê-lo lá naquele período de sua vida, reexperimentando partes de sua história pessoal.

Depois que a pessoa se sentir satisfeita de contar com um novo recurso que funcionou naquele momento do passado, você precisará fazer a ligação, acompanhar o futuro. Que experiências da vida presente são parecidas o suficiente com a antiga para acionarem aquela resposta indesejada? Qual é a primeira coisa que você vê, ouve, ou sente e que lhe permite identificar aquele tipo de situação? Agora ancore o novo recurso a estas pistas contextuais. OK. Comecem.

* * *

Há muitas e muitas maneiras úteis de se organizar todo o processo denominado Psicoterapia. Uma das maneiras, bastante simples, e por isso mesmo elegante, é tratar toda limitação psicológica como uma fobia. A fobia pode ser considerada como o caso paradigmático da limitação psicológica. A pessoa com uma fobia tomou uma decisão inconscientemente, sob pressão, nalgum momento anterior de sua vida, em face de estímulos avassaladores. Ela conseguiu realizar uma coisa que os humanos muitas vezes penam para conseguir, ou seja, conseguiu a aprendizagem de tentativa única. Toda vez que, mais tarde em sua vida, aquele mesmo conjunto de estímulos surgir de novo, a pessoa apresentará *exatamente* a mesma resposta. Trata-se de um feito admirável. Ao longo dos anos você se modifica e, a despeito de alterações contextuais externas, continua sendo capaz de manter o mesmo arco estímulo-resposta.

O fato que torna as fobias algo de interessante é suas respostas serem tão consistentes. Se uma pessoa diz: "Não consigo ser assertivo na presença de meu patrão", em essência está dizendo o seguinte: "Em algum lugar de minha história pessoal tenho uma experiência ou um conjunto de experiências de ser assertivo. Não consigo entrar em contato com esse recurso no contexto de meu patrão". Quando a pessoa responde com uma conduta fóbica frente a cobras, a situação é parecida. Sei que, em outras situações de suas experiências, em outros instantes de sua história pessoal, essa pessoa conseguiu ser bastante calma e corajosa. Contudo, no contexto de uma cobra, não consegue valer-se desses recursos.

Até este momento — dentro do desenvolvimento da Psicologia e da Psiquiatria, bem como do aconselhamento — as pessoas ainda não tentaram organizar as informações para buscarem resultados de forma direta. Freud estabeleceu uma regra: "Tem-se que passar pela história". Portanto, ficou decidido que, se se consegue entender como se desenvolveu historicamente determinada coisa, pode-se trabalhar com ela. Acho, porém, que precisamos fazer isso uma ou duas vezes. Uma vez que você entenda historicamente como é que as pessoas são capazes de criar uma fobia, não é preciso a compreensão histórica de cada fobia em particular, uma vez que fique claro estarem em jogo processos similares. O modo como as pessoas contraem as fobias é fascinante. Entretanto, assim que se entende um pouco a respeito da estrutura pode-se continuar em frente e modificá-la, pois todas as fobias irão funcionar da mesma maneira. As pessoas possuem estratégias que produzem respostas fóbicas. Quem aqui tem uma fobia?

Mulher: Eu arranjei uma, a respeito de guiar em cima de pontes e cair dentro do rio, ainda no carro.

Se vocês a estiveram observando, tudo que precisam saber para modificá-la já acabou de acontecer. Você gostaria de livrar-se dela? Isso é uma coisa que limita seu comportamento?

Mulher: Oh, eu adoraria me ver livre disso!

Tem certeza?

Mulher: Lógico. Sim, tenho certeza. Eu só não estava muito certa de querer ou não repartir isso, mas já o reparti!

Mas você não precisava tê-lo feito! Você poderia ter mantido o segredo. Nós não precisamos de qualquer conteúdo. E, na realidade, preferimos não ter nenhum. Há aqui alguma outra pessoa que tenha uma fobia e que *não* esteja disposta a falar a respeito? Toda vez que pedirmos voluntários, guardem o conteúdo para vocês. Nenhum de vocês foi capaz de saber o que Linda estava pensando hoje de manhã. É esse o modelo que sempre empregamos em nossas demonstrações — portanto, sintam-se à vontade para demonstrar. Uma forma que temos de respeitar a integridade de vocês enquanto seres humanos, seja na prática privada, seja em demonstrações grupais, é fazendo com que resguardem o conteúdo para si próprios. Nós não precisamos dele. Operamos mesmo é com o processo, de qualquer jeito. O conteúdo é irrelevante e, além disso, é muitas vezes deprimente. Não queremos ouvi-lo. E quando vocês contam aos outros o conteúdo de seu problema, parecem tolos. Foi uma coisa boa termos interrompido você antes que nos contasse qual era o conteúdo de sua fobia, certo? OK. Qual é o seu nome?

Mulher: Tammy.

Tammy. Muito bom. (Ele contorce seu corpo e diversas expressões intensas e diferentes atravessam seu rosto.) Qualquer análogo não-verbal bem estranho é bom, especialmente se vocês têm clientes que já estiveram antes em terapia. Vocês precisam de alguma coisa que os tire do sério — qualquer coisa que rompa seus padrões, senão eles chegarão e começarão a contar para vocês a mesma coisa que já contaram para todo mundo. Chegam e relatam uma mensagem pré-gravada. Certa vez escutamos a fita gravada de uma cliente, com o terapeuta à nossa frente, e toda a sua primeira sessão conosco foi uma repetição exata da mesma coisa: as mesmas palavras, na mesma ordem. Ficamos fascinados por descobrir o tanto que ela conseguia reproduzir. A coisa era praticamente idêntica, até intervirmos no processo. Eu dei um pulo e comecei a vociferar a respeito de Deus. "Deus disse *'Você vai mudar!'* " O meio mais fácil de se fazer terapia é entrando na realidade do cliente. Ela era uma mulher extremamente religiosa e o meio mais fácil de assisti-la na realização de uma mudança era tornando-se um intermediário entre Deus e ela. É o que todos os sacerdotes fazem, certo? Para ela, era aceitável. Tudo que fiz foi devolver-lhe as informações que ela me havia fornecido através de seu inconsciente e que eram as instruções de que necessitava.

Agora, Tammy, vamos fingir que não sabemos que isto trata de pontes. Você poderia me dar uma resposta em código para a resposta fóbica que teve durante alguns anos?

Tammy: Rosa.

Rosa. Ela é fóbica da cor-de-rosa. Agora vocês estão com tanta informação quanto se ela dissesse: "Tenho medo de guiar em pontes". Vocês ainda não têm a menor idéia de qual seja a resposta, de qual tenha sido sua origem e de quais sejam suas dimensões interna e externamente. A terapia do segredo e as palavras em código indicam de modo vívido a ilusão de se entender uma outra pessoa quando ela usa palavras que não se refiram a descrições fundadas na sensorialidade.

Agora, antes de começarmos, gostaria de lhe perguntar uma coisa, Tammy. Gostaria que pensasse numa situação em que você se expressou com tudo o que considera como uma representação adequada de todas as suas capacidades enquanto ser humano adulto, enquanto mulher madura. Em algum momento dos últimos poucos anos — pode ter sido numa situação penosa, ou talvez apenas uma ocasião festiva — você se comportou de modo que considerou especialmente satisfatório. Quero que leve o tempo necessário para encontrar essa situação e depois me indique quando a tiver recuperado. Você entendeu esse pedido? (Ela assente com a cabeça)...

OK; antes de mais nada, espero que todos vocês tenham observado uma alteração nítida em seu rosto, em sua respiração, etc. Aqueles que estiveram prestando atenção a ela puderam ver que Tammy construiu uma imagem visual. Ela fez uma busca visual e olhou para cima e para seu lado direito. Ela é uma destra organizada normalmente, a nível cerebral. Ela não viu a situação a partir *de dentro* — viu a si mesma naquela situação. Nesse sentido, sua resposta cinestésica não foi tão forte quanto o seria caso ela tivesse feito o seguinte.

Será que você poderia fazer de novo aquela sua imagem? Quando a vir claramente, quero que dê um passo e *entre* na imagem, para que realmente esteja de volta àquela situação que, para você, representa um exemplo de sua plena potencialidade enquanto mulher. Quando puder concretamente sentir em seu corpo de novo os sentimentos e sensações de competência e força que você associa àquela situação, estique simplesmente sua mão esquerda à frente e segure a minha mão...

OK; não tenho a menor idéia de qual seja sua experiência específica. Contudo, *sei* mesmo que Tammy conseguiu executar minhas instruções, observando a mudança dramática e notável que ela acabou de me demonstrar não-verbalmente. E eu concordo com ela. Parece que foi algo realmente bom. E isso se enquadra com minha alucinação a respeito de sua competência, etc. Tammy, será que você por acaso sabe qual foi a experiência original à qual associou-se esta fobia?

Tammy: Não.

OK, isso é muito comum. É típico que a pessoa só saiba disso em certos tipos de situação nas quais tem uma resposta cinestésica muito intensa — na verdade, em seu caso, eu a descreveria como uma resposta avassaladora. Essa resposta é de tal modo avassaladora que, no passado, quando você se viu nesta situação, você literalmente não praticou a menor escolha. Você percebeu que, no passado, esse fato restringiu seu comportamento, certo?

Tammy: Ah, sim — e meu mundo de sonhos também.

A maioria das pessoas fóbicas não sabe qual foi o trauma original e, na realidade, não é nem mesmo necessário saber disso. Irei proceder como se fosse necessário, mas trata-se apenas de parte da mitologia.

Tammy conseguiu, durante anos, apresentar a mesma resposta

inúmeras vezes. Ela já demonstrou de forma adequada que sabe como fazer *isso*. Pode-se considerar a fobia como nada mais do que uma aprendizagem de tentativa única que jamais sofreu atualização. E, a propósito, a coisa funcionou. Muitas vezes volto-me frontalmente para a pessoa e digo o seguinte: Quero garantir à parte de você que vem fazendo de você uma pessoa fóbica todo este tempo que eu a respeito pelo que vem realizando, que eu a considero uma resposta válida. Você está aqui. Você sobreviveu. Caso não existisse essa parte para apresentar essa resposta eficiente que a manteve fora de certas situações, talvez você não estivesse aqui. Meu desejo não é retirar de você sua escolha de ser fóbica, mas sim atualizá-la, para que você também possa apresentar outras respostas, que sejam mais coerentes com todas as suas capacidades de mulher amadurecida. Iremos nos valer da mesma capacidade para executar uma aprendizagem de tentativa única que a ajude a aprender a fazer alguma outra coisa.

Dentro de um instante irei pedir-lhe que faça uma pequena viagem pelo tempo. Enquanto retroceder no tempo, quero que aumente a pressão na minha mão a qualquer momento em que sinta ser preciso recordar-se de sua competência enquanto mulher madura e completamente crescida. Essa será sua via de conexão com o momento presente e com todos os poderosos recursos adultos que você possui enquanto pessoa completamente amadurecida. Você sabe quais são os sentimentos e sensações da fobia?

Tammy: *Amham* (ele toca o braço da moça).

Isto é o máximo que vocês precisam para ancorar a resposta fóbica. Ou então pode-se fazer uma pergunta diferente. Qual foi a última vez em que você passou por uma resposta intensa, parecida com esta?

Tammy: *Amham* (ele toca novamente o braço dela).

Obtive a mesma resposta que há um instante atrás ela me deu quando eu disse: "Você sabe quais são os sentimentos e sensações da fobia?" — a mesma expressão facial, a mesma respiração. Agora isto tudo está ancorado em seu braço. Esta âncora constitui um fator estabilizante que nos ajuda a voltar atrás e procurar, escolhendo em suas experiências pessoais, aquela que foi a experiência original. Não é *necessário* fazê-lo deste modo; é apenas *uma* forma de tratar as fobias.

Enquanto você fica de mãos dadas comigo, está instituída a conexão com toda a força e com todos os recursos que você tem, na qualidade de mulher adulta. Aconteceram experiências no passado, a saber, aquelas associadas com sua fobia, e que iremos recuperar agora e tornar a viver, mas de forma a não envolver o mínimo desconforto, de forma, ao contrário, totalmente confortável. Recordo-os agora da noção de dissociação sobre a qual conversamos ontem. Durante o exercício que praticamos ontem à tarde, lhes dissemos para se certificarem de dar um passo entrando assim dentro da imagem a fim de recuperarem toda a cinestesia nela envolvida. Neste momento, vale o oposto. Durante anos, Tammy viu-se exposta a certos tipos de situações da vida real às quais respondeu com uma grande dose de emoção, uma grande quantidade de sensações cinestésicas, muitas e muitas vezes. Fazê-la retroceder e reviver essa experiência novamente, sentindo de novo os mesmos sentimentos e sensações, irá simplesmente reforçá-los. É algo ridículo. E a maioria das pessoas, no fundo de seu inconsciente, dirá: "Porra nenhuma! Não volto lá de jeito nenhum; dói muito". São denominados "clientes resistentes", certo? Respeitem essa resistência como uma afirmação que expressa: "Olhe, faça alguma coisa nova para que não precisemos novamente passar pela mesma dor".

Essa "alguma coisa nova" *talvez* possa ser o seguinte: gostaria que você fechasse os olhos, Tammy; pode variar a pressão de sua mão toda vez que precisar de mais força. Você pode obtê-la diretamente daqui e isto será ainda uma forma de eu saber onde é que você está. Dentro de um instante, irei estender minha mão e tocar aqui em seu braço. Isso irá ajudá-la a recordar-se um pouquinho de quais são os sentimentos e sensações da cor-de-rosa. Não quero que você os experimente de novo. Quero que você os pegue — mas *somente* o tanto que você precisar — e volte atrás em sua vida até virem diante de seus olhos as imagens de uma cena *na qual você vê a si mesma*, com pouca idade, e esta situação tem uma certa ligação com o modo pelo qual você aprendeu a responder daquela forma, pela primeira vez.

Em determinado instante, enquanto você vir aquelas imagens associadas intimamente a estes sentimentos da cor-de-rosa, eu irei dizer: "O que é que você enxerga agora?" Quero então que você estabilize essa imagem, nesse ponto em que está. É provável que se trate de uma imagem de você mesma com pouca idade, vestida de uma determinada maneira, com estas ou aquelas cores, num contexto particular. Eu não sei o que irá ser qualquer um destes elementos e, no momento em que aparecerem, você tampouco os identificará porque não saberá de onde é que vieram. Assim que eu lhe pedir que pare essa imagem, quero que você forme uma fotografia instantânea da mesma e que a mantenha estável. Não quero que você faça o filme rodar ainda, porque precisamos fazer ainda mais um outro arranjo que a torne mais confortável antes de pormos o filme em movimento.

Lembre-se de que você consegue modular o tanto *destes* sentimentos (ele toca a âncora da fobia em seu braço) que você irá utilizar para viajar de volta até enxergar uma imagem visual claramente focalizada que detenha uma ligação com estes sentimentos, e a qual represente o ponto em que se deu esta aprendizagem original. Está certo, extraia toda a força que for necessária bem daqui, enquanto viaja de volta através do tempo, mais para trás ainda, vá com calma... mais ainda. Não há pressa. Fique perfeitamente confortável. Olhe para esta imagem agora. E faça apenas um simples movimento de assentir com a cabeça quando vir claramente uma imagem de si mesma com pouca idade...

Tammy: Vejo-me com pouca idade mas não estou em nenhuma situação, estou só —

Está ótimo. Você consegue ver qual é a cor dos sapatos que está calçando?

Tammy: Pretos.

OK. Agora, quero que você olhe devagar para a superfície que está imediatamente abaixo de seus sapatos. Deste ponto, permita que seus olhos reparem no que está em torno, enquanto você fica de pé, vestida com aqueles sapatinhos pretos. Lembre-se de respirar, lembre-se de usar esses sentimentos de força e de competência. Você já demonstrou de modo adequado que tem conhecimento daqueles antigos sentimentos e sensações. Agora, quero que você demonstre poder ter *estes* sentimentos de força, enquanto olha para a imagem. Lembre-se de respirar; o oxigênio é indispensável para todo este processo. Está certo. Quando estiver com a imagem imobilizada, balance a cabeça...

OK. Agora eu gostaria que você mantivesse constante essa imagem, que é só um instantâneo. Relaxe sua mão direita — não a esquerda. A mão esquerda pode ficar tão tensa quanto você quiser, a fim de poder entrar em contato com os sentimentos de força que você necessitar. E agora você está respirando que é uma beleza. Continue respirando.

Agora, gostaria que flutuasse para o alto, saindo de seu corpo, para poder realmente ver a si mesma sentada e de mãos dadas comigo, apesar de tudo parecer muito ridículo. Leve o tempo de que precisar. E quando tiver conseguido flutuar para fora de seu corpo, de modo que possa ver-se tanto de cima, quanto de lado, como de frente ou de trás, só balance a cabeça mostrando que conseguiu. Excelente.

Agora, *permaneça nesta terceira posição*. Quero que olhe além de você sentada aqui, segurando minha mão, tendo sentimentos de força e de toda a potencialidade adulta; *desta* vez, com os sentimentos de força e de conforto, quero que você preste atenção e ouça com cuidado tudo que aconteceu à jovem Tammy, naquela época, para que você consiga ter um novo entendimento e fazer uma nova aprendizagem acerca do que ocorreu, portanto tendo novas escolhas. Você terá de fazer isso, observando desta terceira posição, tendo os sentimentos de potencial e de força associados

133

aqui à minha mão. Sabendo que você já viveu realmente tudo isso e que não precisará fazê-lo de novo, permita que a parte mais jovem de você tenha os antigos sentimentos *naquela situação*, enquanto pela última vez ela os experiencia de novo. Depois que tiver visto e ouvido tudo, algo adequado para que você efetue novos entendimentos, balance simplesmente a cabeça e permaneça lá. Pode começar a rodar o filme agora... (Ela assente com a cabeça).

Certo. Agora, muito, muito devagar, eu quero que você flutue de volta, saindo da terceira posição, e entrando dentro de seu corpo, una-se a ele, que está sentado aqui tendo sensações de força e de potencialidade...

Agora, quero que você faça uma coisa muito forte, muito poderosa e importante para si mesma. A Tammy mais jovem faz uma coisa muito forte e poderosa por você: ela viveu de novo aqueles sentimentos e sensações para você e permitiu que você visse e ouvisse, de maneira confortável e forte, os estímulos que, no passado, acionaram respostas avassaladoras. Desta vez você conseguiu ver e ouvir esses estímulos sem a cor-de-rosa. Quero que ande até chegar perto da jovem Tammy, vendo-a em seu olho mental. Quero que você estenda os braços e use todos os recursos de mulher que você tem para reconfortá-la e reassegurá-la de que jamais necessitará passar por tudo aquilo outra vez. Agradeça a ela por ter vivido inteiramente aqueles sentimentos antigos, pela última vez, em seu lugar. Explique-lhe que você pode garantir o fato de ela ter passado por tudo aquilo já que você é oriunda de seu futuro.

E quando você *enxergar* no rosto, na postura e na respiração dela que ela já está reassegurada do fato de que, daqui por diante, você estará lá para tomar conta dela, quero que realmente você estenda os braços, pegue-a pelos ombros, puxe-a para perto de você e sinta de verdade que ela entra em seu corpo. Puxe-a para dentro. Ela é uma parte de você e uma parte dotada de grande energia. Agora essa energia está liberta das amarras da resposta fóbica. Gostaria que sua mente inconsciente escolhesse uma atividade em especial que fosse agradável e que ocupasse agora uma parcela dessa energia, tanto para você agora no presente quanto para você no futuro. Pois energia é energia e você a merece. Sente-se simplesmente aí, relaxe e goze desses sentimentos. Deixe que se espalhem por todo o seu corpo. Não há pressa. Já aconteceu muita coisa aí dentro de você. Agora irei conversar com o grupo.

Vocês entendem as âncoras? Primeiro, ela ficou de mãos dadas comigo. Esta é uma âncora "pára-quedas", uma âncora-recurso que sempre a tirará das confusões e lhe dirá: "Ei, você está presa a este chão aqui". E além disso é um mecanismo de "biofeedback" realmente ímpar. Através das modificações na temperatura, na pressão e na umidade de sua mão, obtenho uma quantidade incrível de informações acerca de sua complexa experiência interna. Uma âncora que se localize em seu braço estabiliza os sentimentos e sensações fóbicos e é empregada como guia para retroceder no tempo e encontrar alguma experiência visual que irá servir de metáfora para o conjunto total de experiências denominado "resposta fóbica".

Tão logo ela se veja numa idade anterior, naquela situação passada, usando de sentimentos e sensações para orientá-la de volta a algo que nunca antes conheceu conscientemente, dissocio-a uma segunda vez, pedindo-lhe que flutue para cima e saindo de seu corpo. Vocês puderam observar as alterações de sua postura, coloração e respiração, etc., as quais indicavam a posição a partir da qual ela estava funcionando.

Assim que a dissociação de duas etapas havia sido estabelecida, fiz com que ela olhasse e visse com conforto a antiga experiência. Hoje ela viu e ouviu coisas que nunca tinham sido disponíveis para ela anteriormente.

Tammy: É verdade.

No passado ela havia sido a tal ponto arrasada pela resposta fóbica cinestésica que não conseguia ver nem ouvir aquilo que estivesse acontecendo. A consciência é limitada. Enquanto ela vê e escuta a si mesma com menos idade, os sentimentos competentes de conforto e de potencialidade estão sendo associados aos estímulos auditivos e visuais do passado.

E quando ela tiver atravessado a coisa toda, então passamos à reintegração. Todo modelo terapêutico, toda psicoteologia, é elaborado a partir de dissociações e de processos de seleção para ajudar as pessoas a se reorganizarem. O fato de se chamar a este procedimento "pai-criança-adulto", "dominador-dominado", de se usar cadeiras ou palavras, não importa enquanto você rotular e selecionar no comportamento de uma pessoa, dissociando partes dele, umas das outras. Enquanto comunicador profissional, você tem a responsabilidade de *ajuntar as partes do cliente de novo,* antes de a sessão terminar. Um meio fácil de ter certeza de que as dissociações por você criadas estão reintegradas, antes do final da sessão, é apenas inverter o processo por meio do qual você criou a dissociação.

Neste caso particular, a dissociação é: 1) ver-se a si mesma naquele momento passado, com menor idade; 2) flutuar para cima e sair do corpo. Para a integração: 1) flutue de novo para baixo e reúna-se a si mesma, aqui — e vocês puderam ver as enormes alterações por ela evidenciadas e que indicaram ter ela conseguido realizar isso; 2) depois, caminhar à vista de seu olho mental, estender os braços, reconfortar e reassegurar a jovem Tammy, agradecendo-lhe por ter passado por tudo aquilo para que ela pudesse aprender, puxá-la para dentro de si mesma, reintegrá-la e sentir todas as sensações da energia.

O que estamos fazendo aqui é uma regressão *estruturada*. A Terapia Primal afirma obter uma regressão completa até atingir o primeiro ano de vida. Se isso fosse verdade, então a Terapia Primal só conseguiria efetivar mudanças na medida em que elas não dessem resultado! Se a Terapia Primal conseguisse realmente a regressão, estaria fazendo exatamente o mesmo que Tammy vinha fazendo com sua resposta fóbica até o dia de hoje. Uma regressão completa significa apenas que você torna a viver a experiência em todos os seus sistemas. Se o fizer, você a reforça.

Uma regressão estruturada e parcial, como a que Tammy e eu estivemos fazendo aqui, permite a liberdade de retroceder temporalmente e de vincular novos tipos de recursos com os estímulos visuais e auditivos que, no passado, eliciavam respostas cinestésicas incômodas e ultrapassadas. É impossível para ela passar pela experiência e ainda manter aquela resposta antiga, pois ela novamente fez uma aprendizagem de tentativa única. Agora ela não precisa mais ser fóbica. Eu não tirei dela esta escolha; poderá haver contextos nos quais talvez seja útil ser fóbica em resposta a algo. Não estou brincando de ser Deus. Pressuponho que, em cada contexto, as pessoas fazem sua melhor escolha. Minha tarefa é deixar claro que os recursos anteriormente dissociados de um determinado contexto tornem-se disponíveis a esse contexto. Deixo ao encargo de cada ser humano único, com todas as suas variadas necessidades — das quais não conheço absolutamente coisa alguma —, a execução de uma escolha adequada de um certo ponto qualquer do contínuo entre a potencialidade e o terror. E Tammy a fará. Aqueles recursos que, no passado, haviam sido dissociados estão agora integrados, constituindo-se ambos em resposta ao mesmo estímulo.

Homem: Você está fazendo uma série de suposições a respeito de integração e de um monte de coisas que aconteceram.

Certo. Há alguma destas suposições em especial que você gostaria de desafiar?

Homem: Bem... todas elas.

Ótimo, escolha uma.

Homem: A de que ela agora sente-se um pouco diferente do que se sentia antes.

OK. Deixe-me mostrar-lhe um meio de verificar este aspecto. (Volta-se para Tammy.) Quero lhe perguntar uma coisa. (Ele toca a âncora da fobia. Ela se vira para ele e sorri: *"Amham?"*). Está ótimo, você já respondeu. Será que isto faz sentido para o senhor? O senhor se lembra da última vez em que a toquei bem aqui e em que ela exibiu uma resposta fóbica? Eu ancorei aqui a reação fóbica e depois demonstrei que detinha o controle de sua fobia. Quando estiquei minha mão e toquei em seu braço, ela tornou-se fóbica. Agora estico minha mão e o que é que ela faz? Ela me olha como se dissesse: "O que é que você quer?" Isto é uma demonstração muito mais elegante do que qualquer resposta verbal que eu pudesse obter. Não estou dizendo para não usar o *feedback* verbal consciente, mas eu entendo que, ao pedir isto, está-se recorrendo à parte *menos* informativa da pessoa: sua mente consciente.

Deixe-me dar-lhe ainda outro meio de testar o trabalho. Tammy, gostaria que você tentasse uma coisa para mim. Trata-se apenas de uma experiência científica. Há pontes nesta cidade? Gostaria que você fechasse os olhos e fantasiasse estar guiando um carro na ponte, e quero que você faça isto de modo especial. Quero que você o faça do ponto de vista de uma pessoa que *está dentro do carro* — e não do ponto de vista de alguém se olhando de fora — para que você consiga enxergar o que realmente veria caso estivesse mesmo cruzando uma ponte de carro. Que é que acontece quando você faz isso?...

Tammy: (erguendo as sobrancelhas e parecendo levemente surpresa) Eu cruzo a ponte de carro.

"Eu cruzo a ponte de carro". Que resposta poderia ser mais elegante? Se ela tivesse dito para mim: "Eu fiquei tão *feliz* de cruzar a ponte de carro", eu responderia: "O quê? Espera aí, essa é só uma ponte comum".

Tammy: Mas sempre que eu cruzava uma ponte de carro, antes, eu imediatamente começava a me programar: "O que é que vou fazer quando o carro cair para o lado?"

E o que foi que ela disse desta vez? "Eu simplesmente cruzo a ponte de carro". Quando se vincula a força e a autoconfiança àqueles estímulos visuais e auditivos, cruzar uma ponte de carro passa a ser *apenas* uma outra atividade humana, a mesma experiência que o resto de vocês sempre teve cruzando pontes dentro de um carro, a vida toda. Este também é um meio de testar nosso trabalho no sentido de descobrir se está adequadamente programado para acompanhar o futuro. Sabemos qual era a fisionomia de Tammy quando tinha uma resposta fóbica. Se a mesma resposta fóbica surge de novo, sabemos que de algum jeito a integração não aconteceu. Descobriremos o que aconteceu e refaremos a coisa toda. Sua resposta, no entanto, foi: "Oh, cruzar uma ponte de carro". Antes, no trabalho com Linda, estivemos falando sobre ancorar a nova resposta a uma pista do meio ambiente. Neste caso aqui estamos testando e fazendo a ligação com o futuro, acompanhando o futuro, ao mesmo tempo.

Mulher: Você pode fazer isso com você mesmo?

Sim, com duas especificações. Amanhã iremos ensinar um

padrão denominado "remodelar" (*reframing*) e que ensina como estabelecer um sistema de comunicação interno dotado de uma certa sofisticação e de uma certa sutileza. Se você conta com tal sistema de comunicação interna, sempre pode checar a nível interior para ter certeza de que todas as suas partes estão coerentes. Se você conseguir como resposta um "vá adiante", evidentemente poderá fazê-lo sozinho. Se houver uma certa hesitação, a remodelagem lhe fornece o meio de atingir a coerência, o acordo interior.

Uma outra precaução é que você consiga estabelecer uma âncora realmente boa para uma experiência intensa e positiva, apesar de "demolidora", para o caso de poder trazer-se de volta, se começar a se entregar aos velhos e desagradáveis sentimentos ou sensações. Sentir mais coisas desagradáveis não será de menor utilidade. Eu contei com uma âncora muito forte. Tenha certeza de também ter a sua. Recomendaria inclusive que o trabalho fosse feito com uma outra pessoa, se sua resposta fóbica for de grande intensidade. Não é assim tão difícil e evidentemente não toma muito tempo. Encontre uma outra pessoa, apenas para manejar a âncora pára-quedas se for o caso de você começar a voltar para dentro do estado desagradável. Você pode entrar levemente na resposta fóbica e então dizer para seu amigo: "Observe de que modo estou agora fisionomicamente, e de que modo estou respirando agora. Se você me vir assim de novo, aperte minha mão". Assim está apropriado. O resto da coisa você pode manipular sozinha.

Mulher: Pode-se fazer isto com crianças?

Não parece que as crianças tenham assim tantas fobias. Para as que tiverem, este trabalho funciona muito bem. Seja lá o que você fizer com crianças, recomendo que você sutilmente se esgueire para dentro da imagem. Um amigo meu tinha um filho de nove anos que soletrava muito mal. Eu disse: "Olhe para esta lista de dez palavras para soletrar". O menino olhou para a lista e eu disse: "Agora feche os olhos e diga-me o que elas são, não como se deve soletrá-las". Ele tinha uma certa dificuldade para fazer isso pois não contava com uma visualização bem desenvolvida. Contudo, eu disse: "Lembra-se do Wookie em *Guerra nas Estrelas*? Você se lembra quando o Wookie abria a boca e mostrava os dentes desse jeito?" E ele disse: "Ah, sim!" e começou imediatamente a visualizar. Fiz com que ele imprimisse as palavras na boca do Wookie. Sempre há *alguma* experiência, nalgum ponto da história pessoal daquele indivíduo, com as qualidades necessárias. Se combinarmos essa experiência com a tarefa que estamos tentando fazer — e, principalmente com crianças, faça com que isso se torne um jogo — não há problemas. "Que é que você acha que o Wookie veria se estivesse olhando para você fazer isto aqui com seu pai?" Isto é outra maneira de conseguir uma dissociação.

As crianças são realmente rápidas. Na qualidade de adultos, somos muito mais lentos do que uma criança. Somos menos fluidos em nossos estados de consciência. O instrumento básico que oferecemos às pessoas que trabalham com crianças é usarem o processo de ancoragem, na qualidade de meio para estabilizar aquilo sobre o qual se está tentando trabalhar, a fim de refrear a velocidade da criança o suficiente para se poder lidar com a situação. Pois as crianças são mesmo muito ligeiras.

Mulher: Por que dois passos de dissociação?

Você não *precisa* disso. Trata-se apenas de uma garantia, de um seguro contra ela cair de volta dentro dos sentimentos antigos. Se a tivéssemos dissociado apenas uma vez, caso ela falhasse, teria caído de volta com tudo na antiga experiência e seria muito difícil fazer com que ela saísse dali. Dissociando-a em dois passos, se ela começasse a falhar, ela voltaria para o primeiro passo e deste é mais fácil tirar para fora. Pode-se saber se ela está lá em cima ou se voltou cá para baixo pelas alterações de postura e de cor da pele, de respiração, assim por diante. Sabendo disso, se eu a vejo arrefecendo da posição dois para a um, dou um apertão nela ou então lhe digo: "Deixe que *ela* agora tenha aquelas sensações antigas *lá* daquele lugar. *Você* olha *daqui*". Estas são formas de assegurar que ela simplesmente não sofra de novo com os mesmos maus sentimentos e sensações.

Mulher: Você pediu a Tammy que pegasse o sentimento e encontrasse uma imagem de si mesma em idade menor. E se ela não pudesse encontrar nada?

Esta afirmação aborda o *terapeuta,* não a cliente. Seria considerada como comentário a respeito do que o terapeuta está fazendo, indicando que o terapeuta deveria modificar sua conduta e proceder de outra forma.

Deixe-me responder à sua pergunta deste modo. Não creio que Tammy tenha realmente tido a experiência pela qual percebeu-se passando. Talvez tenha ou não tido essa experiência, não sei. Mas é irrelevante. Certa vez, um terapeuta muito famoso estava nos visitando e recebemos um encaminhamento de emergência, uma mulher suicida. O psiquiatra havia desistido, dizendo: "Toma, será que vocês me fariam o favor de se encarregar desta mulher? Estou sem alternativas". Uma vez que o famoso terapeuta estava conosco, pensamos que seria uma oportunidade sem precedentes para demonstrar alguns dos usos da hipnose que Erickson nos havia ensinado, pois, para aquele terapeuta, no ponto em que se encontrava de sua própria evolução, hipnose era um palavrão. Achava que a coisa era "manipuladora". E nós lhe dissemos: "Há formas de a hipnose ericksoniana ser muito menos manipuladora do que qualquer terapia de *insight,* de mente consciente, com a qual já tenhamos nos defrontado. Permita-nos demonstrar com esta mulher".

Então começamos a trabalhar com aquela mulher. O terapeuta visitante estava lá sentado, olhando e ouvindo. Cerca de dez minutos após o início da sessão, ele teve uma revelação. Era evidente. Eu disse: "Tem algo que você queira que a gente faça?" Nunca antes eu tivera a oportunidade de ver este terapeuta trabalhando ao vivo. Ele assumiu o encargo e começou a dizer: *"Sangue... escada... infância, irmão mais novo... mãe grita... gritos".* Ele desenvolveu essa fantasia incrível, que depois "vendeu", no fundo, para aquela mulher. A princípio, a mulher disse: "Puxa, não me lembro de nada disso". Finalmente, disse: "Uuuuuuhhhhh! É isso! Vai ver que eu fiz isto!", muito à semelhança de uma reconstituição familiar, à semelhança das que acontecem com Virginia Satir, caso alguma vez já tenham passado por isso nas mãos dela. De repente, a mulher fez todas as conexões interiores e o terapeuta visitante executou toda a terapia a respeito das experiências passadas e a mulher transformou-se dramaticamente. O comportamento dela se transformou radicalmente e ela *permaneceu* transformada, também. Era uma nossa cliente costumeira.

Bom, depois de duas semanas, quando ela voltou, não pudemos resistir. Induzimos um transe sonambúlico e estabelecemos uma âncora para amnésia para que pudéssemos apagar o registro de qualquer coisa que fizéssemos durante a sessão — pois ela estava indo bem e não queríamos interferir. Queríamos apenas verificar e descobrir o que é que havia acontecido. Perguntamos à sua mente inconsciente se realmente a experiência descrita pelo terapeuta durante a sessão — ou alguma coisa que se lhe assemelhasse — havia acontecido de fato. A resposta foi um "não" inequívoco. Contudo, isso não é de modo algum diferente do que acabou de acontecer aqui. Se a experiência que Tammy produziu contém todos os elementos daquela que tenha sido a experiência ou o conjunto de experiências originais, ela servirá como metáfora *a qual será tão efetiva quanto uma representação histórica, fatual e real.* E, baseado em minha experiência sensorial, posso garantir que foi eficiente.

Mulher: O que ainda não entendo é o que você faz se o cliente está atolado porque tem expectativa de arranjar uma imagem de um incidente da infância e fica ali sentado, naquele momento, tentando fazer isso e não conseguindo.

OK. Trata-se do mesmo ponto de escolha que o "não sei" coerente sobre o qual falamos antes. Peça ao cliente que adivinhe, que invente, que minta, que fantasie, não importa o quê.

No fundo, a regressão etária é um fenômeno muito fácil.

Dizíamos: "Volte através do tempo". Ela possuía uma idéia consciente muito precária do que queríamos dizer com isso, mas respondeu com bastante facilidade à instrução.

Homem: O que é que você estava especificamente vendo no rosto dela?

A mesma resposta que ela demonstrou a princípio, quando lhe perguntamos sobre seus sentimentos de fobia. Observei-a em sua regressão etária até ver um exemplo *muito* intenso daqueles sentimentos. Havia uma mancha amarela em sua bochecha. Havia uma mancha branca em redor dos olhos e no lado do rosto. Havia uma espécie de contração em seu queixo. Houve um aumento na umidade de sua pele, principalmente sobre a ponta do nariz. Quando estas manifestações se intensificaram, disse-lhe: "Agora olhe para aquela imagem, a imagem que estiver lá".

Se você pedir à pessoa que retroceda no tempo e ela franzir a testa, isto também é uma pista. E você talvez possa experimentar alguma matreirice, dizendo por exemplo: "Bom, então vá para um tempo futuro". "Atravesse o tempo, dê um salto para trás no tempo". "Dê uma volta pelo tempo". Qualquer coisa. Não faz diferença. As palavras específicas que você empregar são completamente irrelevantes, posto que você obtenha a resposta desejada.

Uma outra forma de pensar a esse respeito é que todas as pessoas com uma fobia conhecem os *sentimentos* da fobia. Elas têm um fragmento da experiência, então podem conseguir o restante por *sobreposição*. Como é que você encontra as chaves do carro quando quer ir para a loja fazer compras e não sabe onde é que elas estão?

Mulher: Começo dando uma procurada em meus bolsos, sentindo com as mãos.

Homem: Eu ando pela casa e procuro.

Homem: Eu procuro mentalmente, voltando atrás e buscando visualizar onde é que estão.

Mulher: Eu sacudo minha bolsa para poder ouvi-las.

OK. Então, se tudo o mais não der certo, vocês podem voltar para a porta da frente e entrar novamente em casa. Bom, se refletirem acerca das respostas que acabamos de obter, veremos que elas incluem os três principais sistemas representacionais. Se vocês tiverem qualquer fragmento de uma experiência, podem tê-la por inteiro através da sobreposição. Ela aqui teve os sentimentos e sensações. Estes, assim que ficaram ancorados, estabilizaram seu estado de consciência. Todas as coisas por ela captadas quando fechou seus olhos e voltou atrás em sua história pessoal continham em comum o mesmo conjunto de sentimentos e sensações, o que garantia que qualquer imagem por ela selecionada estaria incluída na classe que ela chamava de experiências fóbicas.

Usei o mesmo princípio para ajudá-la a ter uma completa imagem visual em foco de si mesma, com menor idade. A princípio ela só tinha uma imagem de si mesma, destituída de qualquer contexto. Pedi-lhe que me dissesse qual era a cor de seus sapatos naquela imagem. Pressuponho que ela pode ver seus pés e seus sapatos e que pode ver cores. Ela aceita o pressuposto e diz: "Pretos". Uma vez que ela pode ver seus sapatos então é óbvio, "lógico", que ela pode ver em cima do que eles estão, qual a superfície sobre a qual ela está de pé. Peço-lhe que me comunique este elemento. Quando ela consegue a superfície, esta se mistura com paredes e árvores, ou com quaisquer que fossem os elementos restantes da imagem. Esta é uma sobreposição muito fácil, ou uma interseção, técnica esta que me permite ajudá-la a recuperar a imagem construindo porções da mesma, gradativamente.

Homem: Qual é a diferença entre esta técnica e dessensibilização progressiva?

Mais ou menos seis meses. Essa é a diferença principal, e é uma diferença muito *dispendiosa*. Para meu entendimento, fazemos um condicionamento puro e simples. Nós apenas associamos um novo conjunto de sentimentos e de sensações, a saber, competência e força, com estímulos visuais e auditivos.

Há também uma outra diferença muito importante. Estamos escolhendo um conjunto específico de sentimentos e de sensações e associando-o, ao invés de apenas tentar eliminar o conjunto que está lá. As pessoas que já observei fazerem dessensibilização estão em geral tentando *eliminar* um certo tipo de comportamento ao invés de substituí-lo por alguma coisa que seja uma resposta positiva. São aquelas pessoas que respondem "Não mal" quando você pergunta: "Como está se sentindo?"

Declaramos que todo trecho de comportamento conta com uma função positiva. Trata-se da melhor escolha que a pessoa tem para aquele contexto. Era muito melhor para Tammy ser fóbica a respeito de pontes do que não contar com absolutamente programa algum. Se você pratica a dessensibilização sistemática e não substitui o padrão comportamental "negativo" por alguma coisa positiva, a coisa levará muito tempo porque a pessoa irá opor-se. É a única defesa de que pode valer-se. É por isso que demora seis meses, porque a pessoa tem de pôr aleatoriamente alguma coisa no lugar.

Homem: No entanto, há uma substituição com relaxamento.

Algumas vezes a técnica é praticada dessa forma, mas o relaxamento não é o recurso que todo mundo irá necessitar frente a uma situação fóbica. Se você estiver dirigindo sobre uma ponte, você não irá querer ficar de repente todo relaxado. Se a pessoa está numa situação onde é preciso que ela enfrente algo e você lhe dá sentimentos e sensações de relaxamento, ela talvez não enfrente o que precisa! Talvez haja perigos concretos, reais nessa situação, então irá acontecer uma das duas: ou o sintoma irá reaparecer mais tarde por ser protetor, ou a pessoa irá ficar machucada. Nós fizemos uma âncora muito forte para a autoconfiança e para os recursos que ela possui na qualidade de mulher adulta. Nós a empregamos, em vez de usarmos o relaxamento. Ela estava *muito* desperta durante todo o processo. A dessensibilização foi um passo importante, na medida em que muitas pessoas conseguiram curar fobias usando-a. Acho que ela apenas precisa de um pouco mais de retoques. Ao invés de se usar o relaxamento e de associá-lo a *tudo,* experimente associar outras coisas, além de relaxamento. Há, nas pessoas, recursos muito mais poderosos.

Não há coisa alguma que nós já tenhamos oferecido a vocês até o momento, nem há coisa alguma que venhamos a oferecer a vocês durante o resto deste seminário, nem em qualquer *workshop* mais adiantado, que já não esteja presente, de algum modo, no comportamento de uma pessoa. O que fizemos, como modeladores, foi descobrir quais são os elementos essenciais e o que é desnecessário. Todas as terapias contam com dissociação. Todas as terapias empregam as técnicas de seleção que estamos usando aqui, sejam elas cadeiras, âncoras no joelho ou palavras. O que é útil de se ter em todas as terapias é *algum* modo de fazer tudo isso: *alguma* maneira de selecionar, *alguma* maneira de dissociar, *alguma* maneira de integrar. Os nomes que você der são absolutamente irrelevantes, como o são também a maioria das psicoteologias. Não há realmente nada de *tão* diferente entre o que fizemos e o que faz o pessoal da gestalt, levando as pessoas de volta através do tempo. Os terapeutas da AT fazem um processo denominado "redecisão". Tudo isto é muito, muito parecido.

Nós olhamos para todos esses processos diferentes e tentamos descobrir quais seriam seus elementos essenciais, isolando o que fosse extra e desnecessário. Depois desbastamos nossas informações para tentar encontrar algo que desse sistematicamente certo. Não acho que tenha algo de errado com a dessensibilização exceto que, às vezes, ela não funciona. E isso é assim porque há muitas coisas que são extra, assim como outras que são essenciais nem sempre estão lá. Algumas pessoas que fazem dessensibilização também acrescentam os recursos necessários, inconscientemente. Mas quando vão ensinar outra pessoa a fazê-lo, não ensinam esse acréscimo inconsciente pois ele não se encontra disponível em sua consciência. Nossa função, na qualidade de modeladores, é selecionar em meio a tudo isso.

A outra coisa é que não sei a qual forma de dessensibilização você está se referindo especificamente. Algumas pessoas utilizam medidores e máquinas. Eu sou um mecanismo de "biofeedback" muito, muito mais sofisticado do que qualquer conjunto de máquinas. Uso um aparato sensorial realmente sofisticado, bem como respostas interiores altamente sofisticadas, para amplificar ou reduzir certas partes da resposta que estou recebendo. Isso é parte do que possibilita uma aprendizagem de tentativa única dentro do tipo de trabalho que aqui estivemos realizando com a ancoragem.

Homem: O que acontece se um cliente é incapaz de usar a imagética visual?

Não é essencial que as pessoas visualizem para serem capazes de criar um processo fóbico, pois o mesmo padrão formal pode ser feito auditiva ou cinestesicamente. O padrão desta técnica não demanda visualização. Nós quisemos usar todos os sistemas enquanto demonstração. Não temos necessidade de fazê-lo com todos os sistemas. Você poderia também ter gasto um certo tempo, primeiro, para ensinar à pessoa como visualizar, usando a sobreposição.

Mulher: Será que você pode fazer esse processo sem tocar?

Certamente. Pode-se usar uma âncora tonal ou uma âncora visual. Pode-se fazê-lo sem usar o toque. Contudo, recomendo que o façam usando o toque. O sistema cinestésico é um sistema de ancoragem irresistível. Quando a pessoa é tocada, ela sente a coisa. Quando se faz um sinal visual para alguém, ele talvez desvie o olhar, ou feche os olhos.

Homem: Então a âncora pára-quedas poderia ser um certo tom de voz?

Sim. As âncoras tonais, nesta sociedade, são as mais potentes porque a maioria dos norte-americanos não ouve conscientemente. O número de pessoas que escuta, mesmo, nos Estados Unidos, é quase nulo, pouca coisa maior do que o número de músicos com identificação profissional.

Na Inglaterra, é considerado importante fazer distinções de classe. A fim de efetuá-las, a pessoa tem que ser capaz de ouvir diversos sotaques e tonalidades. Então os ingleses têm mais precisão no que se refere a ouvir mudanças tonais. Qualquer pessoa que seja bilíngüe ou poliglota e que tenha aprendido uma língua tonal apresentará uma boa sensibilidade para tais tipos de alterações.

A maioria das pessoas dos Estados Unidos não ouve de fato a seqüência de palavras e o padrão de entonação do que elas ou outras pessoas dizem. Só têm consciência das imagens, dos sentimentos e do diálogo interior que têm, em *resposta* ao que ouviram. Pouquíssimas são as pessoas capazes de repetir de volta, na mesma entonação, aquilo que lhes é dito. Nós ouvimos as pessoas *literalmente*. Não acrescentamos coisa alguma, nem subtraímos coisa alguma, ao que outros dizem. Essa é uma experiência humana rara e, durante muito tempo, não percebemos isto; pensávamos que todas as pessoas escutam as palavras.

O começo concreto de todo este trabalho teve início quando principiamos a considerar as palavras emitidas pelas pessoas como descrição *literal* de sua experiência e não apenas como metáfora. Começamos a devolver a comunicação como se ela estivesse sendo o modo literal de as pessoas descreverem a si mesmas e descobrimos que era isso mesmo que sucedia. Quando alguém diz: "Quando focalizo aquelas idéias, as sinto certas, mas depois digo a mim próprio que não vai dar certo" — esta é uma descrição literal de sua experiência interior.

Gostaríamos que agora vocês escolhessem um parceiro, de preferência alguém com quem vocês não tenham tido muito contato. É mais fácil operar ao nível do processo com pessoas desconhecidas porque há menos probabilidade de o comportamento delas servir de âncora para seus próprios comportamentos. Assumimos que todos vocês irão efetivar mudanças entre si, dados seus padrões habituais de comunicação. Experimentem algo novo. A razão principal para passarem pelo exercício é se exporem a um material novo e trabalharem-no, para descobrir até que ponto ele se encaixa direito em seu próprio estilo pessoal de comunicador. Enquanto vocês não engajarem todos os seus canais sensoriais na manipulação deste material, não terão conseguido nada. A compreensão completa é ser capaz de compreender com todos os sistemas representacionais, inclusive pelo comportamento.

Gostaríamos que vocês praticassem a dissociação visual/cinestésica de duas etapas que executamos aqui com Tammy. Não é preciso que tenham em mãos uma fobia a pleno vapor. Podem empregar este processo com qualquer resposta desagradável, a fim de se familiarizarem com o padrão. Este processo, ou então o processo de "mudança de história", irá servir para praticamente qualquer problema que surja, dos quais eu tenho conhecimento. O processo de ancoragem obterá para vocês praticamente tudo. Quando tiverem terminado, empreguem *bridging* ou o acompanhamento do futuro para terem certeza de que a nova resposta será acionada também no contexto em que se fizer necessária. Comecem.

* * *

OK. Como é que foi? Que perguntas vocês têm aí?

Mulher: Percebi que estava ficando distraída porque meu parceiro estava usando muitas palavras que não combinavam com a experiência que eu estava tendo internamente.

O que você precisa é de uma manobra muito sutil. Você diz então: "Cala a boca!" ou então dá-lhe um chute!

Uma das coisas que todos vocês podem aprender com isto é que é muito fácil aprender a falar de um modo que combine com a experiência de seu cliente. O modo de se realizar isto está descrito em nosso livro *Patterns I* (Padrões I). Aí estão descritos os padrões de linguagem que *soam* como específicos mas que são no fundo apenas instruções de processo com conteúdo zero.

Por exemplo, este aqui é um exercício que todos vocês podem fazer. Fiquem à vontade e fechem os olhos. Respirem fundo umas duas vezes e relaxem.

Em algum momento dos últimos cinco anos, cada um de vocês passou por uma experiência muito intensa da qual aprenderam alguma coisa de grande valor para si mesmos, enquanto seres humanos. Talvez vocês tenham ou não uma apreciação consciente de qual foi exatamente o episódio de sua história de vida. Gostaria que permitissem que esta experiência emergisse em sua consciência. Sentem-se aí por um instante, sentindo-se confortáveis e fortes, sabendo que na realidade vocês estão *aqui,* agora. Com estes sentimentos de conforto e de força, permitam-se ver e ouvir de novo o que foi que se passou com vocês naquela época. Há mais coisas a serem aprendidas com essa experiência. Gostaria que vocês se permitissem o deleite de novamente verem e ouvirem a si mesmos revivendo ainda aquele acontecimento, a fim de empreenderem novos entendimentos e novas aprendizagens, embutidos que estão naquela experiência de sua história passada...

E quando vocês tiverem visto e ouvido alguma coisa que creiam ser de valor para si mesmos, gostaria que escolhessem uma situação específica que de antemão vocês sabem irá acontecer dentro das próximas duas semanas. Novamente sentindo-se fortes e confortáveis enquanto vêem e ouvem, reparem de que maneira é possível aplicar os novos aprendizados e os novos entendimentos a esta última situação, que irá surgir dentro das próximas duas semanas. Quando o fizerem, estarão praticando com toda a elegância sua própria história pessoal, transferindo compreensões e aprendizagens de uma parte de sua história pessoal, a fim de aumentarem suas escolhas como seres humanos criativos, no presente. Levem todo o tempo de que precisarem, e quando acabarem flutuem de volta para cá reunindo-se a nós...

Alguns de vocês talvez tenham uma compreensão altissonante, sólida, nítida, do que foi que conseguiram fazer; alguns poderão ter apenas uma sensação de bem-estar, uma sensação de ter feito alguma coisa sem efetivamente ter entendido com detalhes explícitos o que foi que conseguiram fazer, quando utilizaram essa experiência particularmente forte de seu passado de uma forma nova...

Gostaria agora que começassem a viajar de volta lentamente, compreendendo que completaram o processo na melhor das formas possíveis para o seu entendimento consciente, ótimo... Se ainda não acabaram, deram andamento a um processo que pode ser concluído confortavelmente, fora dos limites de sua percepção, à medida que forem voltando sua atenção, lentamente, aqui para dentro da sala...

Bom, o que foi que eu disse de verdade? Não falei *coisa alguma!* Zero. Não havia *o menor conteúdo* naquela verbalização. "Fazer alguma coisa importante para si mesmo... certos aprendizados... entendimento inconsciente decorrente da experiência específica de seu passado". Nenhuma destas expressões tem qualquer conteúdo. São meramente instruções de *processo*. E se vocês têm a experiência sensorial, podem ver o processo acontecendo conforme vocês o forem realizando. É nestes casos que seu senso de oportunidade é *muito* importante.

Deixem-me apresentar agora uma experiência muito diferente. Gostaria que fechassem os olhos e visualizassem uma corda... que é *verde*. Quantos de vocês já tinham uma corda de cor diferente? Se eu lhes der instruções que possuam alguma forma qualquer de conteúdo, do jeito que acabei de fazer, estarei incorrendo numa altíssima probabilidade de violar sua experiência interna. E não mais estarei acompanhando vocês de forma adequada.

Uma habilidade necessária a todos os comunicadores é a de fornecer instruções para *processos:* instruções isentas de qualquer conteúdo. É neste sentido que mencionei antes ser a hipnose ericksoniana a forma *menos* manipuladora de todas as formas de psicoterapia às quais já me expus. Em qualquer comunicação dotada de conteúdo não há jeito de se escapar de *não* incluir as próprias crenças e sistema de valores, através de pressupostos. Entretanto, se vocês se restringirem a um trabalho com o processo, a verbalizações isentas de conteúdo, junto a seus clientes, estarão garantindo seu respeito pela integridade dos mesmos. Se vocês realizam uma terapia de segredo, não há como poder interferir nas crenças ou nos sistemas de valores, porque vocês não sabem quais são eles. Vocês não terão a menor idéia do que os clientes estarão fazendo e tampouco há necessidade de que fiquem sabendo.

Mulher: Por que é que você precisa integrar a âncora negativa, ao invés de simplesmente ignorá-la por completo?

Muitas e muitas pessoas procuram hipnotizadores para pararem de fumar. O hipnotizador hipnotiza-as e diz: "A partir deste momento, os cigarros terão um gosto terrível". Aí ele as acorda e as manda embora, certo? Elas não fumam mais porque a coisa tem um gosto péssimo. *Contudo*, isso as deixa com todo um conjunto de padrões motores dissociados. É a mesma coisa com os alcoólatras. O pessoal dos "Alcoólatras Anônimos" diz: "Uma vez alcoólatra, sempre alcoólatra". Essa é uma colocação que indica, em minha opinião, que o programa deles não consegue integrar programas motores que ainda possam ser acionados, no futuro, pela presença do álcool. Então é um só drinque o que eles precisam para continuar — uma bebedeira — ou um cigarro depois e *Bum!* novamente a pessoa é um fumante.

Os padrões motores dissociados sempre podem ser acionados a menos que sejam integrados. Se você dissociar alguém e escolher coisas dessa pessoa, certifique-se de pô-la toda inteira outra vez. Não deixe tais elementos dissociativos à deriva. Essa é uma de suas responsabilidades profissionais. As pessoas já têm um número suficiente de dissociações, por sua própria conta; elas não precisam de outras.

Homem: Alguma vez você já trabalhou com múltipla personalidade?

Múltipla personalidade é um pouco mais complicado porque depende de quem confundiu a pessoa, para começar. Você precisa realmente saber qual era o modelo do terapeuta que estragou a pessoa, para início de conversa. Nunca encontrei uma múltipla personalidade que não tivesse sido *feita por um terapeuta*. Isto não quer dizer que não existam; apenas que nunca encontrei nenhuma. Creio até que possam existir algumas por aí, em algum lugar, mas digo-lhes que não existem tantas quantas as que os terapeutas continuam criando e depois me mandando.

Tornamo-nos interessados por múltipla personalidade há anos, e escrevemos para um certo homem que havia feito um enorme trabalho escrito a esse respeito. Ele nos convidou a visitá-lo e entrevistar uma moça chamada Helen. Ela portava cerca de vinte personalidades, mas o nome aparente para todo mundo era Helen. E a coisa fascinante era que todas as suas múltiplas personalidades eram mais interessantes do que ela.

O terapeuta da moça possuía um modelo muito elaborado de suas personalidades. Helen tinha uma parte de organização: uma parte que era muito organizada e que fazia trabalhos de secretária e todos os tipos de coisas do gênero. Então eu disse: "Bom, me traz essa". O terapeuta apresentou esse excelente análogo não-verbal: levantou-se e gritou: "JOYCE! VENHA AQUI FORA, JOYCE!" e deu-lhe um tapa na testa. Buam! Aí ela sofreu toda uma espécie de mudanças. Brrnnnggnhhh! Era como nos filmes, realmente fantasmagórico. Este fulano pratica exorcismos na maca de um helicóptero, numa faculdade católica, e é considerado como um respeitável psiquiatra por pessoas que *nos julgam loucos!* De certa forma ele é muito eficiente por ser tão expressivo, mas não acho que ele aprecie todas as ramificações do que faz. Ele conta com pessoas que variam entre dezesseis e vinte e duas personalidades, em seu consultório, em qualquer momento, e não consegue compreender por que é que o resto da comunidade terapêutica não reconhece a epidemia de múltiplas personalidades que ele descobriu!

Então a parte da organização daquela mulher veio à tona e eu me apresentei. Depois eu disse: "A maioria dessas partes sofre de amnésia do que acontece na vida desta pessoa. Sendo a parte da organização, imagino que você tenha mantido um contato muito razoável com tudo isso". "Oh, sim, é claro que mantive um ótimo contato com tudo". Eu disse: "Bom, como foi que você conseguiu acabar tendo tantas personalidades?" E ela me respondeu: "É como se existisse um monte enorme de partes diferentes e havia um puxador redondo que vivia ali pelo meio. E quando encontrei o dr. Fulano, ele pegou o puxador e o puxou fora". Isto é praticamente a transcrição literal do que ela me disse e é uma mulher que não tem nem escolarização secundária.

A propósito, ela não pensava que isso fosse ruim. Sua descrição foi que ele puxou o puxador para fora para que todas as personalidades se tornassem mais aparentes enquanto personalidades distintas, e estavam agora tendo que voltar para trás e fazer de todas uma só. A coisa trágica é que, quando ele conseguiu integrá-la, ela estava com amnésia completa de sua vida toda e, até onde sei, era uma pessoa chatíssima. Mas ela teve aquelas partes *ótimas*. Tinha uma parte sensual que era simplesmente *rrrnnnhhh!* Uma outra parte contava piadas e era mesmo debochada. Outra parte era muito tímida e modesta. Mas quando ele a "curou", ela estava com amnésia de toda a sua vida e não possuía nenhum dos recursos dessas partes. Era simplesmente um saco de pessoa.

Então, eu não acho que se possa eliminar partes. Assim, fiquei mencionando os nomes das partes das quais eu gostava e obtive respostas inconscientes realmente *excelentes* da parte dela. Elas ainda estão lá, mas não se encontram à sua inteira disposição.

Para se fazer um trabalho decente com múltipla personalidade, acho que é preciso conhecer-se o modelo do terapeuta que a criou. O modelo de certos terapeutas para múltipla personalidade é que existem todas as partes e um inconsciente que dirige o programa. Esse é um modelo, muito comum aliás. O modo como se integra esse modelo é totalmente diferente do modo como se integra outro modelo. O modelo daquele fulano era que havia três partes ali e essas partes tinham seu próprio inconsciente, depois havia duas partes noutro lugar, com seu inconsciente em comum e depois que havia um inconsciente para esses dois inconscientes, e assim por diante. A coisa estava realmente organizada em níveis. Quando se integra, sempre é preciso integrar dentro de um mesmo nível lógico, e acho que ele não procedeu assim, por isso conseguiu tanta amnésia.

Pode-se usar o que chamamos de "amassamento visual" com as personalidades múltiplas. O amassamento visual é um método visual de integração que usa âncoras visuais. Você estende as mãos à frente e se visualiza como uma parte aqui do lado esquerdo, e outra parte ali do lado direito, e você as vê e as ouve. Depois, lentamente, você aproxima as duas imagens entre si e, visualmente, observa enquanto elas se misturam, reparando como é diferente esta última imagem. Se você gostar dela, então você procede à mesma coisa outra vez, cinestesicamente, amassando as duas imagens entre si, usando suas mãos dessa vez. Depois você puxa a imagem integrada para dentro de seu corpo.

Aconteceu simplesmente que demos um encontrão com esse recurso técnico e, a princípio, pareceu-nos um pouco esquisito, até que estudamos um pouquinho de neurologia. Esse método é uma boa metáfora para o que acontece na metáfora denominada "neurologia". E, se vocês não acham que a neurologia é uma metáfora, são muito ingênuos, saibam disso! Mas, de qualquer jeito, a metáfora deles e a nossa eram muito semelhantes. E se vocês a experimentarem, verão como é dramática. É um método muito poderoso.

Certa vez curei uma múltipla personalidade usando *apenas* esse método. Passei por todos os níveis, um por um, e amassei todas as personalidades num volume só.

Uma vez houve um terapeuta que me telefonou lá do Meio Oeste. Disse que havia lido meu livro e que não constava nada ali a respeito de múltipla personalidade; ele nem sequer acreditava nisso mas uma delas acabava de entrar em seu consultório e ele me perguntava o que devia fazer. Comecei a dar-lhe as instruções pelo telefone durante quarenta minutos e curei aquela paciente pelo telefone. "OK. Agora diga-lhe que estenda ambas as mãos à frente. Diga-lhe que visualize Jane na mão direita e que visualize Mary na mão esquerda. Pegue só duas de cada vez e desmanche-as fazendo uma só, criando uma só imagem. E diga-lhe que puxe essa imagem para dentro do corpo e que a integre. Agora diga-lhe que pegue a imagem integrada que ela acabou de formar e que a ajunte a uma outra personalidade". Dessa forma, você trabalha com uma de cada vez.

A maioria das pessoas não faz realmente muitas perguntas às múltiplas personalidades. Mas eu questionei mesmo aquelas com que me defrontei, para verificar como é que funcionavam. A experiência de ser múltiplo, para uma pessoa, pode ser muito diversa da de ser múltiplo, para outra.

Uma das mulheres com quem trabalhei descrevia cada uma de suas partes em particular como pertencentes ao mesmo processo. Era uma pessoa realmente visual mesmo; ela formara uma imagem de todas as suas partes. Havia um sofá, no fundo da cena, no fundo de sua mente, e todas as mulheres sentavam-se lá no sofá fazendo as unhas e conversando. De vez em quando, uma delas se levantava e andava atravessando as cortinas. Quando andava além das cortinas, entrava em seu corpo. Algumas delas sabiam o que é que as outras faziam porque vinham dar uma espiadinha atrás das cortinas. Hipnotizei-a, fui com ela até o fundo do palco, empreguei a técnica do amassamento visual e as reuni todas numa só.

O método do amassamento visual é um modo muito poderoso de integrar incoerências seqüenciais tornando-as simultâneas dentro de um estado dissociado. Se você tiver uma incoerência seqüencial, não poderá jamais representar ambas as partes simultaneamente em qualquer outro sistema que não o visual, em termos de meu conhecimento. É preciso contar com uma representação auditiva muito complexa para se ter duas vozes acontecendo ao mesmo tempo — ao invés de alternando-se — e as pessoas não conseguem conquistar essa integração cinestesicamente. Mas pode-se tomar incoerências seqüenciais e torná-las simultâneas usando-se uma dissociação visual/cinestésica e depois integrando-a ao trazer as mãos para junto uma da outra, obtendo-se a seguir a integração nos outros dois sistemas.

Não compreendo qual seja a significação de movimentar os braços quando se realiza o amassamento visual, mas se você o fizer sem os braços, não funciona. E eu não tenho *a menor* idéia de por que motivo é assim. Já tentei dos dois jeitos: se as pessoas não estenderem de verdade as duas mãos à frente delas, deste modo, e depois puxarem as imagens para dentro uma da outra, não funciona. As pessoas não necessitam estender as mãos à frente para ficar curadas de fobias mas, aparentemente, no caso de múltipla personalidade, elas precisam disso. Para mim, isso não faz o menor sentido lógico, mas acontece que a coisa é assim. Se fosse fazer uma generalização, eu a faria ao contrário. Mas, na prática, descobri que era isto o que acontecia.

Temos uma disposição muito maior para fazer experiências contrárias às nossas intuições do que a maioria das pessoas. Quando têm uma intuição forte, a maioria das pessoas obedece-a. Muitas vezes, quando temos uma intuição forte, nós a violamos para descobrir o que acontece — principalmente no caso de clientes com os quais temos um contato permanente e com quem temos certeza de podermos lidar com as conseqüências. Este tipo de experimentação resultou em muitos padrões úteis e descobertas interessantes.

Uma mulher havia sido homossexual durante anos e se apaixonara por um homem. Estava realmente atolada nesse dilema. Uma parte muito forte dela desejava agora tornar-se heterossexual. Havia uma outra que estava temerosa de ter de desaparecer. Ela estava passando pelo amassamento visual destas duas partes, tentando puxar as mãos uma para perto da outra e reclamava: "Não posso fazê-lo! Não posso fazê-lo desse jeito!". Richard e eu estávamos de pé, um de cada lado da paciente. Olhamos um para o outro e depois cada um de nós apoderou-se de uma das mãos e subitamente empurrou-a para junto da outra. As mudanças que aconteceram com esta mulher foram fantásticas!

Vocês podem produzir mudanças sem serem elegantes e acho que as pessoas fazem isso o tempo todo. Contudo, não são passíveis de predição as ramificações de se fazer uma coisa desse tipo e a previsibilidade sempre foi algo que buscamos desenvolver.

Ficamos explosivos[*], *pum!* e socamos uma das mãos contra a outra. Ela realmente mudou; obteve o que almejava e a mudança durou um longo tempo; tenho certeza disso porque ainda conheço a mulher. No entanto, não sei quais foram os efeitos colaterais. Ela não é completamente maravilhosa em muitos dos aspectos de sua vida e não sei quanto disto é uma conseqüência do que fizemos. Certamente ela está melhor agora do que estava antes. E, naquela época, queríamos realmente saber o que iria acontecer.

Quando se começa a incluir ingredientes mais sofisticados em nosso trabalho e a mexer com eles cuidadosamente, consegue-se mudanças mais elegantes, melhores. Pode-se também predizer com muito mais precisão o que é que irá acontecer. Certas vezes, obtém-se mudanças muito mais insinuantes, o que também considero muito importante. Se se pode fazer apenas uma coisinha de nada e assim conseguir o resultado final desejado, este também irá generalizar-se e produzir todos os demais resultados que são mesmo necessários e que deixaram de ser mencionados. Quanto menos se fizer no lugar apropriado, maior será o número de generalizações que naturalmente se sucederá para outros contextos e conteúdos. É por esse motivo que tanto enfatizamos a elegância: "Seja preciso, se estiver fazendo terapia".

Se você estiver simplesmente fazendo uma utilização de habilidades, então o jogo é completamente diferente. As pessoas do mundo dos negócios em geral estão interessadas na *utilização* de estratégias. Se você estiver fazendo um treinamento de vendas, então o máximo que vai precisar saber é quais estratégias os vendedores deverão ter, em sua opinião, e de que maneira instalá-las. Se o treinador da organização é um Programador Neurolingüista, então ele fala: "OK, iremos fazer desta pessoa um vendedor e ela irá fazer isto, isso e aquilo e a fim de que aconteçam essas coisas é preciso que ela tenha estas três estratégias". A seguir ele pode fixá-los naquele tema e realizar um

---

[*] No original, *"We just went blammo"*. *Blammo* é um termo de gíria, habitual em histórias em quadrinhos, mas raramente empregado em textos. Exprime o som de uma porta batendo ou de uma explosão. No contexto, sugere um acontecimento "explosivo". (Nota da Editora)

bloqueio total das pessoas à situação para que nada mais entre em seu caminho. Estas estratégias não precisam generalizar-se para nenhum outro departamento da vida daquelas pessoas. Não é algo necessário para o resultado daqueles negócios. Poderá até ser desejável, mas não é necessário.

Se a vida pessoal de um indivíduo estiver efetivamente interrompendo seu funcionamento profissional, pode-se criar uma barreira em torno da primeira, separando as estratégias. Há uma certa quantidade de resultados diferentes que irão suceder em sua vida de profissional, mas serão razoavelmente limitados.

Por exemplo, os advogados estão basicamente *utilizando* estratégias; não estão voltados para a instalação das mesmas nos clientes. A única preocupação é empregar uma estratégia para conseguir um resultado específico: fazer com que a testemunha pareça um cretino, fazer o cliente confiar nele, ou alguma coisa do gênero.

Certa vez fiz um trabalho com um advogado, pessoa de confiança, mas ninguém confia nele. Seus análogos não-verbais são terríveis; fariam qualquer um suspeitar dele. Seu problema era não ter clientes que confiassem nele o suficiente para que ele os pudesse representar bem. E, na metade do tempo disponível, ele era chamado aos tribunais, o que tornava a situação ainda pior. Ele precisava mesmo era de uma arrumação geral em seu sistema de analogias. Mas, em lugar de fazer isso, ensinei-lhe um pequeno ritual. Ele devia sentar-se com o cliente e dizer-lhe: "Olhe, se é para eu ser seu advogado, você precisa acreditar em mim. Isto é essencial. Então a pergunta que importa de fato é como você decide que confia em uma pessoa?" Ele pergunta: "Alguma vez você já confiou realmente em alguém?" e instala uma âncora quando o cliente tiver captado o sentimento de confiança. Depois ele indaga: "Como foi que você tomou essa decisão?" Aí, o máximo que ele precisa fazer é ouvir a uma descrição geral da estratégia do cliente: "Bom, vi isto, escutei aquilo que ele disse, senti-me assim". Depois ele apresenta as informações da sua parte, da seguinte forma: "Sentado aqui nesta cadeira, quero que você veja bla-bla-blá e depois eu lhe digo bladeblá, blá e blá e não sei se você pode sentir isso", acionando a âncora que instalou quando a pessoa estava tendo os sentimentos de confiança. Ensinei-lhe este ritual e foi bom o suficiente.

Mas há uma verdadeira diferença entre este resultado e o resultado em busca do qual se trabalha na qualidade de terapeuta. A terapia é um assunto muito mais técnico, no sentido de mudar as coisas. Enquanto terapeuta, não se tem a necessidade de ser quase tão flexível em termos de utilização quanto uma pessoa que exerce a advocacia. O advogado deve ser um mestre na arte da utilização; é necessário ser capaz de fazer muitas coisas diversas em termos de eliciar respostas. Precisa conseguir com que doze pessoas respondam da mesma forma. Pense *nisso*. Imagine que você tenha doze clientes e que você precise fazer com que todos eles concordem na sua ausência! Isso vai requerer muita habilidade.

Uma das coisas que se pode fazer é identificar aqueles um ou dois indivíduos, ou outros mais ainda, do júri que, por força de suas próprias estratégias persuadam os demais a acompanhá-lo (s). E, logicamente, é exatamente sobre isso que versa a terapia familiar. Tudo irá interagir dentro de um sistema. Não ligo a mínima para quem você tiver posto junto, por um determinado período de tempo: os sistemas irão começar a funcionar. Eu procuro imaginar, naquela família, quem é que elicia mais respostas, na maior parte das vezes. Pois, se eu conseguir que essa pessoa faça meu serviço em meu lugar, a coisa irá realmente ser fácil. Muitas vezes é a pessoa que não fala muito. Este filho aqui diz alguma coisa. Ele apresenta uma conduta exterior. E quando o faz, acontece uma intensa resposta interior por parte da mãe. Conquanto seu comportamento exterior seja sutil, uma pequenina pista, *todo mundo* responde a ele. Quando o pai faz alguma coisa usando um comportamento visível, este filho aqui responde, mas não acontece muito mais coisas. E, se a filha fizer algo, talvez obtenhamos uma resposta aqui e talvez outra lá.

O que eu quero saber é a quem *todos* da família respondem, um grande número de vezes. E quero saber também se alguma pessoa em especial, naquela família, pode conseguir sempre que *aquele* elemento centralizador lhe responda. Digamos que, toda vez em que o filho age através de conduta exterior, a mãe responde. Se eu puder predizer alguma coisa a respeito de como isso acontece, poderei introduzir uma pequena modificação no filho e, a seguir, a mãe irá responder e fazer com que todo mundo na família acabe respondendo, fazendo o serviço por mim. Sempre gasto 50% ou mais do tempo que me for disponível para coletar informações, testá-las e certificar-me de estou certo. Introduzo aqui uma coisinha qualquer inócua, predizendo o que irá acontecer lá do outro lado. Fico fazendo esse sistema funcionar muitas e muitas vezes até estar absolutamente seguro de que, fazendo uma modificação neste garoto, irei obter uma alteração na conduta de sua mãe de modo tal que todas as demais pessoas da família irão também modificar-se. Esse mecanismo irá instalar um novo e estável sistema. Se não for desse jeito, consegue-se em geral um sistema desequilibrado, ou então modificações que não se sustentam fora do consultório, em casa, por exemplo, onde voltam todos ao velho normal. Quero alguma coisa que realmente vá em frente e que seja muito, muito permanente.

Se eu puder introduzir um sistema estável efetuando apenas

uma só modificação, esta será muito mais penetrante em termos de um sistema familiar. Acho que o erro principal de todos os terapeutas familiares é que eles fazem demais numa única sessão. Se você trabalha com um indivíduo por vez, pode realizar mil coisas e conseguir levá-las à frente, a menos que eles voltem para casa e encontrem uma família. Uma das primeiras coisas que sempre pergunto às pessoas quando elas chegam é: "Qual é a sua situação doméstica?" pois quero saber com quantas âncoras tenho que me haver, a nível da casa do paciente. Se este mora com mais uma pessoa só, não é tão mal. Só se precisa ter cuidado para não existirem ganhos secundários: para não serem recompensados por qualquer que seja aquele comportamento que o cliente quer modificar.

Homem: Quanta dependência de você é criada pelos seus métodos?

Uma das coisas pelas quais lutamos em nosso trabalho é a de termos certeza de que usamos a transferência e a contratransferência de maneira efetiva para *conseguir* o relacionamento e, depois, para termos certeza de que *não* as usaremos mais. Não precisamos delas, depois. E, uma vez que eles não acabam sentando-se ali e contando-nos quais são seus problemas, não nos tornamos seus melhores amigos. Há um risco real em fazer terapia com conteúdo pois você pode tornar-se o melhor amigo de um determinado cliente. Aí ele acaba dando dinheiro para ficar pendurado na tua sombra, porque não há mais ninguém disposto a ficar por perto e a ouvi-lo variar a respeito das coisas desagradáveis de sua vida. Não temos muita dependência em cima de nós. Um dos motivos é que possuímos um instrumento que ensinamos nossos clientes a utilizarem consigo próprios, denominado remodelagem, e que lhes iremos ensinar amanhã.

Se vocês perguntarem às pessoas que estiveram aqui em cima, para os propósitos de uma demonstração, acho que elas nos irão atribuir pouquíssima responsabilidade pelas modificações nela ocorridas — uma responsabilidade muito menor do que a que atribuiriam, numa terapia tradicional, voltada para o conteúdo. Essa é uma das vantagens da terapia secreta. Não cria esse tipo de relacionamento de dependência.

Ao mesmo tempo, as pessoas com quem trabalhamos, em geral, têm uma sensação de confiança: elas sabem que nós sabemos o que estamos fazendo. Ou então talvez fiquem absolutamente furiosas conosco, mas ainda assim estarão alcançando as mudanças que desejam. E, logicamente, trabalhamos muito rápido, o que reduz a possibilidade de dependência.

Em nossa real atividade particular, que está severamente reduzida agora porque estamos nos mudando para outras áreas de modelagem, contamos estórias. Uma pessoa entra e não quero que ela me diga absolutamente coisa alguma. Fico apenas contando-lhe estórias. O uso de metáforas é todo um conjunto de padrões mais sofisticados que está vinculado a tudo o que viemos fazendo até aqui. Vocês podem aprendê-las no livro excelente de David Gordon *Therapeutic Metaphors* (Metáforas Terapêuticas). Prefiro fazer metáforas artisticamente. Não tenho que ficar ouvindo os lamentos do cliente e consigo contar estórias muito envolventes. Em geral, os clientes ficam estupefatos de me pagarem dinheiro para ficar me escutando contar estórias. Mas as mudanças que eles desejam acontecem de qualquer modo — não graças a mim, evidente, o que é ótimo. Essa é outra maneira de me certificar de que não existe dependência. Você faz as coisas tão dissimuladamente que o cliente não tem a mais pálida idéia do que você está fazendo e as mudanças por ele desejadas acontecem de qualquer modo.

Alguém aqui já foi ver Milton Erickson? Ele contou estórias para você, certo? Você descobriu que seis, oito, doze meses depois você estava passando por mudanças que, de certo modo, associaram-se àquelas estórias que ele lhe contou?

Homem: Sim.

Esse é o relato mais comum. Seis meses mais tarde, as pessoas descobrem que mudaram e que não têm absolutamente idéia alguma de como isso aconteceu; aí lembram-se de Milton falando sobre a fazenda lá em Wisconsin, ou algo parecido. Quando você esteve com Erickson, teve a experiência de ficar ligeiramente desorientado, fascinado e "tomado", com a linguagem do homem?

Homem: Fiquei de saco cheio.

Milton usa o tédio como uma de suas maiores armas. Se Milton estivesse aqui, uma das coisas que ele faria seria chatear você até você chorar. Então todos vocês iriam viajar em seus devaneios e aí é que ele pegaria todos. Eu mesmo me entedio muito rápido para usar este recurso como tática. Milton, sentado numa cadeira de rodas e com setenta e seis anos, não se incomoda de gastar bastante tempo fazendo isso. Ele o faz primorosamente.

Durante estes dias em que estivemos juntos, conseguimos de maneira brilhante arrasar por completo seus recursos conscientes. Essa tentativa de nossa parte foi deliberada, uma vez que entendemos que a maior parte da aprendizagem e da mudança ocorre a nível inconsciente. Apelamos explicitamente a cada um de vocês dois que sua mente inconsciente fizesse uma representação útil e necessária à sua educação, para que durante as semanas e meses à frente vocês possam ficar agradavelmente surpreendidos pelos novos padrões emergentes de seu comportamento.

E sugerimos à mente inconsciente de todos vocês que façam uso dos processos naturais de dormir e sonhar, para passarem em revista as experiências que ocorreram durante estes dois dias, selecionando dentre todas aquelas coisas que seu inconsciente crê serem as mais úteis para sua informação, algumas com as quais fazer uma representação útil a nível inconsciente; ao mesmo tempo sugerimos que estas permitam a vocês dormir profunda e completamente, para que nos dias, semanas e meses por vir vocês possam descobrir a si mesmos realizando coisas que não sabiam terem aprendido aqui, para que possam aumentar constantemente, a nível inconsciente, o próprio repertório de respostas frente a pessoas que os procurem para ajuda... E vocês nem sabiam que esses ensinamentos estiveram ali. Não mesmo.

A última vez em que estive com Milton Erickson ele me disse algo. E, estando eu ali sentado à frente dele, a coisa não fazia sentido. A maioria de suas dissimuladas metáforas fizeram... uma *eternidade* de sentido para mim. Mas ele me disse uma coisa que teria levado um certo tempo para que eu descobrisse do que se tratava. Milton me disse: "Você não se considera um terapeuta, mas você é um terapeuta". E eu disse: "Bom, realmente não". Ele disse: "Vamos fingir... que você é um terapeuta que trabalha com pessoas. A coisa mais importante... quando você estiver fingindo isso... é entender... que você *realmente* não é... Você está só fingindo... E se você fingir bem mesmo, as pessoas com quem você trabalha fingirão estar realizando mudanças. E se esquecerão de que estão fingindo... pelo resto de suas vidas. Mas não se deixe enganar por isso". E aí ele me olhou e disse: "Até logo".

III

Descobrindo novos caminhos

Há vários pressupostos organizacionais que empregamos para nos colocar num determinado estado que consideramos útil para operarmos enquanto realizamos tipos de trabalhos terapêuticos. Um destes pressupostos é que é melhor ter escolhas do que não ter; outro, é a noção de escolha inconsciente. Um terceiro é que as pessoas já têm os recursos de que necessitam a fim de mudarem, se puderem ser auxiliadas a contar com os recursos apropriados no contexto apropriado. Um quarto pressuposto é que cada trecho individual de comportamento tem uma função positiva em *algum* contexto. Seria arbitrário e irresponsável de nossa parte simplesmente alterar o comportamento dos outros, sem levar em conta uma noção importantíssima denominada "ganho secundário". Assumimos que o padrão de comportamento apresentado pela pessoa é a resposta mais adequada à disposição dela, num dado contexto, independente de quão bizarro ou inapropriado possa parecer.

O contexto ao qual o cliente está respondendo compõe-se em geral de mais ou menos nove partes de experiência interna e de mais ou menos uma parte de experiência externa. Então, quando um trecho de comportamento parecer ou soar bizarro ou inadequado para você, eis um bom sinal de que uma grande margem do contexto ao qual a pessoa está respondendo é uma coisa não disponível a você, em sua experiência sensorial imediata. Ela está respondendo a alguém ou a alguma coisa representada internamente: mãe, pai, eventos históricos, etc. E, muitas vezes, essa representação interna fica fora da consciência. Linda e Tammy podem verificar que as respostas por elas modificadas, quando vieram aqui e trabalharam conosco, eram respostas e eventos que se deram em algum momento do passado.

Isso não deveria surpreender nenhum de vocês. Tenho certeza

de que todos passaram por experiências que dão apoio a esta colocação. Nossa resposta específica a essa compreensão é notar que todos somos organismos equilibrados e complexos. Uma forma de levar em conta essa complexidade, no caso de se vir a ajudar alguém na efetivação de alguma mudança, é usando-se um padrão que chamamos de *remodelagem*. Remodelagem é uma maneira específica de entrar em contato com aquela porção ou parte — na falta de uma palavra melhor — da pessoa que está determinando a ocorrência de um certo comportamento, ou que está impedindo a ocorrência de outras manifestações da conduta. Procedemos deste modo para que consigamos descobrir quais são os ganhos secundários do comportamento e para que tomemos conta deste na qualidade de parte integrante do processo de indução de mudanças naquela área do comportamento.

Tudo isto fica bem ilustrado através de um exemplo. Um psiquiatra nos encaminhou uma mulher. Ela queria perder aproximadamente vinte quilos. Já havia perdido peso antes mas, toda vez que o perdia, tornava a ganhá-lo. Ela conseguia *livrar-se* dele, mas não conseguia *mantê-lo* eliminado. Descobrimos, através da remodelagem, que nenhuma de suas partes fazia a menor objeção a ela perder peso. No entanto, a parte dela que a fazia comer em excesso procedia assim a fim de proteger seu casamento. Vocês conseguem fazer essa ligação? Se não conseguem, deixem-me explicar mais um pouco. Na opinião desta mulher que era gorda, se ela fosse perder peso e depois pesar aquilo que desejava pesar, ela se tornaria fisicamente atraente aos homens. Se ela fosse fisicamente atraente aos homens, estes se aproximariam e lhe fariam propostas. Na opinião desta sua parte, ela não contava com recursos adequados para tomar decisões acertadas para si mesma, em resposta a tais propostas. Ela não era capaz de dizer: "Não". Nenhuma de suas partes desejava ser gorda. Contudo, havia uma parte dela que *usava* o fato de ela ter peso em excesso para institucionalizar a escolha de não ter de enfrentar uma situação tida como impossível de ser efetivamente enfrentada por ela e que talvez provocasse o fim de seu casamento. É isto que se conhece como "ganho secundário".

O aspecto fundamental da remodelagem é fazer a distinção entre a *intenção* — neste caso, proteger seu casamento — e o *comportamento* — neste caso, comer em excesso. Depois, podem-se encontrar comportamentos novos, mais aceitáveis, que satisfaçam a mesma intenção.

Uma coisa que as pessoas dificilmente entendem é que os sintomas *funcionam*. Enquanto ser gorda funcionasse e atingisse os fins da intenção, essa parte da mulher iria mantê-la gorda. Quando tivesse meios melhores de proteger seu casamento, então iria permitir-lhe perder peso o que, na realidade, ela já conseguia mesmo sem dieta.

Façamos agora uma demonstração. Quem deseja mudar? — *em segredo...*

OK, Dick. Queremos que você mantenha todo o conteúdo apenas para você, deixando as pessoas aqui livres para observarem o processo pelo qual passaremos. Ou o Dick está fazendo alguma coisa agora sobre a qual ele não tem escolha, uma espécie de comportamento compulsivo que ele preferiria substituir por alguma outra coisa, ou então existe alguma coisa que ele gostaria de fazer mas que não consegue. Estas são as duas vias verbais de se codificar o mundo das possibilidades.

Dick: É a primeira.

OK. Se você não se importar, vamos dar o nome codificado X para o padrão de comportamento que você tem no momento e que prefere substituir por alguma outra coisa mais adequada. E pressuponho que o padrão X, aos olhos de seu julgamento consciente, não é uma boa representação de você mesmo enquanto um organismo adulto total. Nós apenas identificamos o padrão, aquilo que a pessoa deseja modificar. Este é o passo número um.

O passo seguinte é estabelecer uma comunicação com aquela parte de Dick responsável pela existência deste padrão X que ele quer mudar.

Está embutida neste contexto uma noção que irei colocar diretamente para ele mas que quero indicar para todos os demais, ao mesmo tempo. Dick, eu respeito essa parte de você que é a responsável pelo padrão X ficar sempre acontecendo em sua conduta, vezes e vezes seguidas. Você chegou até aqui. Está sentado aqui e foi bem-sucedido na realização de uma grande quantidade de coisas que você faz com sua vida. Estou convencido de que essa parte que dirige o padrão X — mesmo que você não o aprecie conscientemente — está tentando realizar alguma coisa de positivo em seu benefício. Eu não irei induzir mudança alguma até que essa parte de você, responsável pela direção do X, fique satisfeita com as mudanças que então serão mais apropriadas tanto para ela mesma quanto para você, enquanto organismo total.

Esta colocação só faz sentido se você tiver um sistema de crenças que dirá: "Olha, se ele tivesse um controle consciente deste comportamento, este já teria sido modificado". Portanto, alguma parte dele que *não* é consciente está dirigindo este padrão de comportamento.

Posso lhes garantir que, de noventa e nove casos em cem, quando uma pessoa deseja fazer alguma modificação e vai procurá-los em busca de auxílio, irá acontecer uma dissociação, um conflito, entre seus desejos conscientes e algum conjunto inconsciente de programas. O inconsciente é, de longe, muito mais forte. Ele conhece *muito mais* a respeito de suas necessidades do que sua mente consciente, bem como *muito mais* do que eu poderia um dia ter conhecimento, pelo lado de fora. Alio-me de imediato ao inconsciente e isso é exatamente o que acabei de fazer. Essa é *uma* das formas de fazê-lo, verbal e explicitamente: "Olhe, não estou conversando com sua mente consciente. Estou falando com aquela parte de você que é responsável por este padrão de comportamento. Ela é que irá dirigir o *show*. Eu irei funcionar como seu assistente".

E então, como é que você se comunica com essa parte? Se você tivesse que ir ao Federal Building (Edifício Federal) em San Francisco, para fazer uma pessoa assinar um papel, você teria pela frente uma tarefa complexa, porque das 450 pessoas que ali trabalham existe apenas uma de quem você precisa. Se você fosse adotar a estratégia de procurar pela pessoa de cuja assinatura precisa parando na porta e conversando com o guarda, pedindo-lhe que assinasse, e depois entrando pelo corredor, um escritório depois do outro, atrás da pessoa autorizada a assinar, você iria perder um tempo enorme. Seria uma estratégia ineficaz para a obtenção que deseja, numa situação burocrática. Esta metáfora é realmente bem próxima, em termos do trabalho que os terapeutas executam.

Os terapeutas foram treinados para prestarem uma enorme atenção aos pedidos conscientes de sua clientela. É típico que a mente consciente seja a que sabe *menos* a respeito do que está se passando em seu comportamento. O fato de a pessoa entrar em meu consultório e me dizer: "Estou 'Xzando' e não quero mais fazer isso; ajude-me a mudar", é uma colocação de que ela já tentou fazer a mudança com todos os recursos aos quais tem acesso conscientemente e que fracassou por completo. Parece tão absurdo quanto começar pelo guarda e batalhar através de todos os escritórios, se eu me ligar a essa mente consciente numa discussão destas possibilidades. Eu quero é ir direto ao escritório onde está localizada a pessoa que me pode assinar o papel. Quero ir direto à parte de Dick que está controlando seu comportamento, a nível inconsciente, neste contexto.

Faço também a suposição de que essa parte de você que lhe faz X — mesmo que você não a aprecie conscientemente — está realizando algo em seu benefício, alguma coisa que de certo modo o beneficia. Não sei o que seja isso e, com base em sua resposta, você conscientemente não sabe o que ela é, pois deseja que ela pare de funcionar.

Então estabeleçamos oficialmente um contato com essa parte. Este é o passo número dois. Já aconteceu, mas vamos fazê-lo oficialmente. Dick, você sabe como usar as palavras para conversar consigo mesmo aí em seu interior? Certo. O que eu gostaria que você fizesse é que entrasse um momento dentro de si e se fizesse uma pergunta. Eu lhe direi qual é a pergunta. Depois de ter feito a pergunta, a sua tarefa é simplesmente prestar atenção a quaisquer mudanças por você observadas em suas sensações corporais, quaisquer mudanças cinestésicas, quaisquer imagens, ou quaisquer sons que ocorram em resposta à pergunta. Você não tem de tentar influir nestas respostas, de modo algum. A parte de você responsável por este padrão irá tornar conhecidas suas necessidades através de um destes canais sensoriais. Você só precisa ser sensível para detectar a resposta.

A pergunta que gostaria que você fizesse é: "Irá comunicar-se comigo, na consciência, essa minha parte que é responsável pelo padrão X?" E depois, observe simplesmente aquilo que acontecer, quaisquer alterações em seus sentimentos, imagens, ou sons.

Enquanto Dick estiver fazendo isso, a tarefa de vocês outros é observá-lo e sempre conseguir a resposta à pergunta que o fiz fazer *antes* que ele a dê para nós. E vocês já a têm. Isso é mesmo muito comum. Noutro dia falamos sobre o meta-comentário como uma escolha da comunicação. Este é um contexto no qual faço a ressalva especial de que *não* façam meta-comentários, a menos que simplesmente desejem sacudir alguém da cabeça aos pés. Se você puder sempre conseguir a resposta antes de seu cliente, terá um canal direto realmente forte de comunicação com o inconsciente, um canal que não está dentro dos limites de sua conscientização e que lhe permite efetuar verificações verdadeiramente vigorosas, quanto à coerência. Se a resposta que *você* observa é diferente daquela que *o cliente* capta em sua consciência, essa diferença é de grande importância para o conhecimento do terapeuta.

Dick, qual foi sua experiência depois de ter feito a pergunta?
Dick: Confusão.
OK. "Confusão" é uma nominalização[*]. Não é a experiência; é um julgamento consciente a *respeito* da experiência. É irrelevante falarmos sobre seus julgamentos conscientes porque Dick já fez o melhor que podia com seus recursos conscientes, e não deram certo. Precisamos trabalhar com a experiência. Qual foi a sua experiência quando mencionou "confusão"? Como é que você sabia que estava confuso?
Dick: Fiquei corado.
Então você sentiu um enrubescimento, uma alteração na pressão sangüínea. Aconteceu uma mudança de temperatura, acompanhando a de pressão sangüínea, ou uma sensação de pressão? Localizou-se em alguma parte de seu corpo?

---

* *Nominalization*, no original. Nominalizar uma coisa seria dar um nome a uma emoção, em vez de vivenciá-la de fato. Mais do que isso: não só dar nome, mas ficar preso a ela, sem aprofundar a consciência da emoção. A nominalização se contrapõe a sentir, experienciar algo mais no plano afetivo, emocional. É sentir mais no campo intelectual do que no campo emocional. (Nota da Editora)

Dick: Um pouco de cada, principalmente no meu estômago.
Em seu estômago. OK, então esta é uma resposta não-verbal verdadeiramente elegante. Na realização de uma remodelagem, advertimos vocês a realmente limitarem-se aos sistemas representacionais primários: sentimentos, imagens, sons. Não se incomodem com as palavras pois elas são por demais sujeitas à interferência consciente. A beleza de um sinal cinestésico não-verbal como este, por exemplo, é ser considerado involuntário. E vocês podem testá-lo para terem *certeza* de que é involuntário. Dick, você consegue fazer essa sensação de enrubescimento acontecer conscientemente?
Dick: Talvez.
Tente...
Dick: Não.
Este também é um bom modo de convencer subjetivamente alguém de que está se comunicando com uma parte de si mesmo que em geral não lhe é disponível a nível consciente. E, evidentemente, a maior parte da hipnose e do *biofeedback* se baseia no princípio de que se pode alterar a consciência e alcançar o acesso àquela parte de seu sistema nervoso e de sua fisiologia que normalmente ficam fora de seu alcance. A pergunta era do tipo "sim-ou-não"; a resposta foi uma mudança cinestésica, uma mudança sensorial. Agora, até este momento, tudo o que temos é uma resposta; não sabemos se quer dizer "sim" ou "não", nem Dick tampouco o sabe, conscientemente.

Uma das formas de as pessoas criarem verdadeiras confusões é brincando de serem psiquiatras com partes de si mesmas, sem estarem qualificadas para tanto. Elas interpretam as mensagens que conseguem receber de suas próprias partes. Então, começam a sentir alguma coisa e denominam-na "medo", quando talvez se trate de alguma forma de excitação, alguma espécie de vivacidade, ou de qualquer outra coisa. Ao denominá-lo e depois ao agir como se fosse esse mesmo o caso, as pessoas interpretam erroneamente sua própria comunicação interior, tão facilmente quanto interpretam erroneamente uma comunicação de origem externa. Nós não queremos correr esse risco, e existe um modo fácil de termos certeza do que quer dizer esse sinal.

Dick, antes de mais nada, gostaria que você se voltasse para dentro de si mesmo e agradecesse à parte de você que efetuou a comunicação, por esse feito, de modo que você a valide por ter-se comunicado com você. A seguir, diga-lhe: "Gostaria muito mesmo de compreender essa sua comunicação. Para que eu não entenda errado o que você quer dizer, se estiver dizendo 'Sim, você está disposto a comunicar-se comigo conscientemente' por favor intensifique o mesmo sinal que você me deu antes — o enrubescimento no estômago. Se você estiver dizendo: 'Não, você não está disponível para comunicar-se comigo na consciência', inverta o processo e enfraqueça a manifestação".

Enquanto Dick executa esta instrução e vocês o observam para conseguirem a resposta antes que ele a dê para nós, percebam que, se o sinal tivesse sido uma imagem, teríamos simplesmente variado a amplitude do sinal. Poderíamos tê-lo tornado mais claro para um "sim" e mais escuro para um "não". Se tivesse sido um som, poderíamos ter pedido um aumento no volume do mesmo para o "sim" e uma diminuição para o "não". Deste modo, evita-se o risco de interpretar errado conscientemente o significado dos diversos sinais cinestésicos, visuais, ou auditivos. Esse procedimento confere um canal muito nítido de comunicação com a parte de Dick que é responsável pelo padrão de comportamento que ele deseja mudar. E, é lógico, é *só* a tal parte que sabe como realizar a modificação.

Este processo garante a vocês uma excelente oportunidade para praticarem a observação do que tradicionalmente vem sendo denominado resposta hipnótica. Uma das definições mais úteis de Milton Erickson a respeito de transe profundo é: "Um foco limitado de atenção voltado para o interior". Foi precisamente isso que pedimos a Dick fazer aqui — que limitasse o foco de sua atenção a um sinal de origem interior. E as alterações correspondentes na textura de sua pele, em sua respiração, na cor de sua pele, no tamanho de seus lábios etc., são todas características do que os hipnotizadores oficiais denominam fenômeno de transe.

Dick, volte a reunir-se aqui conosco. O que aconteceu?

Dick: Tive as sensações.

Então se intensificaram. Você obtém a verificação. Agora estamos em comunicação com aquela parte; temos um sinal tipo "sim-ou-não". Agora podemos perguntar àquela parte *qualquer* coisa e conseguirmos uma resposta "sim-não" inequívoca. Temos um canal de comunicação interior que nos informa que Dick está se dirigindo a si mesmo. Não somos nós que o estamos fazendo. Estamos simplesmente consultando-o acerca do próximo passo. Agora ele efetivou um canal de comunicação interior que lhe permite comunicar-se de maneira não-ambígua com aquela parte de si mesmo responsável pelo padrão que ele quer alterar. É tudo que se faz necessário. Neste ponto, pode-se fazer o que quer que seja.

O passo número três é distinguir entre o padrão X e a *intenção* da parte, responsável pelo padrão. Dick, esta sua parte que, a nível inconsciente, está lhe respondendo, tem uma determinada intenção, a qual está tentando executar para você. O *modo* pelo qual ela o faz não é aceitável a você, a nível consciente. Agora iremos trabalhar com essa parte, através de seu canal de comunicação, para oferecer-lhe melhores meios de conseguir alcançar aquele resultado em busca do qual se encaminha. Quando essa parte tiver maneiras melhores de executar sua tarefa, do que aquela que tem agora, você poderá ter conscientemente aquilo que deseja e essa parte continuará a tomar conta de você, da maneira como deseja fazê-lo.

Quero que você se volte para dentro e faça uma pergunta. Após a pergunta, seja sensível ao sistema de sinalização que você tem. Vá aí dentro e pergunte àquela parte: "Você gostaria de me permitir saber, a nível consciente, o que é que você está tentando fazer para mim, através deste padrão X?" Aí você aguarda uma manifestação "sim-ou-não"... (Dick sorri de ponta a ponta.)

Eu disse apenas para perguntar "sim-ou-não". Não disse "Dê-me essa informação". Se vocês estiverem prestando atenção, repararam que uma coisa efetivamente dramática aconteceu. Ele pediu uma resposta "sim-ou-não". Ele conseguiu esse sinal *bem como* a informação a respeito da intenção, a nível de consciência.

Dick: O que muito me agradou.

O que muito o agradou e surpreendeu. Neste ponto, a terapia terminou. Agora há uma apreciação consciente do que é que essa parte — que vem dirigindo o padrão X — está tentando fazer para ele, inconscientemente. Dick, você não sabia antes o que ela estava tentando fazer, sabia?

Dick: Não, mas tive uma pista nesse sentido enquanto você estava falando, antes de eu me voltar profundamente para dentro. Tive a sensação de que ela —

Parte de nosso problema de fazer demonstrações é que, depois de dois dias juntos, temos com vocês um relacionamento tão bom a nível inconsciente que há uma tendência de vocês fazerem as coisas muito depressa.

Então ele agora tem um entendimento consciente da intenção desta sua parte que vinha executando o padrão X. Dick, é mesmo verdade que você quer que uma parte sua tenha a responsabilidade de tomar conta de você deste modo, mesmo que seus métodos específicos não sejam aceitáveis de seu ponto de vista? Talvez você não goste do *modo* como essa parte acaba conseguindo o padrão X, mas será que concorda que a *intenção* é uma coisa que você quer que uma parte sua faça por você enquanto pessoa?

Dick: Sim.

Existe agora uma coerência entre a intenção do inconsciente e a apreciação do consciente.

Isto quer dizer que estamos na hora do passo número quatro: criar algumas novas alternativas para o padrão X que sejam *mais* bem-sucedidas na consecução da intenção e que mesmo assim continuem permitindo à consciência obter precisamente o que desejar. O que iremos fazer é conservar a intenção — o resultado final — constante, variando os meios de obtê-lo até encontrarmos alguns meios *melhores* de alcançá-los, meios estes que não entrem em conflito com outras partes de Dick.

Dick, há uma parte de você mesmo que você considere sua parte criativa?

Dick: Humpf!

A parte criativa irrompe aqui fora: "Oi! Estou aqui. Que é que você quer?" Espero que vocês todos possam compreender o sentido que usei ao falar antes a respeito da múltipla personalidade como um passo evolutivo. Então você conta com uma parte de si mesmo que você tem na conta de criativa.

Dick: Oh, sim.

Quero que você se volte para seu interior e pergunte à sua parte criativa se ela estaria disposta a executar a seguinte tarefa. Antes de você efetuá-la, deixe-me explicá-la. Peça-lhe que, a nível inconsciente, vá até à parte que executa o padrão X e descubra o que é que esta está tentando fazer por você. Depois faça com que a criativa comece a criar maneiras alternativas por meio das quais a que dirige o programa X consiga efetivar sua intenção. A parte criativa irá produzir 10, 20, ou 1000 modos de alcançar o mesmo resultado final e será bem pouco responsável por todas as suas criações. Sua finalidade é somente a de gerar um monte de modos possíveis para você conseguir seu resultado, isentando-se de avaliar aquelas que realmente irão funcionar. Então, a partir da multidão de coisas que ela irá ofertar, a parte que estiver executando o padrão X irá avaliar quais daqueles meios ela crê serem mais efetivos do que o padrão X para conseguir aquilo que está tentando alcançar para você. Sua finalidade será selecionar pelo menos três meios por ela considerados *pelo menos* tão eficientes — e, esperemos, *mais* eficientes — quanto o padrão de comportamento que até agora veio utilizando para realizar sua intenção. Será que isto faz sentido para você?

Dick: Acho que sim.

OK. Volte-se para dentro e pergunte à sua parte criativa se ela estaria disposta a fazer isso. E o modo pelo qual eu gostaria que essa sua parte o notificasse de que aceitou cada uma das novas escolhas é apresentando-lhe aquela sensação, aquele sinal de "sim". Talvez você tenha consciência de quais são as novas alternativas, talvez não. Mas isso é irrelevante para nosso propósito aqui.

Dick: Parece uma tarefa enorme.

Sim, é, mas milhões de pessoas já a realizaram em todas as partes do mundo. É humanamente possível, e você é um ser humano. Você tem que ir aí dentro e explicar a coisa à sua parte criativa e à outra também, e se ambas concordarem, então diga-lhes que comecem. O que você irá fazer agora é usar seus próprios recursos criativos para começar a reorganizar seu comportamento... (pausa demorada).

Você teve os três sinais, Dick (Não). Quantos você conseguiu? (Nenhum). Nenhum, você conseguiu nenhum. Você iria aí dentro para perguntar àquela parte — novamente "sim" ou "não" — se ela recebeu propostas por parte da porção criativa? Pergunte-lhe se sua parte criativa apresentou-lhe alternativas de escolha... (Ele assente com a cabeça). OK. Então ela esteve recebendo dados?

Dick: Aparentemente.

Então, checando a parte da criatividade descobrimos que ela está gerando diversas possibilidades. Certo. Então você iria aí dentro desta vez perguntando se alguma destas escolhas apresentadas foi uma escolha aceitável? Será que alguma (s) dela (s) foi (foram) mais efetiva (s) do que o padrão X, quanto a conseguir o que deseja?

Alguns de vocês apreciam dar conselhos aos clientes. No momento em que derem algum conselho, saibam que eles serão menos efetivos do que se vocês os devolverem, com instruções explícitas adequadas, ao próprio potencial de recursos das pessoas, para que estas desenvolvam suas próprias formas alternativas. Vocês são seres humanos únicos e singulares e assim também o são seus pacientes. E pode ou não acontecer a sobreposição, como vocês descobriram aquele primeiro dia, durante o exercício da tarde, quando lhes pedimos que alucinassem. Alguns de vocês conseguiram adivinhar o conteúdo das experiências de seu parceiro de maneira praticamente inacreditável. Já outras pessoas, passaram por um processo que não funcionou de modo nenhum. Se vocês tiverem essa incrível sobreposição então poderão dar conselhos úteis. Não há nada de mal em fazê-lo, na medida em que forem sensíveis às respostas que estão obtendo, conforme forem aconselhando. Mas, mesmo nesse caso, será mais eficiente se lançarem a pessoa de volta a seus próprios recursos. (Dick sacode a cabeça.)

OK. Você recebeu um sinal de "não". Nenhuma das escolhas novas é aceitável. A parte criativa gerou uma série de maneiras possíveis, nenhuma das quais foram tão eficientes quanto o padrão atual. Agora, você poderia pedir à parte que dirige o padrão X para ir avistar-se com a parte criativa e tornar-se sua conselheira para que essa última possa sair-se com escolhas melhores quanto ao modo de realizar essa intenção. Peça-lhe que esclareça o que foi que especificamente impediu as escolhas apresentadas pela parte criativa de serem maneiras mais eficientes de alcançar a intenção. Você entendeu conscientemente essa instrução, Dick? Ótimo, então vá aí dentro e explique tudo isso àquela parte e depois pergunte-lhe — tipo "sim" ou "não" — se ela está disposta a fazer isso. E, caso ela diga "sim", diga-lhe que comece.

Este processo em particular difere de maneira significativa das técnicas terapêuticas e hipnóticas normais. Nós servimos apenas como consultores para a mente consciente do indivíduo. Todo o trabalho é executado por ele mesmo. Ele é seu próprio terapeuta; naquele momento, ele é seu próprio hipnotizador. Nós não estamos fazendo nenhuma dessas coisas. Comunicamo-nos diretamente com sua consciência e a instruímos quanto ao modo de proceder. É responsabilidade do paciente, Dick neste caso, estabelecer e manter uma comunicação eficaz com as porções inconscientes de si mesmo as quais ele necessita contatar a fim de modificar-se. Evidentemente, assim que ele aprender a fazê-lo — usando este acontecimento como exemplo — ele pode realizá-lo sem nosso concurso. Essa é uma outra vantagem. Este processo conta com uma autonomia intrínseca para seu cliente.

Dick, você recebeu três sinais?

Dick: Não tenho certeza.

Certo. Será que você poderia ir para dentro e perguntar à parte se ela agora tem pelo menos três escolhas — é irrelevante você ter ou não consciência das mesmas — as quais são por ela consideradas mais potentes do que o antigo padrão X na realização do que ela está procurando realizar? Use novamente o mesmo sinal. É importante voltar a procurar o mesmo sinal para referência, continuamente, e é importante conseguir três novas escolhas. Se você puder pelo menos contar com três escolhas, começará a praticar a variabilidade em seu comportamento.

Dick: Essa teve um "sim".

Certo, agora ele conseguiu uma positiva; a parte disse: "Sim, tenho pelo menos três maneiras mais eficientes do que o antigo padrão X", mesmo que ele conscientemente não saiba quais elas sejam.

O passo número cinco é ter certeza de que estas novas escolhas irão realmente acontecer em seu comportamento. Valendo-se do mesmo sistema de sinalização, Dick, gostaríamos que você perguntasse a esta parte: "Uma vez que você tem três maneiras mais eficientes do que o antigo padrão X, será que você poderia assumir a responsabilidade de fazer com que essas coisas acontecessem mesmo em meu comportamento, no contexto apropriado?" E você sabe que o "sim" é uma intensificação e que o "não" é uma diminuição. Certo?

Dick: Não tenho certeza de que seja.

Certo. Então peça a essa parte para lhe dar um sinal de "sim" antes de você começar, para que você saiba o que é um "sim" e o que é "não". Se você os tiver lá atrás, irá fazer uma pequena confusão aí dentro.

Dick: Sim, eu... eu... eu me perdi.

Sim. Eu sei. É por isso que estou lhe pedindo que faça isso. Apenas vá para dentro de si mesmo e pergunte àquela parte se ela pode dar-lhe um sinal de "sim", de modo que você saiba qual é o "sim".

Dick: O sinal de "sim" é repousante.
Certo, ótimo. Voltemos um pouquinho. Vá novamente para dentro e pergunte à parte se ela concorda que estas escolhas irão funcionar mais eficientemente do que X.
Dick: Essa foi "sim".
Bom. Agora pergunte à parte se ela estaria disposta a aceitar a responsabilidade pela produção das três novas escolhas — ao invés de pela produção do padrão X — por um período de, digamos, seis semanas, apenas para testá-los.
Dick: "Sim".
O passo número seis, na minha opinião, é o que torna este modelo de mudança realmente elegante. O teste ecológico é nosso reconhecimento explícito de que o Dick aqui, e cada um de nós, é um organismo realmente complexo e equilibrado. Seria imprudente simplesmente realizarmos uma mudança no padrão X, sem levar em conta todas as repercussões, sobre as demais partes de sua experiência e de seu comportamento. Esta é uma maneira de erigir uma proteção contra isso.
Gostaríamos que você agradecesse à parte todo o trabalho por ela realizado. Ela atingiu o que precisava e já está satisfeita com os resultados alcançados. Queremos agora descobrir se quaisquer outras partes têm algum *input* para este processo. Pergunte: "Há alguma outra parte de mim mesmo com alguma objeção quanto às novas escolhas que irão acontecer?" Depois, fique sensível a qualquer que seja a resposta em alguns dos seus sistemas: sentimentos, imagens, sons...
OK, você teve uma resposta. E então?
Dick: Não há objeções.
Como é que você sabe disso? Isto é importante. Pedi-lhe que prestasse atenção a todos os sistemas. Você voltou aqui e disse: "Não, não há objeções". Como é que você sabe que não há objeções?
Dick: Não senti tensão em parte alguma.
Você não sentiu tensão. Houve alguma mudança que você tenha captado cinestésica, visual, ou auditivamente?
Dick: Bom, o relaxamento.
Um relaxamento. Certo, tratou-se de um relaxamento corporal completo. Só para ter certeza, só para verificar a coerência, agradeça a essa parte específica que lhe permitiu relaxar. E depois pergunte: "Se isto quer dizer que não há objeções, relaxe-me ainda mais. Se houver alguma objeção, faça com que ocorra alguma tensão". Novamente, o máximo que estamos fazendo é variar o sinal para "sim" e "não". É arbitrário você dizer: "Sim para um aumento positivo, Não para uma diminuição", ou o inverso. Não faz diferença.
Dick: Estou tendo uma certa objeção.

OK. Qual foi exatamente a sua experiência? Aconteceram mudanças na tensão muscular?

Dick: Sim, em redor dos meus olhos.

Certo. Toda vez em que se obtém uma resposta a uma indagação de caráter geral, é importante checar-se e ter certeza absoluta do que quer dizer a resposta. Agradeça à parte a resposta de tensão muscular em torno de seus olhos. Peça-lhe que aumente a tensão caso for "sim" e que a diminua, caso "não" seja a resposta à seguinte pergunta: "Você tem objeções às novas alternativas?"...

Dick: Houve uma diminuição.

É um pouco raro ter essa tensão aqui. É típico, no teste ecológico, que o coração de praticamente todo mundo se acelere. A maioria das pessoas associa um coração acelerado ou a medo ou a ansiedade. Quando lhes peço que parem de alucinar e que peçam apenas um aumento para "sim" e uma diminuição para "não", o ritmo cardíaco geralmente decresce. Entendo por esta mensagem que isto é apenas um sinal de que uma parte qualquer da pessoa está bastante excitada a respeito do que está acontecendo.

Dick: Eu também estava percebendo uma pulsação em minhas mãos, mas a tensão ocular pareceu mais intensamente diferente do que as sensações das mãos, então foi por isso que mencionei a tensão dos olhos.

OK. Vamos verificar isso também. Desta vez, vá lá dentro agradecer a parte que lhe deu o sinal das mãos. Depois faça a mesma pergunta: "Você tem alguma objeção a fazer?" e peça-lhe que aumente o sinal para "sim" e diminua-o para um "não".

Dick: Diminuição de sensação.

Diminuição, então essa parte não tem também qualquer objeção a fazer. Se tivesse ocorrido uma objeção a esta altura, você simplesmente se reciclaria de volta ao passo número três. Você tem um novo sinal "sim-ou-não" — a pulsação nas mãos. Agora você faz uma distinção entre a objeção desta parte e sua intenção. Continue atravessando este processo até ter integrado todas as objeções.

Em geral mantemos constante o primeiro conjunto de três escolhas, perguntando a qualquer uma das partes que encontre modos alternativos de realizar o que precisa fazer sem interferir com o primeiro conjunto de escolhas. Mas você poderia também pedir a ambas as partes que formem um comitê para irem se avistar com a parte criativa e para selecionarem novas alternativas que sejam aceitáveis a ambas.

O teste ecológico é muito importante. Muitos de vocês fizeram um trabalho elegante e o cliente está coerente, no consultório. Quando ele sai, uma outra parte dele vem à tona, apresentando preocupações vinculadas ao contexto. De repente, quando ele chega em casa, descobre que não consegue mais captar aquilo que captara no consultório, ou no grupo. Há outras partes dele que sabem que, se ele for para casa e mudar simplesmente do modo que iria mudar, ele perderia a amizade daquela pessoa, destruiria o relacionamento, ou algo assim. Esta forma serve para verificar com certeza a inexistência de quaisquer partes cujas contribuições positivas possam vir a sofrer uma interferência por meio dos novos padrões de comportamento. Evidentemente, a única verificação *real* acontece na experiência, mas desta forma está-se fazendo o melhor que se pode no sentido de ter-se certeza de que as novas escolhas irão funcionar.

Certo, então, Dick. O que acontecerá se seis ou sete semanas a partir de hoje você descobrir que está executando o antigo padrão X? O que é que você espera então fazer?... Você pode aceitar isso como um sinal de que as novas escolhas com as quais você se saiu não foram adequadas para satisfazer a intenção. E aí pode ir novamente consultar sua parte criativa, dando-lhe instruções para produzir mais três escolhas. O padrão de comportamento é um barômetro do nível de eficácia das novas escolhas. Se o antigo padrão emergir após o período experimental, isso atesta que as novas escolhas não foram mais eficientes do que o padrão antigo. É um sinal para você retornar a este processo e criar escolhas melhores.

A regressão a um comportamento anterior não é um sinal de fracasso, e sim incompetência e você precisa voltar atrás e consertar a coisa. *A remodelagem irá dar certo.* Garanto que seu comportamento irá modificar-se. *Se* seu comportamento se alterar para a forma antiga, isto é sinal de que os novos tipos de comportamento não foram tão efetivos para conseguir alguma coisa para a pessoa quanto o era o padrão anterior. Aí ela retoma o processo, descobre qual é o ganho secundário ali envolvido, e cria modos novos de tomar conta inclusive disso.

Se você não considerar de forma explícita o sintoma como um sinal para entabular negociações, sua mente consciente irá denominá-lo de "fracasso", caso o sintoma torne a aparecer. Quando o sintoma for identificado como sinal, o cliente começará a prestar-lhe atenção na qualidade de uma *mensagem*. É provável que sempre tivesse sido uma mensagem, de alguma forma, mas nunca foi considerado desse jeito. Quando toma essa atitude, o cliente começa a ter um mecanismo de "biofeedback" e descobre que só entra em contato com este sinal em determinados momentos.

Por exemplo, entra uma pessoa com enxaquecas e eu a remodelo, todas as suas partes estão felizes e o cliente vive duas semanas onde tudo corre bem. Então, está por acaso numa situação em particular e de repente fica com dor de cabeça. A dor de cabeça aciona a instrução de que as negociações não foram adequadas. A pessoa tem a alternativa de debruçar-se para dentro e perguntar: "Quem é que está infeliz? O que é que isto quer dizer?" Se uma parte disser: "Você não está indo em seu próprio auxílio do jeito que prometeu fazer", então ela estará frente a uma simples escolha de ter um enxaqueca ou de ir em auxílio de si mesma.

Tive uma mulher com enxaquecas tão intensas que até caía de costas. Havia uma parte dela que queria ser capaz de jogar de vez em quando e se não conseguia fazê-la jogar, então todas as outras partes não lhe prestavam *a menor* ajuda! *Whacko!*[*] A coisa lhe dava dor de cabeça. Então ela entrou num acordo de que gastaria um certo tempo com as atividades lúdicas. Depois da sessão, quando veio o fim de semana, ela decidiu, ao invés, ir fazer seu imposto! Aquela parte simplesmente derrubou-a. Ela me chamou pelo telefone e disse: "Bom, não me mantive fiel à minha parte daquele acordo e fiquei com outra enxaqueca. Que é que devo fazer?" Eu disse: "Não me pergunte; pergunte àquela parte. Não é meu problema. Não é a minha cabeça que está doendo".

Então ela se voltou para dentro de si mesma e descobriu o que era esperado que ela descobrisse. Aquela parte lhe disse: "Saia de casa, entre no carro, vá para algum lugar e divirta-se, *se não!*" Assim que ela entrou no carro, a dor de cabeça tinha desaparecido. Então sua dor de cabeça não se tornou mais uma coisa que a incomodasse, tornou-se um indicador ao qual ela faria melhor em responder. Aprendeu que ter uma dor de cabeça era um sinal para sair e divertir-se.

Certo, então. Alguma pergunta a respeito do processo pelo qual passamos com Dick?

Mulher: Estaria eu entendendo que Dick não necessita estar consciente de quais são estas escolhas?

Preferimos que ele não tenha consciência das mesmas. Isso poderia até atrapalhá-lo.

Mulher: Dick, você não tem consciência das três alternativas, especificamente?

Dick: Não tenho. De certa forma, sinto-me um fracasso por causa disso, sabe, porque não consigo *pensar* nelas.

Mulher: Então como é que ele sabe que as tem?

Ele recebeu um sinal de seu inconsciente, a saber, a sensação cinestésica de relaxamento. Ele não sabe conscientemente quais são suas novas alternativas.

Dick: Mas está bom aqui, desse jeito.

Sua mente inconsciente sabe quais elas são e isso é tudo o

---

[*] V. nota da p. 90. (Nota da Editora)

que importa. Essa é a parte que dirige o *show* nessa área do comportamento, de qualquer forma. Façamos uma demonstração aqui, para seus propósitos. Será que você iria aí dentro de você, Dick, perguntando à mesma parte que ali está, usando o mesmo sinal "sim-ou-não", se ela estaria disposta a permitir à sua mente consciente que soubesse qual é *uma* das novas escolhas, apenas como demonstração para você de que essa parte sabe de coisas que você não sabe?

Isto se chama o convencedor. É completamente irrelevante para o processo de mudança, mas pode acalmar um pouquinho a mente consciente da pessoa.

Dick: Ela não vai fazer isso.

E com toda a razão. Se eu fosse a mente inconsciente de Dick também não iria dizer-lhe. Dick iria tentar interferir. Que foi que ele *fez* antes? Sua parte inconsciente não revelou informações específicas e ele imediatamente teve um sentimento de fracasso! Eu também não iria me comunicar com sua mente consciente se esta fosse comportar-se desse jeito. É igualmente convincente ter um inconsciente que diz: "Não, eu não irei lhe dizer quais são as escolhas", uma vez que isto é um sinal involuntário, certo?

Dick: Certo.

Deixem-me agora mencionar de passagem a natureza paradoxal do pedido que fizemos no passo número dois. A pergunta é: "Será que você teria vontade de comunicar-se comigo na consciência?" *Qualquer* sinal que Dick detecte tem que ser uma resposta na consciência. Mesmo que essa parte responda: "Não, não teria", isso ainda é uma comunicação na consciência.

Se ele tivesse obtido um "não" como resposta, eu teria entendido o seguinte: a intenção dessa parte é *não* comunicar-se com ele a nível da consciência. Trata-se de uma colocação de que seu inconsciente não confia nele. Ou seja, não está disposto a revelar informações para sua mente consciente. E eu respeito isso. Acredito de verdade que as mentes inconscientes deveriam ter a liberdade e, na realidade, o dever, de manter fora do alcance da consciência o material que não tivesse utilidade para a mente consciente trabalhar.

Passamos por um período em que não fazíamos mais nada a não ser transes hipnóticos muito, muito profundos. Veio uma vez um homem dizendo que havia toda sorte de coisas interpondo-se em seu caminho para atingir a felicidade. Eu disse: "Você gostaria de me dizer quais são estas coisas?" E ele disse: "Não, eu quero entrar em transe e mudar tudo de uma vez, e é por isso que vim procurar hipnose". Portanto, aceitando seu comportamento, efetuei uma indução, coloquei-o num transe profundo, mandei embora sua mente consciente, e disse: "Quero falar em particular com sua mente inconsciente". Eu não tenho *a menor* idéia do que isso significa, porém, quando o dizemos às pessoas, elas o fazem. Elas conversam conosco e *não* é aquela que esteve falando antes, pois ela sabe de coisas que a primeira não sabia. Se eu criei essa divisão ou se ela já estava lá, não tenho idéia. Apenas pedi que ela acontecesse e recebi o que queria.

Neste caso particular, sua mente consciente, para expressá-lo do modo mais bonito possível era oca. Entretanto, seus recursos inconscientes eram incrivelmente inteligentes. Então eu disse: "O que quero saber de você, uma vez que você sabe dele muito mais do que eu, é quais são as mudanças necessárias em seu comportamento?"

A resposta que obtive foi: "Ele é um homossexual".

"Qual é a mudança que ele precisa fazer?"

"Ele precisa mudá-la porque está toda baseada em cima de um erro".

"De qual erro?"

Foi a seguinte a explicação que obtive de sua mente consciente: a primeira vez que ele tivera a oportunidade de reafirmar-se fisicamente, em termos de tentar defender-se da violência, foi quando ele tinha cinco anos e tivera sido levado a um hospital para uma extração de sua amígdalas. Alguém colocou a máscara de éter em seu rosto e ele tentou empurrá-la para longe e lutar enquanto cedia ao peso do anestésico. A anestesia ficou ancorada à sensação de estar zangado. Depois disso, toda vez que ele começava a sentir-se zangado ou amedrontado, e começava a brigar contra alguma coisa, seu corpo amolecia. Em resultado disso, sua mente consciente decidiu que ele era um homossexual. Ele estava vivendo como homossexual há mais ou menos vinte e cinco anos.

Seus recursos inconscientes disseram: "Você não deve permitir que sua mente consciente saiba deste erro, porque saber disso irá destruí-lo". E eu concordei com isso. Não havia necessidade de que ele soubesse que durante vinte e cinco anos havia sido trapaceado em todos os seus relacionamentos. A única coisa importante era que ele deveria fazer uma mudança, porque ele queria se casar, mas não podia se casar com uma mulher porque *sabia* que era um homossexual. Sua mente consciente não iria de modo algum permitir-lhe a conscientização do fato de que havia cometido aquele engano, pois isso faria de sua vida inteira um engano, um erro e essa informação o destruiria por completo. Seu inconsciente queria dar-lhe a ilusão de que havia ultrapassado o problema da homossexualidade e adquirido novos comportamentos.

Então, fiz um acordo com sua mente inconsciente de que ele iria florescer como pessoa heterossexual e fazer as mudanças como resultado de uma experiência espiritual. Sua mente inconsciente concordou que essa era a melhor forma de realizar a coisa. Ele se modificou sem nenhuma representação consciente tanto da sessão de hipnose quanto das mudanças que depois se deram. Ele acredita que a coisa foi resultado de uma experiência com drogas: fumou maconha e teve uma experiência cósmica. Ele pressupôs que foi a qualidade do fumo e não uma sugestão pós-hipnótica. Isto serviu-lhe para realizar as mudanças que desejava.

Há muitas partes das pessoas que fazem esse mesmo tipo de coisa. Uma determinada parte não quer que a mente consciente saiba o que está se passando, porque acredita que esta não consegue enfrentar a informação e essa parte pode tanto estar certa quanto errada. Algumas vezes já trabalhei com pessoas com cujas partes entrei em acordo para que elas permitissem à mente consciente ir lentamente tomando consciência de alguma coisa, um pouco de cada vez, para descobrir se realmente essa mente consciente pode ou não enfrentar essa situação. E, em geral, essa parte descobria que a mente consciente poderia aceitar a informação. Em outras oportunidades, recebi um enfático "Não, de forma nenhuma irei fazer isso. Não quero que a mente consciente fique sabendo. Irei modificar todos os comportamentos mas não irei informar nada disso à mente consciente". E as pessoas mudam mesmo. A maioria das mudanças ocorre de qualquer forma a nível inconsciente. É somente na história européia ocidental recente que tornamos explícita a idéia da mudança.

Se a parte de Dick tivesse dito que não estava disposta a informar sua mente consciente de qual era a intenção, teríamos simplesmente prosseguido do mesmo jeito porque isto é irrelevante. Teríamos apenas dito àquela parte para ir consultar-se diretamente com a parte criativa e conseguir as novas escolhas. De fato, é provável que o fato de ter informado a mente consciente seja o responsável pela grande demora de todo o processo. Estou falando a sério. Ter consciência, até onde sei, nunca é importante, a menos que você queira escrever livros para modelar seu comportamento. Em termos de uma comunicação frente a frente, seja internamente, seja com outras pessoas, não se precisa ter consciência. Nós limitamos, no fundo, a participação consciente de Dick a receber e a relatar flutuações em seu sistema de sinalização, e a fazer perguntas que estimulassem estas respostas.

É bastante possível — e não só possível como também muito *positivo* — para ele *não* saber qual é a intenção de sua parte inconsciente, bem como *não* saber quais são suas novas escolhas. As alterações serão ainda tão profundas e efetivas quanto se ele soubesse isso tudo. De fato, de certo modo, as mudanças serão mais eficientes.

Homem: E se você não obtiver resposta alguma no começo?

Bom, se você não tiver nenhuma resposta, seu cliente está provavelmente morto. Se ele, no entanto, não tiver uma resposta que o convença eu me alio ao seu inconsciente e digo: "Olha, essa parte não está disposta a comunicar-se com você e eu concordo porque eu também não teria vontade de me comunicar com você. O que você ainda não notou é que essa parte vem realizando uma coisa de importância para você, vem lhe prestando um serviço e você tem gasto todo esse tempo lutando contra seus próprios processos interiores enquanto eles estiveram tentando realizar uma coisa positiva para você. Quero saudá-las e cumprimentá-las. E penso que você precise pedir-lhes desculpas". Eu digo literalmente às pessoas para voltarem-se para dentro de si mesmas e pedirem desculpas por terem lutado contra aquela parte e por terem tornado muito mais difícil para ela fazer aquilo que esteve tentando fazer por elas mesmas.

Se essa admoestação não funcionar, pode-se ameaçar as pessoas. "E se vocês não começarem a ser melhores para suas partes, eu irei *ajudá-las* a destruir vocês. Irei ajudá-las a lhes provocar uma dor de cabeça terrível e a lhes aumentar doze quilos em seu peso". É típico eu começar a ter em seguida uma comunicação realmente boa com seu inconsciente. A pessoa estará dizendo: "Bom, não acho que isso seja muito preciso", ao mesmo tempo em que sua cabeça está balançando para cima e para baixo, assentindo em resposta ao que que acabei de dizer.

Mulher: No passo número três, você perguntou à parte o que ela está tentando fazer — qual é sua intenção com aquele padrão de comportamento. Você precisa fazer isso, já que não importa saber qual é ela?

Não. É só porque a maioria das pessoas está interessada. Se o inconsciente não quer revelar a intenção, nós apenas diremos coisas do tipo: "Mesmo que X seja um padrão que você deseja conscientemente mudar, será que você teria vontade de acreditar que essa parte inconsciente é bem-intencionada e está tentando fazer algo para você que o beneficie como pessoa total, através do padrão X? Se você estiver disposto a aceitar isto, então mantenhamos todo o conteúdo inconsciente, dizendo: Certo. Acredito que você esteja bem-intencionada. Não necessito rever nem avaliar suas intenções porque irei pressupor que você está operando em meus melhores interesses'". E depois iremos simplesmente em frente, para o passo número quatro.

Há alguns anos estávamos fazendo um *workshop* e havia uma mulher que tinha fobia de dirigir em pistas de alta velocidade. Ao invés de tratar esse problema como fobia, o que teria sido muito mais elegante, realizei uma remodelagem-padrão para demonstrar que se *pode* trabalhar com fobias através da remodelagem, mesmo que seja muito mais rápido usar o padrão de dissociação visual/cinestésico de duas etapas. Eu disse: "Olha, existe uma parte que fica morrendo de medo quando você chega perto das pistas de alta velocidade. Vá para dentro de você e diga a esta parte que ela está fazendo uma coisa importante e pergunte-lhe se ela está com vontade de comunicar-se com você". Ela obteve uma resposta positiva muito intensa. Então eu lhe disse: "Agora volte para dentro e pergunte a essa parte se ela tem vontade de lhe dizer o que é que ela está tentando fazer para você quando fica morrendo de medo se você se aproxima de pistas de alta velocidade". Ela se voltou para dentro e depois disse: "Bom, essa parte me disse que não está com vontade de me contar nada".

Ao invés de proceder a uma remodelagem inconsciente, fiz uma coisa que pode parecer curiosa porém, de tempos em tempos, realizo-a quando tenho uma suspeita, ou o que as demais pessoas chamam de intuição. Fiz com que ela se voltasse para dentro de si mesma e perguntasse àquela parte se ela *sabia* o que estava fazendo pela pessoa. Ela fechou os olhos e depois, quando os abriu de volta, disse: "Bom, eu... eu não... eu não acredito que ela me disse". "Então volte para dentro e pergunte-lhe se está dizendo a verdade". Ela novamente se interiorizou e depois falou: "Não quero acreditar no que ela me disse". "Bom, que foi que ela te disse?" "Disse que se *esqueceu!*".

Bom, embora possa soar muito divertido, sempre considerei que essa fosse uma *grande* resposta. Em certos aspectos, faz sentido. Você está viva há muito tempo já. Se uma parte organiza um comportamento seu e a pessoa realmente resiste a ele e luta contra ele, o comportamento pode ficar tão envolvido na luta que acabe esquecendo por que motivo foi que organizou-se daquela forma, para início de conversa. Quantos de vocês já entraram numa discussão e no meio do fala-fala já se esqueciam do que pretendiam fazer, só para começar? As partes, da mesma forma que as pessoas, nem sempre se recordam dos resultados.

Em vez de entrar numa grande trapalhada, disse: "Olhe, essa sua parte é muito forte. Alguma vez você já se deu conta de como ela é poderosa? Cada vez que você se aproxima de uma pista de alta velocidade, essa parte é capaz de amedrontar você até o limite. Isso é realmente surpreendente. Como é que você se sentiria de contar com uma parte como essa do seu lado?" Ela disse: "Uau! Não tenho nenhuma parte como essa!" Então respondi: "Volte-se para seu interior e pergunte-lhe se ela gostaria de fazer alguma coisa que se pudesse apreciar, que fosse válida, e em que valesse a pena empregar todos os seus talentos". E evidentemente a parte respondeu um entusiasmado sim. Então eu disse: "Então ponha-se em contato com seu interior, e pergunte à parte se ela teria vontade de te deixar confortável, alerta, respirando regularmente e com suavidade, tendo cuidado e sintonizada na experiência sensorial, toda vez que você subir numa pista de alta velocidade, pela rampa de acesso". A parte respondeu: "Sim, sim, eu vou fazer isso". Fiz depois com que ela fantasiasse uma duas situações numa pista de alta velocidade. Antes ela havia sido incapaz de fazê-lo, ficava num estado de terror completo porque até mesmo a fantasia de chegar perto de uma dessas pistas era por demais assustadora. Desta vez, quando ela fez a fantasia, fê-lo adequadamente. Ela entrou no carro, saiu da pista, e procedeu muito bem. Ela se divertiu tanto que dirigiu nessa pista durante quatro horas e acabou ficando até sem gasolina!

Homem: Num certo momento, parecia que a testa de Dick mostrava uma certa tensão. Fiquei me perguntando se ele estaria aborrecido ou se simplesmente estava se concentrando.

Se você estiver trabalhando com uma pessoa e tiver uma dúvida séria a respeito disso, então você se deve uma checagem para comprovar ou negar suas suspeitas. Evidentemente, o meio mais fácil é a mesma metodologia. Eu teria olhado para Dick e dito: "Reparei numa sobrancelha contraída. Algumas vezes isto indica tensão, outras vezes simples concentração. Não sei qual é o caso agora". Leva só mais uns trinta segundos para fazê-lo ir para dentro e perguntar àquela parte dele que está enrugando a pele da sobrancelha se pode aumentar a tensão no caso de ter alguns dados a fornecer para o processo e que gostaria de deixar manifestos, ou diminuí-la, no caso de não ter nada a acrescentar. Isso lhe confere uma verificação imediata, isenta de quaisquer alucinações. Você não precisa alucinar e o paciente não precisa adivinhar. Vocês têm um sistema que lhes permite obter sinais sensoriais diretos, a fim de responder às suas perguntas.

Espero que aqueles que forem hipnotizadores reconheçam uns dois padrões que estão acontecendo aqui. Um é o fracionamento: a alternância entre voltar-se para o próprio interior e depois ir de volta à experiência sensorial — dentro e fora do transe.

Sejam vocês hipnotizadores ou não, talvez já tenham ouvido falar de sinais com o dedo ou sinais ideomotores. Muito freqüentemente, o hipnotizador entrará em acordo com a pessoa, em transe, para que ela erga o dedo indicador direito num movimento inconsciente honesto para respostas de "sim" e o dedo indicador esquerdo para "não". O que fizemos aqui nada mais é do que um sistema de sinais naturais com dedos. Os sinais com o dedo são uma imposição completamente arbitrária por parte do hipnotizador. A remodelagem deixa uma margem de liberdade muito maior para o cliente, permitindo-lhe escolher um sistema de sinais de resposta que seja quase congruente com aquilo de que tem necessidade naquele momento. É uma técnica naturalista que possibilita também a apresentação de sinais que não podem ser duplicados pela consciência. Contudo, o padrão formal, os princípios, é o mesmo que no caso dos sinais com dedos. O uso de sinais naturais permite ainda que partes diferentes empreguem canais diferentes ao invés de forçar a todas que utilizem o mesmo sistema.

Agora, e se ele, em algum momento, obtivesse um aumento de sudorese nas palmas das mãos, sensações na canela das pernas, imagens visuais, um som de um carro de corrida, todas como sinais de resposta? Eu teria dito: "Fico feliz por existirem tantas partes de você ativas em seu benefício. A fim de fazer com que dê certo isto aqui, volte-se para seu interior e agradeça todas elas pelas respostas. Peça a todas elas que prestem o máximo possível de atenção ao que irá acontecer. Em primeiro lugar, iremos abordar a sudorese de suas mãos, e trabalharemos com essa parte. Garanto a todas as outras partes que não acontecerão mudanças comportamentais até que façamos o teste ecológico e tenhamos verificado que todas elas aceitam os novos comportamentos".

Ou pode-se pedir a todas as partes que formem um comitê e solicitar-lhes que elejam um sinal. A seguir, faça com que o comitê torne conhecidas à parte criativa quais são suas necessidades, e assim por diante.

Homem: E se no passo número cinco a parte não concordar em assumir a responsabilidade?

Bom, então alguma coisa antes deu errado. Se a parte que diz: "Não, eu não vou assumir essa responsabilidade" for a mesma que escolheu três padrões de comportamento por ela considerados mais eficientes do que o padrão original, isso não faz o menor sentido. E é um indicador de que seus canais de comunicação entraram em choque em algum ponto; então, tem-se que voltar atrás e dar-lhes uma endireitada geral.

Homem: Voltando um passo atrás — e se a parte não ajudar você a fazer uma escolha? Você pergunta: "Será que você escolheria algumas de todas estas possibilidades?" E a parte diz: "Não, eu não escolheria".

Você pode dizer: "Seu estúpido! Estou-lhe oferecendo modos que são mais eficientes do que seu padrão atual e você está dizendo: 'Não!' Que tipo de imbecil você é?" Estou falando a sério. Isso funciona espantosamente bem. Aí você consegue uma resposta! Contudo, esta é apenas uma das formas. Há muitas outras maneiras. "Ah, então você está perfeitamente satisfeito com toda a energia desperdiçada que acontece aí dentro?" Empregue manobras presentes em seu comportamento que sejam apropriadas até o ponto de obter as respostas que você quer.

Mulher: Que tipos de relatos você escuta a respeito do que acontece quando se apresentam as novas condutas?

Em geral as pessoas começam a comportar-se diferentemente

cerca de uma semana antes de poderem reparar nesse fato. As mentes conscientes são verdadeiramente limitadas. Esse relato temos aos montes. Empreguei a remodelagem com uma mulher que tinha uma resposta fóbica — bastante curiosa — a passar sobre pontes apenas se elas tivessem água por baixo. Ela morava em New Orleans onde existem diversas pontes com água embaixo. Há uma ponte lá, denominada Ponte Slidell, e ela sempre a mencionava "Principalmente a Ponte SLIDEell"[(*)], enfatizando assim a pronúncia. Depois que a fiz passar pela remodelagem, disse-lhe: "Você irá passar agora por alguma ponte no caminho de volta para casa?" E ela disse: "Sim, irei atravessar a ponte SliDELL". Essa diferença foi suficiente para mim como indicação de que a remodelagem iria funcionar.

Ela estava ali naquele *workshop* por três dias já e nunca pronunciara uma só palavra. No final do *workshop*, fiz-lhe uma pergunta a respeito do que havíamos feito na sexta-feira. "Você ficou dirigindo pelas pontes durante este fim de semana e quero saber se você teve alguma das respostas fóbicas". Ela disse: "Ah, eu realmente nem tinha pensado nisso". Poucos dias antes ela havia trabalhado naquilo mesmo na qualidade de um seu problema e, dois dias mais tarde, estava comentando: "Ah, sim, são apenas vias expressas em cima da água". Isso é uma coisa muito, muito próxima à resposta que ontem Tammy nos ofereceu. Quando Tammy fantasiou estar fazendo essa travessia, ela falou: "Bom, eu estava guiando por cima de uma ponte", e não tinha mais aquele impacto incrível, aquela arrasadora resposta cinestésica. As pessoas têm a tendência de nem mesmo pensarem de novo a respeito da coisa, mas têm a disposição de, posteriormente, descobrirem a mudança, o que para mim é realmente muito mais sério e importante do que se tivessem ficado surpresas e deliciadas com essa descoberta.

Essa mesma mulher, de New Orleans, também disse: "Bom, é realmente uma coisa surpreendente. Na verdade, eu não tinha fobia de pontes!"

"Se você não era fóbica por pontes, como é que você ficava toda arrasada daquele jeito quando ficava numa?"

"Porque elas passam sobre a *água*. Sabe, a coisa toda tinha a ver com o fato de que quase me afoguei quando era uma criancinha; fiquei sob uma ponte, me afogando".

"Você tem piscina?"

"Agora que você tocou no assunto, não".

"Você nada com alguma freqüência?"

"Eu não nado de jeito nenhum. Não consigo nadar".

"Você gosta de tomar banho de chuveiro ou de banheira?"

"De chuveiro".

---

* *Slide*, em inglês, quer dizer escorregar. (N.T.)

Em algum momento de seu passado, ela fez uma generalização que dizia: "Não se aproxime da água; você irá se afogar". Quando essa parte reparou que ela estava em cima de uma ponte, disse: "As pontes passam por cima da água e a água é um bom lugar para quem quer se afogar, portanto, agora é o momento de ficar aterrorizada".

Sempre realizamos seguimentos. As pessoas voltam ou telefonam, então temos certeza de que as mudanças desejadas realmente aconteceram. Em geral precisamos pedir um relato — o que me parece uma coisa apropriada. A mudança é a única constante em minha experiência e a maior parte dela acontece a nível inconsciente. Somente com o advento de Psicoterapias e Psiquiatria humanistas oficiais é que as pessoas passaram a dar uma atenção voluntária à mudança.

Trabalhei em Michigan com uma fobia apresentada por uma mulher. Naquela época eu não sabia qual era seu conteúdo mas acabou se revelando o fato de que ela estava com fobia de cachorros. Depois de termos feito o trabalho, ela foi visitar uma pessoa amiga que tinha um cachorro. O que realmente a surpreendeu muito foi que, ao entrar na casa e ver o animal, ela notou que o cão parecia muito *menor*. Ela disse para o amigo: "Meu Deus! O que aconteceu com seu cão? Ele *encolheu!*"

Homem: O sistema de sinalização de Dick apresentou um sinal de resposta positiva de que havia recebido três escolhas novas vindas da parte criativa. E se ele tivesse recebido um de negativa?

Não faz diferença receber um "sim" ou um "não". Só importa você receber um ou outro. Os sinais "sim-ou-não" servem apenas para distrair a atenção da mente consciente da pessoa com quem se está trabalhando. Se você recebe um "não", então você oferece a essa parte uma nova forma de realizar a mesma coisa. "Então vá conversar com essa parte maliciosa e diga-lhe que se alie à parte criativa para poder enganá-la, criando novas escolhas". Não faz diferença o modo como você procede.

É provável que eu o tivesse induzido a gerar uma parte criativa. Eu não teria ficado satisfeito de vê-lo ter acesso à sua criatividade. Sei que existem *milhões* de maneiras de se realizar a mesma coisa. Pode-se dizer: "Você conhece alguma outra pessoa que seja capaz de fazer isso? Quero que você reviva com os mais vívidos detalhes que puder, em termos de imagens, sons e sentimentos, o que é que *essa pessoa* faz; a seguir, consiga que esta sua parte considere *estas* possibilidades". Essa é só uma das maneiras de fazer o que chamamos de "troca de índice referencial".

E se você pergunta para alguém se ela tem uma parte que possa considerar como sua parte criativa e a resposta é "Não"? O que é que você vai fazer? Ou se a pessoa hesita: "Bem, não sei".

Existe uma maneira verdadeiramente fácil de criar uma parte criativa, usando sistemas representacionais e o processo de ancoragem. Você diz: "Pense naquelas cinco vezes de sua vida em que você se comportou de modo fortemente criativo mesmo, e em que você não teve a mais pálida noção nem de como nem do que você fez, mas que você sabia ser uma coisa muito positiva e criativa". Enquanto ela pensa nessas cinco situações, uma depois da outra, você as ancora. Aí você já conta com uma âncora direta na criatividade da pessoa. Você organizou essa criatividade, pô-la junta, e deu uma estrutura à história pessoal do indivíduo. Talvez possa-se perguntar: "Alguma de suas partes faz planos? Bom, faça com que ela apresente três formas diferentes para você poder planejar seu comportamento novo". A palavra "criativa (o)" é só uma das escolhas dentre uma miríade de modos de se organizar suas atividades.

A única forma de você ficar atolado num processo destes é no caso de você tentar executá-lo de modo rígido. Você diz para o cliente: "Bem, você teria alguma parte aí dentro que considerasse sua parte criativa?" Se ele lhe olhar seco dentro dos olhos e disser "não" comece então a criar novas palavras. "Você nota uma parte que seria responsável por todas as atividades *rataplan* de sua vida? E o modo como você entra em contato com essa sua porção interior é quando se toca a têmpora!" E pode-se inventar *qualquer coisa* desde que o resultado seja gerar formas novas de alcançar a concretização da intenção. Isto é tão ilimitado quanto sua criatividade. E se *você* não tiver uma parte criativa, crie uma para você mesmo!

E também existem muitas outras maneiras pelas quais a coisa poderia *não* ter dado certo. Já notaram que é isso que as pessoas aqui dentro estão fazendo de novo? Todos vocês viram que funcionou. E você está perguntando: "Quais são todas as outras formas pelas quais o trabalho *não* teria dado certo?" Tenho certeza de que vocês conseguiriam produzir uma centena de formas para fazer com que não desse certo. E, para dizer a verdade, muitos de vocês irão fazer isso mesmo. A questão é que, se fizerem uma coisa que não dá certo, façam alguma *outra* coisa. Se continuarem fazendo alguma coisa diferente, algo irá funcionar. Queremos que aqui façam com que dê certo com cada um de vocês, entre si, para que possuam uma experiência à qual se referir. Encontrem uma pessoa que não conheçam, como parceiro, e experimentem a remodelagem. Estaremos andando por aí, caso fiquem em dificuldades.

Esboço da remodelagem

(1) *Identificar o padrão* (X) a ser modificado.
(2) *Estabelecer comunicação* com a parte responsável pelo padrão.

(a) "Será que essa parte que executa o padrão X irá comunicar-se comigo a nível da consciência?"
(b) Estabelecer o significado "sim-ou-não" do sinal.
(3) *Distinguir o comportamento*, padrão X, *da intenção* da parte que é responsável pelo comportamento.
(a) "Será que você estaria disposta a me deixar conhecer, em nível de consciência, o que você está tentando fazer por mim, com o padrão X?"
(b) Se obtiver uma resposta "sim", peça a esta parte para prosseguir e comunicar sua intenção.
(c) Esta intenção é aceitável à consciência?
(4) *Criar novos comportamentos alternativos* que satisfaçam a intenção. A nível inconsciente, a parte que executa o padrão X comunica sua intenção à parte criativa, escolhendo as melhores alternativas geradas pela mesma. Cada vez que uma alternativa é escolhida, a parte apresenta o sinal de "sim".
(5) Pergunte à parte: "Será que você teria vontade de *assumir a responsabilidade* pela produção de três novas alternativas no contexto apropriado?"
(6) *Teste ecológico.* "Existe dentro de mim alguma outra parte que faça objeções às três novas alternativas?" Se houver uma resposta "sim", retome o passo número (2), acima.

* * *

Certa vez, num *workshop* para um instituto de AT, eu disse que acreditava que *cada* parte de *cada* pessoa é um recurso valioso. Uma mulher me disse: "Essa é a coisa mais burra que jamais escutei!"
"Eu não disse que era verdade. Eu disse se você acreditava que, enquanto terapeuta, você iria conseguir muito mais".
"Bom, isso é completamente ridículo".
"O que é que te faz crer que isso é ridículo?"
"Tenho partes em mim que não valem dez centavos. Simplesmente me atrapalham. É só o que fazem".
"Diga uma".
"Tenho uma parte que, independente do que eu fizer, toda vez que eu tento fazer alguma coisa, ela simplesmente me diz que não posso fazê-lo e que irei falhar. Faz com que tudo se torne duas vezes mais difícil do que o necessário".
Disse que havia sido uma aluna evadida da escola secundária e que, quando decidira retornar aos estudos, essa parte dissera: "Você nunca irá conseguir; você não é boa o suficiente para isso; você é burra demais. Será embaraçoso. Você não vai conseguir". Mas ela conseguiu. E mesmo depois de ter feito isso, quando decidiu entrar na faculdade, essa parte disse: "Você não irá ser capaz de terminar".

Então eu disse: "Bem, gostaria de conversar diretamente com essa parte". Isso sempre pega o pessoal da AT, diga-se de passagem, porque isso não existe em seu modelo. Certas vezes fico falando e olhando por cima de seu ombro esquerdo e eles ficam todos doidos. Mas esse é um mecanismo de ancoragem verdadeiramente eficiente porque a partir de então toda vez que se olha por cima de seu ombro esquerdo só aquela parte consegue escutar.

"Eu sei que essa parte de você está lhe prestando um serviço de grande importância e que é muito matreira na forma como o realiza. Mesmo que você não aprecie o trabalho por ela executado, eu o aprecio. Eu gostaria de dizer a essa parte que, se ela tivesse vontade de contar à *sua* mente consciente o que vem fazendo por *ela,* então talvez essa parte poderia receber um pouco do apreço merecido".

Então, fiz com que ela se voltasse para seu interior e perguntasse à parte o que de positivo era que vinha fazendo; a resposta: "Estava te motivando". Depois de ter-me revelado isso, ela comentou: "Bem, acho isso uma loucura". Eu disse: "Mas sabe, não acho que você fosse capaz de vir aqui em cima e trabalhar na frente deste grupo todo". Ela levantou-se em atitude desafiadora e atravessou a sala, depois se sentou. Aqueles que já estudaram estratégias e que compreendem o fenômeno da resposta de polaridade irão reconhecer nesta parte apenas um Programador Neurolingüista que sabia da utilização. Essa parte sabia que se dissesse: "Ah, você consegue entrar na faculdade, você pode fazê-lo", ela teria dito: "Não, não posso mesmo". Contudo, se essa parte lhe dissesse: "Você não irá conseguir passar esse ano", ela diria então: "Ah, é-é?" e a seguir iria para a rua fazer aquilo mesmo.

E então, o que teria ocorrido com aquela mulher se de alguma forma tivéssemos conseguido com que aquela parte parasse de proceder daquela forma, contudo deixando de mudar todo o resto?... Ela não teria mais forma alguma de se motivar! É por causa disso que temos o teste ecológico. Este é a forma de nos certificarmos de que os novos comportamentos se adequam a todas as outras partes da pessoa. Até o passo número seis, a essência do trabalho é criar um sistema de comunicação entre a consciência da pessoa e a parte inconsciente que executa o padrão de comportamento que se está tentando modificar. E tivemos sorte de encontrar comportamentos alternativos mais eficientes nessa área. É lógico que eu não sei, depois de terminado isso, se o trabalho irá beneficiar a pessoa em sua *totalidade*.

Deixem-me dar-lhes ainda um outro exemplo disso. Já vi umas pessoas que não passavam de ratinhos assustados irem a treinamentos de assertividade e tornarem-se agressivas — mas tão agressivas que o marido ou a esposa tinha de abandoná-las e nenhum dos amigos conversava mais com elas. Andam por aí gritando com todo mundo e se comportando de forma extremamente assertiva e tão corrosiva que não têm mais amigos. Essa é uma espécie de troca de polaridade, ou de balanço do pêndulo. Uma forma de se ter certeza de que isto não vá acontecer é utilizando algum dispositivo do tipo do teste ecológico.

Quando você tiver completado a comunicação e criado os novos comportamentos alternativos para a parte que originalmente executava o comportamento do problema, deve pedir a todas as outras partes que considerem as repercussões destes novos padrões de conduta. "Há alguma outra parte dentro de mim que faça objeções às novas escolhas de meu comportamento?" Se alguma outra parte objetar, irá de modo típico empregar um sinal distintivo, talvez dentro do mesmo sistema, mas terá uma característica distintiva no que concerne à parte do corpo. Se de repente houver uma tensão nos ombros, você diz: "Bom, eu tenho uma mente consciente limitada. Seria possível você aumentar a tensão em meus ombros se o significado for 'Sim, há uma objeção' e diminuí-la, se o significado for 'Não'?" Se houver uma objeção, esse é um resultado muito agradável, pois significa que existe alguma outra parte, algum outro recurso, também ativo em seu benefício, em termos de efetuar essa alteração. Você está de novo no passo número dois e recomeça o ciclo, outra vez.

Uma das coisas que considero como diferenciadora, entre um comunicador primoroso e um que não o é, é a capacidade de ser preciso quanto ao uso da linguagem: usem a linguagem de modo a que ela obtenha aquilo que vocês desejam. As pessoas desajeitadas com a linguagem, obtêm respostas atravessadas. Virginia Satir é precisa em seu uso de linguagem e Milton Erickson é ainda mais preciso. Se você for preciso no modo como coloca suas frases, obterá tipos de informação bem precisos, em troca. Por exemplo, alguém aqui disse: "Volte-se para dentro e pergunte à parte responsável por este comportamento se ela estaria com vontade de mudar". A resposta foi "Não". Faz um sentido completo! A pergunta não ofereceu quaisquer escolhas novas. Não incluiu, por exemplo: "Você teria disponibilidade para se comunicar?" A pergunta dizia: "Você quer mudar?"

Uma outra pessoa disse: "Será que você, essa minha parte responsável por esse padrão de comportamento, aceitaria as escolhas geradas pela minha criatividade?" E a resposta foi "Não", com toda a propriedade. Sua criatividade não conhece absolutamente nada a respeito de comportamentos nessa área. A parte encarregada de efetuar uma seleção é aquela responsável pelos seus comportamentos. Essa é a que sabe disso.

Homem: E se a parte criativa inconsciente se recusar a apresentar escolhas originais?

Isso nunca acontece se sua atitude for de respeito para com ela. Se você, como terapeuta, desrespeitar a criatividade e o inconsciente das pessoas, essas partes simplesmente interromperão a comunicação com você.

Mulher: Meu parceiro e eu descobrimos que nossas mentes conscientes tinham uma enorme falta de aceitação das mudanças.

Concordo plenamente com isso. Isso é muito verdadeiro em termos de terapeutas, principalmente se as escolhas tiverem sido mantidas inconscientes. O que não necessariamente acontece com outros grupos da população. E isso toma vulto, pois o terapeuta é uma pessoa com uma mente consciente muito pernóstica. Praticamente toda Psicoteologia humanista contemporânea de que tenho conhecimento implica ser necessária à conscientização para que se dêem as mudanças. Isso é um absurdo.

Mulher: Estou confusa quanto a percepção (*awareness*) e consciência (*consciousness*). A gestalt-terapia enfatiza a importância da percepção (*awareness*) e —

Quando Fritz Perls disse: "Perca a cabeça e retome seus sentidos", para ter percepção (*awareness*), acho que ele se referia à experiência. Acho que ele suspeitava de que se pudesse ter experiências sensoriais sem a intervenção da consciência (*consciousness*). Ele escreveu acerca do que chamava de "DMZ da experiência", e em que ele afirmava que falar consigo mesmo era estar o mais afastado possível da experiência. Segundo ele, criar imagens visuais era uma coisa um pouco mais próxima de se ter uma experiência. E disse que ter sentimentos era tão próximo quanto possível de se ter uma experiência e que o "DMZ" é muito diferente de se comportar e agir no mundo real.

Creio que ele aludia ao fato de se poder ter experiências sem a consciência reflexiva e denominava a isto estar "no aqui e no agora". Nós chamamos a este estado de *uptime*[*]. Essa é a estratégia que empregamos para organizar nossas percepções e respostas, aqui neste *workshop* com vocês. Nesse estado, não se fala consigo mesmo, não se criam imagens, não se têm sentimentos. Simplesmente é captada a experiência sensorial e se responde a ela de forma direta.

Em gestalt-terapia existe uma regra implícita de que captar pistas é ruim porque então deve-se estar evitando alguma coisa. Se você desvia o olhar para longe, está evitando. E quando se olha para longe, você embarcou numa viagem interior, que chamamos de *downtime*[**]. Fritz queria que todo mundo estivesse em *uptime*. Entretanto, ele estava *dentro de si mesmo dizendo-se* que era melhor estar nesse estado! Ele foi uma pessoa muito criativa

---

[*] V. Nota da p. 70 (Nota da Editora)
[**] *Downtime* — Alheio, longe no tempo, fora do que está acontecendo agora. (Nota da Editora)

e acho que era isso mesmo que ele pretendia, mas é muito difícil de saber.

Mulher: Você disse que iríamos ver casos em que a remodelagem não iria dar certo.

Eu vi mesmo, enquanto dava uma volta pela sala! Vocês tentam a coisa e ela não dá certo. Contudo, esse não é um comentário a respeito do método e, sim, a respeito do fato de não ser suficientemente criativo na aplicação do mesmo; também é um comentário sobre a falta de experiências sensoriais suficientes para aceitar todas as pistas que se apresentam. Se você considerar o "não funciona" como um comentário a respeito das coisas que ainda existem para serem aprendidas — ao invés de um comentário acerca de como você é burro, estúpido e inadequado — então a terapia tornar-se-á uma verdadeira oportunidade para a auto-expansão, ao invés de uma situação propícia para o autocriticismo.

Essa foi uma das lições que tive quando ensinava hipnose. E acho que é um dos motivos principais pelos quais a hipnose não proliferou nesta sociedade. Como hipnotizador, põe-se a pessoa em transe e se lhe apresenta alguma forma de desafio, tal como: "Você será incapaz de abrir os olhos". A maioria das pessoas *não tem disposição* para se prestar a este tipo de teste. As pessoas me dizem isto o tempo todo em seminários de treinamento em hipnose: "O que é que acontece se eu der uma sugestão e a pessoa não executá-la?" E eu digo: "Dê-lhe *outra!*" Se o hipnotizador não conseguiu exatamente o que pretendia, ele acha que fracassou, ao invés de aproveitar a ocasião para responder de maneira criativa.

Realmente existe aqui uma armadilha imensa. Se, antes de dar início a uma comunicação, você determinar o que constitui uma resposta "válida", então estará severamente reduzida a probabilidade de que você venha a consegui-la. Se, no entanto, você proceder a alguma manobra, a alguma intervenção, e depois apenas reparar em seus sensores e prestar atenção nas respostas que consegue, você irá perceber que *todas as respostas são passíveis de utilização*. Não há uma resposta especialmente boa ou má. Qualquer resposta é boa, *quando* é utilizada, constituindo-se este no passo seguinte do processo de mudança. A única forma de você falhar é desistindo, decidindo que não vai mais gastar tempo com aquilo. É lógico que você pode apenas continuar fazendo o mesmo tipo de coisa vezes e vezes sem fim, o que significa que você irá obter o mesmo resultado negativo, por um período de tempo maior!

Houve um projeto de pesquisa que considero ser de seu direito saber. De um grupo total de pessoas, colocaram um terço em terapia, um terço em lista de espera e o terço restante assistiu a filmes de terapia. O pessoal da lista de espera teve o mesmo índice de melhora! Este é um comentário a respeito do projeto de pesquisa, e sobre *nada* mais. Esse dado foi-me apresentado como se contivesse uma colocação a respeito do mundo. Quando comentei que só conseguia discernir naquele monte de informações apenas um comentário a respeito da incompetência das pessoas que fizeram a terapia, choquei-os com uma nova idéia de que aquilo pudesse efetivamente ser uma possibilidade.

Vim da Matemática para a Psicologia. A primeira coisa que me fez sentido, quando entrei no campo da Psicologia, foi que as coisas por eles feitas não estavam funcionando, pelo menos com as pessoas que ainda estavam nos hospitais e nos consultórios — o resto tinha ido para casa! Portanto, a única coisa que fazia sentido para mim era que, o que faziam com seus clientes, *não* era o que eu queria fazer. As únicas coisas que *não* valiam a pena aprender eram as que já vinham fazendo e que não davam certo.

O primeiro cliente que vi foi no consultório particular de uma outra pessoa. Entrei e assisti a esta terapeuta trabalhar com um jovem durante uma hora. A terapeuta era muito amistosa, *muito* empática, muito em contato com aquele fulano, enquanto ele falava a respeito de uma vida doméstica terrível. Ele disse: "Sabe, minha esposa e eu não conseguimos realmente nos dar bem e a coisa ficou tão ruim que eu senti realmente que tinha fortes necessidades, então saí e tive um caso". Ela disse: "Entendo como foi que você pôde fazer isso". E continuaram nisso durante uma hora inteira.

Ao final daquela hora, ela se virou para mim e disse: "Bem, há alguma outra coisa que você gostaria de acrescentar?" Eu fiquei de pé, olhei para o cara, e disse: "Quero dizer para você que acho que você é o maior pulha que já encontrei na vida! Saindo e trepando por aí nas costas da tua mulher, e depois vindo aqui chorar no ombro dessa mulher. Isso não vai adiantar coisa nenhuma, porque você não vai mudar, e vai continuar sendo tão miserável quanto é agora, pelo resto da vida, a menos que você pegue suas próprias botas, dê-se um belo pontapé no traseiro, e vá dizer à sua mulher como é que você quer que ela aja com você. Diga-lhe tudo com palavras, explícitas o suficiente, para que ela possa saber exatamente de que maneira você quer que ela faça. Se não fizer isso, você vai continuar vivendo essa vida miserável que agora está vivendo, para sempre, e *ninguém* irá ser capaz de ajudar você". Isso foi o oposto total do que a terapeuta havia feito. Ele ficou arrasado, simplesmente arrasado. Saiu do consultório, foi para casa e enfrentou a situação toda com sua mulher. Ele fez tudo o que eu lhe havia dito que fizesse, depois me telefonou e disse-me que fora a experiência mais importante de toda a sua vida.

Contudo, enquanto ele fazia isso, a terapeuta convencia-me ao máximo de que o que eu fizera fora errado! Explicou-me todos aqueles conceitos sobre terapia e sobre como isso não iria ajudar e convenceu-me de que o que eu fizera fora a coisa errada.
Homem: Mas ela não impediu você de fazê-lo.
Ela *não podia!* Estava paralisada! Mas tinha razão. Não teria dado certo com *ela*. Contudo, para *ele*, foi *perfeito*. Se não fosse por outra coisa, era exatamente o oposto do que ela viera fazendo o tempo todo. Não se tratava de que o que fiz fosse mais forte do que o que ela fizera; era simplesmente uma questão de ser mais apropriado para ele, uma vez que todas as outras coisas não tinham dado certo. Aquela terapeuta não tinha flexibilidade em seu comportamento. Ela fez a única coisa que podia. Não conseguia fazer gestalt-terapia porque não conseguia gritar com ninguém. Isso não existia como escolha para ela. Ela era "legal" *demais*. Tenho certeza de que existiram pessoas que nunca tiveram em suas vidas alguém simpático com elas e que ficar ao redor daquela mulher era uma experiência tão nova que alguma influência era exercida sobre elas. Entretanto, isso ainda não as ajudaria a efetuar as mudanças específicas pelas quais elas haviam procurado terapia.
Mulher: O que fizemos foi perguntar à mente consciente do parceiro: "Você concorda em não sabotar, em tentar não —"
Ah, existe um pressuposto aí de que a mente consciente *pode* sabotar! Você pode ignorar a mente consciente. Mas não pode sabotar o inconsciente. Não pode sabotar a escolha original que não quis e não irá ser capaz de sabotar também as novas.
O que vocês estão fazendo com a remodelagem é conferir ao inconsciente a variabilidade indispensável. Antes o inconsciente tinha apenas uma escolha a respeito de como conseguir o que quisesse. E agora, tem pelo menos *quatro* escolhas — três novas e uma velha. A mente consciente ainda não conseguiu nenhuma escolha nova. Portanto, segundo a lei da variabilidade indispensável, qual dos dois irá incumbir-se do controle? O mesmo que estava no controle antes de vocês chegarem aqui e que *não* é sua mente consciente.
Para certas pessoas é importante ter a ilusão de que suas mentes conscientes controlam seu comportamento. Essa é uma forma de insanidade particularmente virulenta em meio a professores de faculdade, psiquiatras, advogados. Estes acreditam que a consciência é aquela que dirige suas vidas. Se vocês acreditam nisso, existe uma experiência que vocês podem tentar. Na próxima vez que alguém estender a mão para cumprimentá-los, quero que vocês conscientemente *não* ergam suas mãos para descobrirem se suas mãos levantam ou não. Minha suspeita é que suas mentes conscientes não irão sequer descobrir que é hora

de interromper esse comportamento até que suas mãos estejam pelo menos já na metade do caminho. E esse é apenas um comentário a respeito de quem está no controle.

Homem: E quanto ao uso deste método em grupos?

Espero que você note como é que o empregamos aqui! Enquanto se trabalha com a remodelagem, gasta-se cerca de setenta a oitenta por cento do tempo num trabalho individual, esperando que a pessoa dê uma resposta. Enquanto se faz isso, pode-se começar com alguma outra pessoa. Cada um de nós costumava trabalhar com dez a quinze pessoas de cada vez. A única limitação com respeito ao número de pessoas com as quais pode-se trabalhar de cada vez é o tanto de experiências sensoriais ao qual você tem condições de responder. Você determina seus limites segundo o estado de refinamento de seu aparato sensorial.

Conheço um homem que trabalha com grupos e que leva todas as pessoas em conjunto, de um passo para outro. "Todos identifiquem alguma coisa. Todos se voltem para seu interior. O que é que vocês têm?" "Eu tive uma sensação". "Intensifique para 'sim' ". "E você conseguiu o quê?" "Eu ouvi uns sons". "Faça com que fiquem mais fortes". "O que é que você conseguiu?" — "Eu fiz uma imagem". "Faça com que fique mais nítida". Ao contrário do primeiro tipo, ele faz com que *todo* mundo espere. Essa é uma outra abordagem. Se o grupo de pessoas for homogêneo é mais fácil.

Homem: Sou meio curioso. Alguma vez você já fez isso com alguém que tenha câncer? Fez com que a pessoa se voltasse para si mesma e conversasse com a parte causadora do câncer?

Sim. Trabalhei como consultor para Simontons em Fort Worth. Tive seis pessoas que eram pacientes condenados definitivamente pelo câncer, e formei um grupo com eles que funcionou muito bem. Eu tinha experiências sensoriais suficientes e havia homogeneidade bastante neles enquanto grupo e então pude proceder assim. Os Simontons obtêm boas respostas *usando apenas visualização*. Quando se acrescenta a sofisticação de todos os sistemas representacionais e o tipo de comunicação que desenvolvemos com a remodelagem, não sei quais são os limites. Gostaria de saber quais eles são. E a melhor maneira de descobrir isso é assumindo que posso fazer qualquer coisa e ir em frente para fazê-la.

Tivemos um aluno que obteve uma remissão completa numa paciente com câncer. E ele fez algo que considero ainda mais impressionante: fez com que um cisto ovariano do tamanho de uma laranja diminuísse até sumir, num espaço de duas semanas. Segundo a ciência médica, isso não seria sequer possível. Essa cliente relata que tem as radiografias para provar isso.

As pessoas que aqui estão e que foram fazer cursos de Medicina fizeram um certo desserviço; deixem-me falar a esse respeito por um momento. O modelo médico é fundado num modelo científico. O modelo científico diz o seguinte: "Numa situação complexa, um meio de descobrir cientificamente alguma coisa a seu respeito é restringindo tudo dentro dela, com exceção de uma variável. Depois, muda-se o valor da variável e observam-se as mudanças do sistema". Penso que este seja um modo excelente de entender relacionamentos tipo causa e efeito no mundo das experiências. *Não* acho que seja um modelo útil para a comunicação direta com um outro ser humano que está tentando alcançar uma mudança. Ao invés de restringir todo o comportamento, numa interação frente a frente, deseja-se variar o próprio comportamento *loucamente,* deseja-se fazer qualquer coisa que seja necessária para eliciar a resposta desejada.

O pessoal da Medicina vem há muito tempo sentindo vontade de admitir que as pessoas podem "tornar-se doentes" psicologicamente. Sabem que mecanismos cognitivos psicológicos podem criar enfermidades e que coisas tais como o efeito placebo podem curá-las. Mas esse conhecimento não é explorado de forma útil na cultura norte-americana. A remodelagem é uma forma de *começar* a fazer isso.

A remodelagem é o tratamento de escolha para *qualquer* sintoma psicossomático. Pode-se assumir que qualquer sintoma fisiológico é psicossomático e a seguir usar a remodelagem — certificando-se de que a pessoa já tenha esgotado os recursos médicos. Assumimos que todas as doenças são psicossomáticas. Não *acreditamos* realmente que seja verdade. Contudo, se comportarmo-nos como se fosse verdade, então teremos formas apropriadas para respondermos de maneira intensa a pessoas portadoras de dificuldades não reconhecidas pelos médicos como psicossomáticas. Fossem afásicos os pacientes com quem trabalhávamos, ou mesmo pessoas com paralisia de base orgânica, casos que não eram registrados como histéricos segundo os relatos médicos, mesmo assim ainda obtínhamos mudanças comportamentais. Pode-se falar a respeito disso como se as pessoas estivessem *fingindo* ser modificadas, mas na medida em que ficarem fingindo eficientemente pelo resto de suas vidas, fico satisfeito. Para mim, é real o suficiente.

Para nós a questão não é o que é "verdadeiro", mas sim qual é a crença útil a partir da qual operar como comunicador. Se você é doutor em Medicina e alguém entra com o braço quebrado então acho que a coisa mais lógica a fazer é consertar o osso fraturado e não ficar fazendo jogos filosóficos. Se você for comunicador e entender o modelo médico como metáfora para a modificação psicológica, então cometeu um erro grave. Simplesmente, não é uma forma útil de se raciocinar a respeito.

Creio que, em última instância, as curas da esquizofrenia e da neurose serão provavelmente farmacológicas, mas não creio que precise ser assim. Acho que elas provavelmente *serão* devido ao fato de que as estruturas norte-americanas de treinamento produziram uma quantidade maciça de incompetências no campo da psicoterapia. Os terapeutas simplesmente não estão apresentando resultados. Algumas pessoas estão, mas o que elas fazem não está sendo propagado numa taxa suficientemente alta. Essa é uma das funções que entendo ser nossa: organizar as informações de forma tal a que possam ser facilmente aprendidas e amplamente divulgadas.

Também tratamos o alcoolismo como um processo psicossomático — da mesma forma que as alergias, as dores de cabeça, a dor no membro fantasma. O álcool é uma âncora, da mesma forma que qualquer outra droga. Aquilo que lhe diz o alcoólatra com seu alcoolismo é, no fundo: "A única maneira de eu conseguir certos tipos de experiências que, para mim enquanto ser humano, são importantes e positivas — camaradagem, fuga de certos tipos de processos conscientes, ou qualquer outra coisa — é essa âncora chamada álcool". Enquanto algum outro comportamento não se incumbir do ganho secundário, as pessoas continuarão a recorrer a esse mesmo, na qualidade de âncora. Portanto, há dois passos no tratamento do alcoolismo: um é ter certeza de que o ganho secundário seja absorvido por alguma outra atividade; a pessoa pode sentir a camaradagem sem precisar embebedar-se para tanto. É preciso descobrir qual é a necessidade específica *dessa pessoa,* já que para cada uma é diferente.

Assim que se lhe tiver ensinado maneiras eficientes de ter o ganho secundário para si mesmo, sem a necessidade do álcool, a seguir ancora-se alguma outra coisa que tome o lugar do estímulo álcool, para que esse indivíduo não necessite passar pelo estado alcoolizado para ter as experiências que quer e precisa. Já realizamos sessões únicas com alcoólatras que realmente funcionaram bem, depois de nos termos certificado de que esses dois passos estavam sempre presentes.

Homem: Você admite, basicamente, que uma pessoa seja capaz de conscientemente lhe dizer qual é o ganho secundário?

Jamais! Nosso pressuposto é que ela não o é.

A remodelagem executada dentro daquele padrão de seis passos que aqui fizemos tem algumas vantagens sobre as quais fizemos menção antes. Por exemplo, esse tipo de remodelagem dá seguimento a um certo programa que a pessoa pode utilizar consigo mesma posteriormente para executar modificações em qualquer área de sua vida.

Pode-se fazer a mesma coisa comportamentalmente. No fundo, a remodelagem é um esboço e uma estratégia tanto para a terapia comportamental quanto para o que viemos fazendo aqui. Num relacionamento terapêutico mais comum, o terapeuta assume a responsabilidade pelo uso de todos os seus comportamentos verbais e não-verbais no sentido de eliciar respostas, de entrar em contato direto com alguns recursos de certas partes da pessoa, e de se comunicar com essas mesmas partes. No processo terapêutico normal, o cliente, por seu turno, irá tornar-se essas partes. A pessoa irá chorar, ficar zangada, deliciada, extasiada, etc. Através de todos os seus canais de saída, o cliente irá demonstrar que alterou sua consciência e tornou-se a parte com a qual eu desejo me comunicar.

Na remodelagem, nós damos um passo atrás em tal processo e pedimos ao cliente que crie uma parte que se responsabilizará pela manutenção de um sistema de comunicação interna eficiente e eficaz entre suas várias partes. Contudo, o mesmo padrão de seis passos pode ser útil como princípio organizacional para a realização de tipos mais convencionais de trabalho terapêutico. O passo número um, identificação do padrão, é o equivalente, num contexto terapêutico normal, a se dizer: "Qual é a mudança que você desejaria especificamente realizar hoje?" obtendo depois uma resposta coerente.

No trabalho terapêutico comum há uma grande variedade de modos de se estabelecer a comunicação com uma parte, na medida em que se for flexível. Por exemplo, existe o jogo das polaridades. Suponhamos que estou com alguém que está muito deprimido mesmo. Uma forma de eu entrar em contato com essa parte dele que está realmente deprimida é conversando diretamente com ela. Se eu quiser entrar em contato com a parte que *não* quer que ele se sinta deprimido, posso dizer: "Cara, você está tão deprimido! Você é um dos homens mais deprimidos — aposto que você sempre foi deprimido, a sua vida toda. Nunca em sua vida você teve *qualquer* outra experiência a não ser a da depressão, nunca mesmo".

"Bem, minha vida toda não, mas nos últimos —"

"Ah, não, aposto que tem sido assim sua vida *inteira*".

"Não, minha vida toda não. Na semana passada senti-me muito bem por mais ou menos uma hora..."

Em outras palavras, exagerando a posição que lhe é oferecida, o terapeuta consegue obter uma resposta em termos de polaridade, se proceder de forma coerente. E, assim que a pessoa entra em contato com a polaridade, pode-se ancorá-la.

Mulher: Tenho uma cliente que dirá: "Isso é ridículo! Não quero fazê-lo".

Muito bom, e daí?

Mulher: Você ri disso? Ou, sabe...

Não. Bom, antes de mais nada, nunca tive alguém que me dissesse algo assim. E acho que é porque eu faço uma série de "preparações" antes de entrar em cheio na coisa. Faço muitos acompanhamentos (*pacings*), combinações (*matchings*), espelhamentos (*mirrorings*). Portanto, você pode considerar esse comentário como algo relativo ao fato de você não ter preparado a pessoa suficientemente bem.

Ou talvez você o considere como sinal de que acabou de entrar em contato com a parte que você precisa ter em comunicação. O comportamento do cliente apresenta um conjunto de mensagens e as verbalizações, outro conjunto. Se você reconhecer que a parte ativa, naquele momento, e que acabou de lhe dizer que aquilo é ridículo, é a parte com a qual você precisa se comunicar de qualquer jeito, então você não irá proceder segundo o padrão dos seis passos. Você irá imediatamente recorrer ao padrão terapêutico convencional. Você já estabeleceu comunicação com a parte em questão. Estenda a mão, toque o cliente, e ancore esse seu comportamento da mesma forma que já explicamos antes. Assim procedendo, você terá sempre acesso a essa parte, toda vez que necessitar dela. Essa é uma resposta bem-sucedida em termos de um padrão terapêutico comum.

Mesmo que você o tenha feito segundo o padrão dos seis passos ou segundo o padrão de encontros terapêuticos mais normais, do modo como acabei de falar, agora você já estabeleceu um canal de comunicação. O ponto importante aqui é aceitar apenas relatos e não as interpretações vindas da mente consciente do paciente. Se você aceitar interpretações, irá cair nas mesmas dificuldades nas quais ela já está: a comunicação entre sua compreensão consciente e sua intenção inconsciente está distorcida. Se você der apoio a um dos lados em detrimento do outro, irá perder, a menos que você se alie ao inconsciente, pois o inconsciente sempre ganha, de qualquer jeito.

Se seu cliente se recusa a fazer o que for no sentido de explorar partes inconscientes, pode-se dizer: "Olhe, deixe-me garantir que essa sua parte que você conscientemente está atacando, essa sua parte que fica sempre forçando você a fazer X, essa parte está realizando uma coisa útil para você. Irei *apoiá-la,* contra sua mente consciente, até sentir-me satisfeito com os padrões de comportamento que essa parte inconsciente tiver encontrado, e que sejam mais eficientes do que os que você atualmente está apresentando". Agora, com essa colocação é muito difícil obter alguma resistência. Essa tem sido minha experiência, pelo menos.

O passo número três é o componente principal do que a maioria das pessoas faz quando trabalha com terapia familiar. Digamos que você está com um pai que perde o controle muitas vezes.

Virginia Satir espera até que ele tenha expressado muita raiva. Depois ela diz: "Quero lhe dizer que, em meus anos todos de terapia familiar, já vi um monte de pessoas que ficaram zangadas, e um monte que sabia como expressar raiva. Acho muito importante para todos os seres humanos serem capazes de expressar o que estão sentindo nas entranhas, seja aquilo felicidade ou raiva, como você acabou de sentir. Quero cumprimentar você, e espero que todos os outros membros desta família tenham a mesma escolha". Então, isto é acompanhamento (*pacing*): "aceitar, aceitar, aceitar". E aí ela se aproxima muito mesmo desse pai e lhe diz: "Será que você gostaria de me dizer alguma coisa sobre esses sentimentos de solidão e de dor escondidos atrás da raiva?"

Uma outra forma de remodelagem comportamental é dizer: "Você grita com alguém desse jeito? Você não grita com o moleque que lhe traz o jornal? Você não grita com seu mecânico? Bom, você está tentando dizer-lhe que você se importa com o que ela faz? É por causa disso sua raiva? Quero dizer, eu noto que você não grita com as pessoas com as quais não se importa. Talvez essa seja uma mensagem de cuidado. Você sabia que essa era a forma de ele se expressar e que ele se importa com o que você faz?"

"Bom, como é que você se sente sabendo disso agora?" Quantos aqui já ouviram Virginia Satir dizendo isso? Essa é uma sentença estranha; na realidade não tem sentido algum. Mas dá tão certo! Esse é um outro exemplo de remodelagem comportamental. Trata-se do mesmo princípio, porém envolve algum conteúdo, e essa é a única diferença.

Carl Whittaker tem um padrão muito bonito de remodelagem que aparentemente é sua exclusividade. O marido reclama: "E durante os últimos dez anos ninguém tomou conta de mim em momento algum. Tive que fazer tudo por mim mesmo e tive que desenvolver essa habilidade de tomar conta de mim mesmo. Nunca pessoa alguma é solícita em relação a mim". Carl Whittaker diz: "Graças a Deus que você aprendeu a ficar em cima de seus próprios pés. Eu realmente aprecio o homem que consegue fazer isso. Você não está feliz de ter feito tudo?" Essa é uma remodelagem comportamental. Se o cliente diz: "Bom, você sabe, acho que não sou assim o marido perfeito", ele responde: "Graças a Deus! Estou tão aliviado! Tive esta semana três maridos perfeitos e *eles são tão chatos!*" O que ele faz é inventar o pressuposto da comunicação que está recebendo.

A origem de nossa criação da remodelagem foi ter observado Virginia Satir no contexto da terapia familiar. Aplicamos esse modelo igualmente na tomada de decisões em corporações. Até certo ponto, a mesma coisa já havia sido feita anos atrás no processo denominado "tempestade de idéias" (*brainstorming*).

Entendo que a tempestade de idéias é uma situação na qual as pessoas suspendem as respostas de julgamento que normalmente têm. Esse ponto é explicitado a todas as pessoas envolvidas. Estas só têm permissão para fazerem associações livres, sem quaisquer julgamentos a respeito do valor ou da utilidade das idéias que estarão apresentando. Quando conduzida de maneira eficiente, seu resultado típico é as pessoas darem margem a uma quantidade de idéias muito maior do que utilizando outras maneiras de trabalharem juntas.

O ponto principal de como funciona este procedimento é a possibilidade de uma distinção realmente sutil entre os diversos *resultados* — para que é que iremos usar todo esse material — e o *processo* de gerar idéias na companhia de outros seres humanos. A remodelagem é o mesmo princípio aplicado num âmbito mais geral.

O que tenho reparado repetidamente no trabalho em empresas, em serviço social psicológico, na terapia familiar, é que existirá um objetivo em direção do qual move-se um certo número de membros do sistema. Essas pessoas começam por discutir algumas das características ou dimensões, as vantagens ou desvantagens, desse futuro estado desejado. Ao fazerem isso, outras pessoas envolvidas na mesma negociação comportam-se como se fossem compelidas a indicar que existem algumas restrições atuais naquela organização que irão impossibilitar a realização daquilo.

Bom, o que está faltando é o quantificador de tempo. Na realidade, os opositores estão corretos. Há restrições na organização, na família, etc., que tornam impossível, em termos concretos, o engajamento naquele comportamento *nesse momento*. Se você trabalha como consultor de uma organização ou de uma família, pode-se ensinar às pessoas como distinguir entre respostas apresentadas por elas e coerentes com a descrição de um estado *futuro*, e respostas que são a caracterização do estado *presente*. Assim que isso está feito, está-se evitando cerca de 95% das alterações que acontecem em sessões de planejamento. Você convence as pessoas dessa organização que é útil para elas sentirem-se livres para se limitar à discussão do estado futuro, do estado desejado, as quais são proposições inteiramente diferentes das restrições do estado presente. Este é um exemplo de praticar a seleção com algumas dimensões da experiência, lidando com as mesmas de uma forma útil, depois reintegrando-as de volta ao sistema.

É preciso também um monitor. Todos aqui já passaram pela seguinte experiência. Estão numa reunião da organização ou do sistema familiar. E, independente do que diga alguma pessoa, outra pega aquilo para contra-argumentar. Seja qual for a proposta, existe alguém que se comporta como se sua função fosse, dentro daquele sistema, desafiar as formulações que vão sendo apresentadas. Essa é uma coisa útil de se ser capaz, mas pode também ser bastante perturbadora pelas interrupções que provoca. Quais técnicas vocês têm para se utilizarem do que estaria acontecendo nesse instante? Alguém aqui teria uma forma de lidar eficientemente com essa situação?

Mulher: Pode-se escalonar esse comportamento; pode-se pedir à pessoa que faça mais assim.

Então você iria usar a forma gestáltica de exagerar. Qual é o resultado que você obtém normalmente?

Mulher: Ah, a pessoa pára.

Ela pára de fazer isso. Essa é uma bela transferência da terapia. Ela está usando um dos três padrões característicos dos terapeutas de Terapias Breves, o padrão de *prescrever o sintoma*. Por exemplo, quando alguém vai ao Milton Erickson pedir-lhe ajuda para perder peso, é típico ele mandar que a pessoa *aumente* cinco quilos e meio, exatamente, durante as próximas duas semanas. Contudo, é muito eficiente, pois irá acontecer uma das duas: ou a pessoa perde peso, sendo essa uma resposta de polaridade, e que justamente é o resultado pelo qual está se esforçando, de qualquer jeito, ou então a pessoa ganha cinco quilos e meio. É típico a pessoa não aumentar nem cinco, nem seis quilos, e sim *cinco quilos e meio*. Uma vez que tenham sido capazes de alcançar esse resultado, o pressuposto comportamental é que a pessoa tem condições de controlar aquilo que pesa. De qualquer forma, a situação se desestabiliza. Nunca soube de ninguém que estabilizasse; alguma coisa sempre acontece. É o mesmo tipo de manobra que Salvador Minuchin faz quando se alia a um membro da família para jogar todo aquele sistema familiar fora de suas condições de ordem. Este é um exemplo realmente bonito de transferência de uma técnica terapêutica para o contexto organizacional.

Deixem-me oferecer-lhes agora uma outra utilização. Tão logo vocês reparem que o comportamento de desafio está sendo disruptivo, podem interromper o processo dizendo: "Olhem, uma das coisas que descobri é que é útil distribuir papéis específicos para as pessoas de um grupo. Segundo minha experiência de trabalhos de consultoria e com organizações, essa é uma forma que venho notando ser de grande utilidade para a organização de reuniões. Um membro do grupo segue o fluxo de idéias, e assim por diante". Depois, atribui-se a tal pessoa a função de ser quem desafia. Quando alguém apresentar ao grupo uma proposição bem-formada, ou mesmo uma seqüência de sugestões, a tarefa desse indivíduo será a de desafiar essa formulação em algum de seus pontos. Explica-se este aspecto desafiando a formulação; a pessoa forçará o apresentador da proposta a realizar distinções mais e mais sutis, burilando sua proposta até que esta atinja uma forma para ser eficiente e realista. Neste caso, você terá prescrito o sintoma, e o terá também institucionalizado. Já tive a experiência de simplesmente prescrever o sintoma e, na reunião seguinte, acontecer a mesma coisa, e eu tendo que fazer tudo de novo. Uma forma de se ter certeza de que não é preciso fazer a mesma intervenção vezes e vezes sem conta é institucionalizando-a através de uma atribuição do papel de desafiador à pessoa que começou mostrando esse comportamento.

No fundo, você terá encampado o comportamento e poderá então controlar *quando* serão feitos os desafios. Este é um exemplo de utilização. Você não tenta deter o problema: você o utiliza. A metáfora essencial para a utilização é a situação em que eu nunca luto *contra* a energia que me está sendo oferecida por uma pessoa, ou por qualquer uma de suas partes. Eu a tomo e uso. A utilização é a contrapartida psicológica das artes marciais orientais, tais como aikidô ou judô. É uma estratégia paralela às artes marciais psicológicas. Sempre se aceita e se utiliza a resposta, não se luta nem desafia a resposta — com exceção de uma, é claro. Se o problema que a pessoa apresenta envolver o fato de ela passar por cima das pessoas, então combate-se essa resposta, pois o problema em pauta envolve o padrão mesmo que ela está usando, a saber, essa pessoa vai em frente de qualquer jeito. Mas evidentemente esse é um paradoxo porque se esse cliente estivesse *mesmo* indo em frente, não estaria ali em seu consultório.

Portanto, digamos que o Jim aqui faz uma proposta e que Tony é o cara que designei para ser o desafiante. Quando Tony começar a interromper, eu direi: "Excelente! Bom trabalho, Tony! Agora escute, Tony: Acho que você deve prestar atenção ao fato de nós ainda não termos dado ao Jim corda suficiente para ele se enforcar. Então, deixe que ele apresente uma proposta um pouco mais completa e que obtenha respostas das demais pessoas, e *aí* eu te dou a pista para entrar e você entra de cheio, certo?" Assim, no fundo eu passei a seguinte mensagem: "Sim, mas ainda não".

Mulher: Isso funciona se você for um consultor de fora que acabou de entrar, mas e se você já fizer parte do sistema?

Se você for um consultor que faz parte do sistema ou se for membro do mesmo, num mesmo nível de funcionamento, poderá haver pessoas que venham a se ressentir ou a resistir, no caso de você fazer essa colocação como *sua*. Portanto, você terá de apresentá-la de forma apropriada. Não é uma proposta oriunda de *você*. É uma proposta que você está oferecendo e que vem de fora, e que você considera de utilidade para você e para o resto dos membros do grupo. Pode-se fazê-lo metaforicamente. Pode-se dizer: "Passei uma noite fascinante, dias atrás, com um consultor de uma empresa em Chicago. Fui a uma conferência e o líder disse-nos o seguinte": E, a seguir, você apresenta todas as informações que acabei de lhe dar. Se você proceder de maneira coerente, será uma proposta aceitável. Pode-se sempre sugerir um teste experimental para descobrir se vale a pena realizar aquilo. Pode-se pedir às pessoas que tentem agir de acordo com a sugestão durante duas horas. Se funcionar, as pessoas permanecerão executando-a. Se não der certo, não se terá perdido muito e vocês não quererão mesmo continuar com aquilo.

Gostaria de comentar que as discussões onde são apresentadas posições antagônicas constituem o próprio sangue de qualquer organização, *desde que* feitas num determinado contexto. Esse contexto é o fato de se estabelecer uma moldura em torno do processo todo de argumentos, para que as disputas, as discussões das propostas antagônicas, sejam simplesmente maneiras diferentes de se alcançar o mesmo resultado, com o qual concordem todos os membros do grupo.

Quero agora dar um exemplo com conteúdo. George e Harry são os coproprietários de uma empresa; cada um tem cinquenta por cento das ações. Fui convidado para ser consultor dessa empresa. Harry diz o seguinte: "Temos que crescer. Ou se cresce ou se morre. E, especificamente, temos que abrir filiais em Atlanta, Chattanooga e Miami, ainda este ano". E o George, ali do lado, diz em resposta: "Olhe, você sabe tão bem quanto eu, Harry, que no ano passado quando abrimos as filiais de Chicago e de Milwaukee fizemos isso com muito pouco capital. E, com respeito a isso, elas ainda não são auto-suficientes. Essas filiais ainda não estão estabilizadas ao ponto de estarem produzindo o tanto de trabalho que me dê a confiança de saber que podemos ir em frente e expandir abrindo estes novos escritórios. E agora, quantas vezes teremos de passar por isso?"

Portanto, existe uma diferença de conteúdo entre estes dois seres humanos quanto ao próximo passo que devam dar enquanto entidade-empresa. Uma estratégia que sempre dá certo eficientemente numa situação assim é remodelar as duas respostas oferecidas enquanto maneiras alternativas de se conseguir um produto final com o qual *ambos* concordem ser desejável. Logo, em primeiro lugar, tem-se que descobrir o objetivo comum — a moldura. Depois ambos são instruídos a respeito de como disputar as propostas do outro, com eficiência, pois então ambas as propostas são exemplos de como atingir o mesmo resultado sobre o qual ambos concordaram.

Por conseguinte, eu faria algo parecido com: "Olhem, deixem-me interromper por um instante. Quero apenas ter certeza de que entendo vocês dois. Harry, você quer expandir porque quer que a empresa cresça e aumente o lucro, certo?" Depois, viro-me para George e digo: "O que entendo de suas objeções à expansão, neste momento, e do fato de você ter mencionado especificamente que os escritórios de Chicago e Milwaukee ainda não estão bem auto-suficientes, é sua maneira de ter certeza de que a qualidade dos serviços por vocês oferecidos, enquanto empresa, seja de um certo nível. Vocês estão oferecendo um produto de qualidade e querem manter essa qualidade, porque se não for assim a coisa toda não vai funcionar de jeito nenhum". E George irá dizer: "Lógico. Por que é que você me pergunta estas coisas?" Aí eu digo: "Certo. Acho que entendi agora. *Vocês dois concordam* que o que vocês querem é expandir a uma velocidade que seja coerente com a manutenção da alta qualidade de serviços oferecidos por sua empresa". E ambos dirão: "É claro". Agora você alcançou o acordo necessário; conseguiu a *moldura*. E então você dirá: "Muito bom. *Uma vez que concordamos* quanto ao resultado em cuja busca todos estamos trabalhando, vamos descobrir o meio mais eficaz, eficiente de alcançar esse objetivo. Agora George, você fará uma proposta detalhada e específica a respeito de como você saberá quando os escritórios de Chicago e de Milwaukee estarão estabilizados numa qualidade operativa que lhe permita sentir-se à vontade para distribuir recursos financeiros em outras direções, para continuar sua expansão. Harry, quero que você apresente a evidência específica da qual você pode dispor para saber quando é o momento apropriado para abrir novos escritórios. O que é que vocês verão ou ouvirão que lhes irá permitir saber que então existe a oportunidade certa para abrir filiais novas em Chattanooga, ainda mantendo a qualidade de serviços que vocês irão oferecer?"

Em primeiro lugar, utilizo uma linguagem que generalize, para estabelecer a moldura. Depois, certifico-me de que esteja bem ancorada. *"Uma vez que todos nós concordamos* com o resultado...". Depois desafio-os a trazerem as propostas pelas quais estiveram brigando — então envolvidas num contexto de concordância — de volta ao nível da experiência sensorial. Exijo que cada um deles apresente evidências específicas para darem apoio a suas propostas no sentido de provarem qual é a mais eficiente para alcançar o resultado final, de comum acordo. Desse momento em diante, os dois irão ter disputas de utilidade. E eu irei monitorando a linguagem que empreguem para me certificar de que estão sendo específicos o suficiente para tomarem uma boa decisão. Pode-se sempre imaginar o que constituiria uma boa evidência de que esta proposta é mais eficiente do que aquela.

Deixem-me dar-lhes uma estratégia específica para realizar isto. Vocês escutam tanto a queixa A quanto a queixa B. Depois, vocês perguntam a si mesmos: "Do que é que tanto A quanto B

201

são ambos um exemplo? De que classe ou categoria é que ambas as propostas são exemplos? Qual é o resultado final que estas duas pessoas irão compartilhar? Qual é a intenção comum subjacente ou por trás destas duas propostas em especial?" Assim que descobrir isto, você interrompe e coloca o óbvio de alguma maneira. Você consegue que estas duas pessoas entrem em acordo para que possam começar, então, a discordar de forma útil, *dentro* do contexto de um acordo.

Bem, este procedimento tem as mesmas propriedades formais do que fiz com Dick, na remodelagem de seis passos. Encontramos um ponto sobre o qual sua mente consciente e sua mente inconsciente puderam concordar com respeito a um resultado específico que lhe era útil, enquanto indivíduo.

Harry e George concordam agora que, independente do que terminem fazendo — uma ou outra de suas propostas, ambas, ou outra alternativa para as mesmas — o resultado em cuja direção estão voltados é para o benefício da entidade-empresa como unidade. Portanto, cabe ignorar os comportamentos específicos e ir em busca de um resultado que as duas partes daquela firma — ou que as duas partes do ser humano — possam ter em comum. Depois, tendo alcançado o contexto do acordo, passa a ser trivial a variação de condutas a fim de descobrir aquele comportamento que obtenha o resultado final que alcançou a concordância de ambos os parceiros.

Se houver mais que duas pessoas envolvidas — o que normalmente acontece — pode-se simplificar a situação organizando a discussão. Diga apenas: "Olhem, estou ficando muito confuso devido ao jeito pelo qual estamos discutindo as coisas. Deixem-me organizar as coisas um pouquinho, da seguinte forma: quero que todos vocês prestem o máximo possível de atenção. A tarefa de todos vocês, menos estes dois, é repararem e ouvirem exatamente o que eles irão propor, auxiliando-me no processo de descobrir aquilo que for comum com respeito ao que desejam fazer." Pode-se organizar o grupo todo em pares e depois trabalhar com um par de cada vez. E, à medida que se fizer isso, está-se evidentemente ensinando ao mesmo tempo o padrão para os observadores.

As pessoas têm umas idéias esquisitas a respeito de mudança. A mudança é a constante única de meus trinta e poucos anos de experiências. Uma das coisas loucas que já aconteceu — e é também um bom exemplo de ancoragem natural — é que mudança e dor estão associados. Estas idéias foram ancoradas uma na outra, dentro da civilização ocidental. Isso é ridículo! Não há uma relação de necessidade entre dor e mudança. Há Linda? Tammy? Dick?

Existe uma classe de seres humanos nos quais talvez se tenha que criar dor a fim de ajudá-los a mudarem — são os terapeutas. A maioria dos terapeutas crê intrinsecamente — tanto a nível inconsciente quanto consciente — que a mudança tem que ser lenta e dolorosa. Quantos de vocês, nalgum momento das demonstrações, não disseram a si mesmos: "Mas é muito fácil, rápido demais". Se vocês examinarem os pressupostos subjacentes que provocaram em vocês esta resposta, descobrirão que estão vinculados a dor, tempo, dinheiro, e todo o resto — sendo que algumas destas são considerações econômicas válidas e realmente fortes. Outras considerações são só lixo que se amontoou. Como dor e mudança. Logo, talvez caiba vocês examinarem sua própria estrutura de crenças, pois emergirá aquilo em que acreditam. Estará em seu próprio tom de voz, em seus movimentos corporais, na sua hesitação em se inclinar à frente, quando estiverem realizando este trabalho com alguém.

Todos os instrumentos que lhes oferecemos são poderosos e elegantes, constituindo o mínimo que considero necessário para vocês operarem, independente da Psicoteologia na qual foram anteriormente treinados.

Se vocês decidirem que querem fracassar usando este material, é possível que tal aconteça. Há duas formas de fracassar. Creio que vocês devam ter consciência de quais elas são para poderem fazer uma escolha do modo como pretendem fracassar, caso se decidam a isso.

Um dos modos é sendo extremamente rígido. Vocês podem recorrer exatamente aos mesmos elementos seqüenciais que nos viram realizando aqui, destituídos de qualquer experiência sensorial, sem o menor *feedback* de seus clientes. Isso lhes garantirá o fracasso e é por esse caminho que falha a maioria das pessoas.

O segundo caminho para o fracasso é sendo realmente incoerente. Se existir uma parte dentro de vocês que não acredita mesmo em que fobias podem ser curadas em três minutos, mas se decidirem tentar a coisa de qualquer jeito, essa incoerência irá surgir em sua comunicação não-verbal e irá derrubar toda a construção.

Toda Psicoterapia da qual tenho conhecimento contém uma doença mental aguda em seu bojo. Cada um pensa que sua teoria, seu mapa, *é* o território. Não acreditam que se possa criar uma coisa totalmente arbitrária, instalá-la dentro de alguém e modificar esse indivíduo. Não percebem que as coisas nas quais acreditam são também perfeitamente arbitrárias e criadas de começo a fim. Sim, seu método elicia de fato uma resposta das pessoas e, certas vezes, dá certo com aquele problema em que você está trabalhando. Mas há mil *outras* formas de cercá-lo, e mil outras respostas.

Por exemplo, AT tem uma coisa chamada "refamiliação" (*reparenting*) na qual regridem a pessoa e lhe conferem um novo par de pais. E, realizando-se apropriadamente essa regressão, dá certo. A *crença* da AT é que o indivíduo está confuso *porque*, quando fora criança, não teve certos tipos de experiência, portanto *tem-se* que voltar atrás e dar-lhe essas experiências a fim de que ele seja diferente. Essa é a Teologia da AT e o fato de aceitar esse sistema de crenças constitui a doença mental da AT. O pessoal da AT não percebe que se pode conseguir o mesmo resultado por mil outros caminhos, e que alguns deles são *muito* mais rápidos do que a refamiliação.

Qualquer sistema de crenças é um conjunto de recursos para se executar alguma coisa e de limitações severas para a realização de qualquer outra coisa. O único valor da crença é torná-lo coerente. Esse lado é muito útil e fará com que outras pessoas acreditem em você. Mas determina também um enorme conjunto de restrições. E *meu* sistema de crenças é que essas limitações são encontradas em você mesmo enquanto pessoa, bem como em sua terapia. Seus clientes acabarão se tornando uma metáfora para sua vida pessoal pois você estará perpetrando em última instância um erro trágico, crendo que suas percepções são uma descrição do que seja verdadeiramente a realidade.

Há uma saída para essa situação. A saída é não acreditar no que está sendo feito. Dessa forma, pode-se fazer coisas que não combinam "conosco", com "nosso mundo", etc. Há pouco tempo decidi que quero escrever um livro intitulado *Quando você descobrir seu eu mesmo, então compre este livro e torne-se outra pessoa.*

Se você simplesmente modificar seu sistema de crenças, terá um novo conjunto de recursos e um novo conjunto de limitações. Ter a escolha de ser capaz de operar segundo diferentes modelos terapêuticos é muito mais valioso do que ser capaz de funcionar segundo um único modelo. Se você *acreditar* nalgum deles, continuará limitado da mesma forma como são limitadas as outras formas de modelo.

Um modo de se sair dessa é aprender a entrar em estados alterados nos quais *inventam-se* modelos. Assim que você perceber que o mundo no qual você vive neste momento exato é completamente criado, você pode construir novos mundos.

Agora, se formos falar a respeito de estados alterados de consciência, teremos antes de falar sobre estados de consciência. Neste momento agora, vocês estão conscientes (*conscious*), certo ou errado?

Mulher: Acho que sim.

OK. Como é que *sabe* que, neste momento, está consciente? Quais são os elementos de sua experiência que te levaram a crer que você está em seu estado normal de consciência? Quero saber o que há *neste* estado de consciência que te permite dizer que você está nele.

Mulher: Ah, posso ouvir sua voz.
Você pode ouvir minha voz, então você conta com um externo auditivo. Haverá alguém falando consigo mesmo neste momento?
Mulher: Talvez eu tenha algumas vozes interiores.
É? Enquanto você me escuta falando, há mais alguém falando? É isso que eu quero saber. E irei continuar falando para que você possa descobrir.
Mulher: Eu... sim.
É um ele, uma ela, ou uma coisa?
Mulher: Uma ela.
Muito bem. Então você tem uma experiência interna auditiva e uma experiência externa auditiva. Todos em AT também têm isso, um "pai crítico", dizendo-lhes: "Estou fazendo isso direito?" Contudo, ninguém mais fica fazendo isso, enquanto não forem a um terapeuta de AT, quando então passam a ter um pai crítico. É isso que a AT realiza por você. Bom, o que mais você tem aí? Alguma imagem que você esteja visualizando enquanto vou falando com você?
Mulher: Não, estou vendo você no lado de fora.
Certo, então você tem uma certa experiência visual exterior. Alguma experiência cinestésica?
Mulher: Até você mencionar, não.
OK, qual era ela?
Mulher: Ahhhmmmm... Posso sentir uma tensão no queixo.
Uma outra forma de saber disto seria dizendo-se: "Do que é que você está consciente?" E aí você relata coisas a respeito de seu estado de consciência, naquele momento específico. Temos então especificados os âmbitos cinestésico, visual e auditivo. Você não estava percebendo cheiros, gostos, estava?
Mulher: Não.
Certo, não achei que estivesse. Agora, *minha* definição de alterar seu estado de consciência é mudá-lo *deste para qualquer outra combinação possível destas coisas.* Por exemplo, *se* você fosse escutar apenas a minha voz e não seu diálogo interior, isso iria constituir um estado alterado, para você, porque normalmente você não age assim. A maior parte do tempo você fala consigo mesma, enquanto as outras pessoas estão conversando com você. Se, ao invés de ver externamente, você fosse ter imagens em foco, vívidas, ricas, claras, de qualquer coisa interior, isso seria um estado alterado. Por exemplo, se fosse para você ver as letras do alfabeto, os seus números, uma laranja, você mesma sentada no divã, com a mão na orelha, numa posição de captação auditiva, o assentir de sua cabeça...
Uma outra coisa é que seu nível cinestésico é proprioceptivo. A tensão no queixo é muito diferente da sensação no divã, do calor de sua mão ao tocar o seu rosto, da sensação da sua outra

mão... contra sua coxa... os batimentos de seu coração... o subir e descer de seu peito... quando você respira profundamente. Os padrões de entonação da minha voz... a tonalidade em mudança... a necessidade de focalizar seus olhos... e o foco móvel de suas pupilas... os repetidos movimentos de piscar... e a sensação de peso. Agora, você consegue sentir alterar-se seu estado de consciência?

Para mim, isto constitui um estado alterado de consciência. Para se fazer isso, é preciso primeiro descobrir o que existe e depois fazer alguma coisa que provoque a entrada de *outra* nessa consciência. Assim que se estiver orientando um estado alterado de consciência, pode-se começar a realizar manobras que acrescentem opções, que acrescentem escolhas.

Mulher: Acho, nesse ponto, que estava ciente do que esteve acontecendo e que eu poderia interrompê-lo se tivesse querido, então —

Mas você *não* o fez.

Mulher: Está certo, mas não estou sabendo isso de dizer se se pode ou não fazer a pessoa entrar num estado alterado. Ainda não estou —

Bom, para começar é uma discussão besta, porque as únicas pessoas que irão resistir a você serão aquelas que *sabem* que você está fazendo aquilo. E aí eu posso fazer a pessoa resistente entrar com tudo em transe porque o máximo que eu preciso é instruí-la a fazer uma coisa e ela fará o *oposto*. Imediatamente entrará num estado alterado. Um exemplo disto é uma coisa que as mães dizem muitas vezes ao filho: "Não ria". As mães induzem estados alterados nos filhos jogando com as polaridades. As crianças não têm escolha a esse respeito enquanto não tiverem a variabilidade indispensável.

Quem consegue fazer *quem* realizar *o quê* é uma função da variabilidade indispensável. Se você tiver em seu comportamento mais flexibilidade do que seu hipnotizador, então você poderá entrar em transe ou permanecer fora dele, dependendo do que quiser fazer. Henry Hilgard criou *uma* indução hipnótica e a administrou a dez mil pessoas. Com toda certeza, ele descobriu que apenas uma certa porcentagem das pessoas entrou em transe. A porcentagem que entrou em transe era composta de pessoas ou pré-adaptadas, ou então flexíveis o suficiente para se adaptar àquela indução hipnótica. As demais pessoas *não* flexíveis o bastante para se adaptar àquela indução hipnótica em especial não poderiam entrar em transe.

Não é nem um pouco estranho entrar num estado alterado. *Pode-se fazê-lo o tempo todo.* A questão é se se *usa* ou não o estado alterado para produzir mudanças e, caso positivo, *como* é que se irá usá-lo. *Induzir* não é assim tão difícil. O máximo que se precisa fazer é conversar sobre parâmetros da experiência dos quais a pessoa não tem consciência. A pergunta é: "Como é que você vai fazer isso, e com quem?" Se a pessoa à sua frente for muito visual, você irá proceder de forma muito diferente do que se fosse uma pessoa parecida com esta mulher que fala bastante com ela mesma e que presta atenção à tensão em seu queixo. Para ela, entrar num estado de consciência em que produza imagens nítidas e ricas seria estar alterada. Mas, para alguém visual, isso seria o estado normal.

O bom de um estado alterado é que, estando nele, a pessoa terá escolhas em maior número e de maior diversidade do que em seu estado de vigília consciente normal. Muitas pessoas consideram que entrar em transe significa perder o controle. É daí que decorre a pergunta: "Você consegue fazer alguém entrar em transe?" O que você está *fazendo* com eles é levá-los a um estado em que têm *mais* escolhas. Há um paradoxo enorme aqui. Num estado alterado de consciência não se conta com o modelo normal de mundo — portanto, tem-se um número *infinito* de possibilidades.

Uma vez que eu consiga representar os estados em termos dos sistemas representacionais, posso usar isto como cálculo para computar o que mais pode ser possível. Posso *computar* estados alterados que nunca tenham existido e entrar neles. Não encontrava disponível para mim essa possibilidade quando eu era um gestalt-terapeuta, nem quando realizei outras formas de terapia. Quando usei outros modelos, eles não me ofereciam estas alternativas.

Tenho agora um aluno que considero muito bom. Uma das coisas que aprecio a respeito dele é que, ao invés de "trabalhar consigo mesmo" ele gasta seu tempo entrando em estados alterados e se permitindo novas realidades. Acho que a maior parte do tempo em que os terapeutas trabalham consigo próprios o máximo que fazem é *confundirem-se* absoluta e totalmente. Certa vez uma mulher me contratou para realizar um *workshop*. Telefonou-me três semanas antes do *workshop* e disse que havia mudado de idéia. Então chamei meu advogado e processei-a. Ela tivera meses e meses para planejar o *workshop* e fazer aquilo que disse que faria. Ela gastara aquele tempo todo "elaborando" se estava pronta ou não para fazer aquilo. O terapeuta dela telefonou-me para tentar me persuadir a não processá-la. Ele disse: "Bem, não é como se ela não tivesse gasto tempo com a coisa. Ela vem elaborando isto há meses, querendo saber se estava pronta ou não para fazer este *workshop*".

Parece-me que houve uma coisa óbvia que ela poderia ter feito: ela poderia ter me telefonado meses e meses atrás para me dizer que estava insegura. Mas, ao invés de fazer isso, ela tentou elaborar uma experiência exterior *de forma interna e consciente*.

E eu acho que isso é um paradoxo, como já dissemos tantas e tantas vezes. Quando as pessoas buscam terapia, se elas tivessem em disponibilidade consciente os recursos necessários, já teriam se modificado. O fato de que não se modificaram é que as traz ao consultório. Quando você, como terapeuta, tenta se modificar conscientemente, você está se preparando para confusão e provavelmente irá entrar em toda uma série de armadilhas muito interessantes, mas nem por isso úteis.

Um certo aluno meu primeiro procurou-me como cliente. Ele acabara de entrar na faculdade, na época, e disse-me: "Tenho um problema terrível. Encontro-me com uma moça, as coisas vão realmente bem, então ela vem, dorme comigo e vai tudo às mil maravilhas. Mas, na manhã seguinte, logo que eu acordo, penso: 'Bom, ou eu me caso com ela ou chuto-a para fora da cama e nunca mais a vejo de novo'".

Naquela época da vida fiquei assim um pouco surpreso que um ser humano tivesse dito aquilo para mim! Nunca deixarei de me espantar com o modo como as pessoas conseguem limitar seu mundo de experiências. Em seu mundo havia apenas duas escolhas!

Eu estava trabalhando com John nessa época e John olhou para ele e lhe disse: "Alguma vez te ocorreu dizer apenas 'Bom dia'?" e o aluno disse: "Ohhhhhhhhhh!" Acho que isso abateu-o como manobra terapêutica porque agora o que é que ele irá fazer? Ele irá dizer: "Bom dia" e *depois* ou acertar o pé em cheio nas costas dela para chutá-la para fora de sua cama ou propor-lhe casamento. Há mais possibilidades do que estas duas. Mas quando ele entrou naquele estado de confusão e disse: "Ohhhhhhhhh!" eu estendi minha mão e disse: "Feche os olhos". E John disse: "E comece a ter um sonho em que você aprende assim quantas outras possibilidades existem e seus olhos não terão condições de se abrir enquanto você não descobri-las *todas!*" Ele ficou ali sentado durante *seis horas e meia!* Nós fomos para a outra sala. Durante seis horas e meia ele ali ficou produzindo possibilidades. Ele não conseguia sair porque seus olhos não se abriam. Ele tentou ficar em pé e caminhar, mas não conseguiu encontrar a porta. Todas as possibilidades que ele pensou em seis horas e meia tinham estado sempre à sua disposição, mas ele nunca houvera feito coisa alguma no sentido de captar sua própria criatividade.

A remodelagem é um caminho para conseguir que as pessoas digam: "Ei, de que outro modo é que posso fazer isto?" Em certo sentido é a crítica *última* de um ser humano, que se diz: "Pare e pense sobre seu comportamento e faça-o da seguinte maneira: *faça algo de novo; o que você está fazendo não está funcionando!* Conte uma estória para si mesmo e depois produza três outras maneiras de contar essa estória e, de repente, você nota diferenças em seu comportamento".

Existe uma coisa espantosa a respeito de pessoas: quando elas descobrem uma coisa que não dá certo, elas praticam-na ainda mais. Por exemplo, vá a um ginásio e observe as crianças brincando. Uma criança chega perto de outra e a empurra. Então, este último estufa o peito para fora e empurra de volta. Na próxima vez que o menino vier empurrá-lo, ele pode empurrar melhor ainda porque tem um peito firme contra o qual pressionar a mão.

Uma coisa que ainda não foi realmente compreendida é o que é possível se, ao invés de abordar diretamente um problema, você abordá-lo indiretamente. Milton Erickson realizou uma das curas mais rápidas de que tenho conhecimento. A estória que ouvi é que ele estava no hospital da Administração dos Veteranos, em Palo Alto, em 1957, e os psiquiatras esperavam em fila com os pacientes, do lado de fora, no saguão. Eles entravam um de cada vez e Milton estava fazendo uma pequena mágica, fazendo isto e aquilo. Depois eles voltavam para o saguão de novo e falavam que Milton não era realmente aquilo, que era um charlatão, que não estava fazendo aquelas coisas.

Um jovem doutor em Psicologia, tão correto quanto se pode ser, trouxe um adolescente de 17 anos que vinha esfaqueando as pessoas e fazendo qualquer coisa que se pudesse imaginar que causasse dano. O rapaz tinha estado esperando na fila por horas e as pessoas vinham saindo em transes sonambúlicos; o rapaz estava dizendo: "Ahhhhhhh... O que é que eles irão fazer comigo?" Ele não sabia se ia receber um choque elétrico, ou o quê. Eles o trouxeram para dentro da sala e ali estava um homem apoiado em duas bengalas, atrás de uma mesa e toda uma audiência dentro da sala. Eles andaram em frente à mesa. Milton disse: "Por que foi que trouxe este rapaz aqui?" E o psicólogo explicou a situação, apresentou a história de caso da melhor forma que conseguiu. Milton olhou para o psicólogo e disse-lhe: "Vá se sentar". Então ele olhou para o rapaz e disse: "Até que ponto você irá se surpreender quando todo o seu comportamento tiver se modificado completamente na semana que vem?" O menino olhou para ele e disse: "Vou ficar *muito* surpreso". E Milton disse: "Saia. Leve embora estas pessoas".

O psicólogo pressupôs que Milton havia decidido não trabalhar com o rapaz. Como a maioria dos psicólogos, ele desentendeu tudo. Na semana seguinte, o comportamento do rapaz mudou por completo, de cima abaixo. O psicólogo disse que nunca pôde entender o que Milton fizera. Segundo meu entendimento, Milton fez *uma única* coisa: deu ao rapaz a oportunidade de entrar em contato com seus recursos inconscientes. Ele disse: "Você irá mudar e sua mente consciente não terá a menor relação com isso". Nunca subestimem a utilidade de se dizer apenas isto para as pessoas. "Sei que você tem a seu dispor um enorme painel de recursos dos quais sua mente consciente não tem a menor suspeita. Você tem a capacidade de se surpreender, todos vocês a têm". Se você agir de forma verdadeiramente coerente, como se as pessoas tivessem os recursos e fossem mudar, você começa a dar ímpeto ao inconsciente.

Uma das coisas que reparei em Milton, na primeira vez em que fui vê-lo, é o respeito incrível que ele tem pelos processos inconscientes. Ele está sempre tentando fazer demonstrações de ida e volta entre as atividades consciente e inconsciente.

Existe em lingüística uma coisa chamada fenômeno da "ponta da língua". Vocês todos sabem o que é? Isso é quando você sabe a palavra, e quando você até mesmo *sabe* que sabe a palavra, mas não consegue dizê-la. Sua mente consciente sabe inclusive que sua mente inconsciente sabe qual é a palavra. Eu recordo as pessoas disto, como evidência de que suas mentes conscientes são *menos* do que a ponta de um *iceberg*.

Certa vez hipnotizei um professor de lingüística e enviei sua mente consciente para outro lugar, numa recordação. Perguntei à sua mente inconsciente se ela sabia o que era o fenômeno da "ponta da língua" — pois ele o havia demonstrado em várias classes. Sua mente inconsciente me disse: "Sim, sei o que é". Eu disse: "Por que é que se a pessoa sabe uma palavra, ela não a apresenta à mente consciente?" E ele me respondeu: "A mente consciente é presunçosa demais".

Em nosso último *workshop* estávamos fazendo umas coisas com estratégias e programamos uma mulher para esquecer o seu nome. Um homem que ali estava disse: "Não existe forma *alguma* de eu me esquecer de meu nome". Eu disse: "Qual é o seu nome?" E ele falou: *"Não sei!"* "Cumprimente sua mente inconsciente, embora você não tenha nenhuma".

Para mim é admirável que a hipnose tenha sido tão sistematicamente ignorada. Acho que foi ignorada principalmente porque as mentes conscientes que a praticam não confiam nela. Mas todas as formas de terapia que já estudei contêm à sua disposição experiências de transe. A gestalt se baseia em alucinações positivas. A AT funda-se na dissociação. Todas elas contêm *grandes* induções verbais.

No último *workshop* que realizamos havia um fulano que passou cético a maior parte do dia. Quando eu andava pela sala, durante um exercício, ele dizia para seu parceiro: "Você consegue *permitir-se* criar essa imagem?" Esse é um comando *hipnótico*. No andar de baixo ele veio me perguntar se eu acreditava em hipnose! O que acredito é que esta é uma palavra infeliz. Trata-se de um nome atribuído a uma enorme diversidade de experiências diferentes, a muitos estados diversos.

Costumávamos realizar induções hipnóticas antes de passarmos para a remodelagem. Depois, descobrimos que podíamos remodelar, sem termos que pôr as pessoas em transe. Foi assim que chegamos à Programação Neurolingüística. Pensamos: "Bom, se isto for verdade então deveremos ser capazes de remodelar as pessoas para que estas entrem em todo tipo de fenômeno de transe profundo de que tenhamos conhecimento". Então, formamos um grupo com vinte pessoas e, certa noite, programamos todas as pessoas daquele grupo para efetuarem todos os tipos de fenômenos de transe profundo que já tínhamos lido em algum lugar. Descobrimos que podíamos conseguir todos os "fenômenos de transe profundo", na ausência de qualquer indução ritualizada. Obtivemos amnésia, alucinações positivas, surdez, cegueira à cor — tudo. Uma mulher alucinou negativamente Leslie a noite toda. Leslie se aproximava e pegava na mão da mulher; esta mão flutuava no ar e ela não tinha a menor idéia de por que isso era assim. Era como nos quadrinhos de fantasmas e coisas do gênero. Essa foi uma alucinação negativa tão boa quanto poderíamos conseguir fazendo hipnose.

Na técnica de fobias, quando você vê a si mesmo de pé, do lado de fora, e depois flutua para fora de seu corpo e vê a si mesmo observando-se com menos idade — esse é um fenômeno de transe profundo. Requer alucinação positiva, e afastamento do próprio corpo. Isso é bastante extraordinário. E, no entanto, o máximo que se precisa fazer é dar instruções explícitas à pessoa; de cem pessoas, noventa e cinco podem fazê-lo rapidamente e com facilidade, na medida em que você agir como se não fosse difícil. Você sempre tem que se comportar como se estivesse se encaminhando para uma outra coisa que irá ser difícil, de modo que o pessoal vai em frente e executa todos os fenômenos de transe profundo, alterando assim seu estado.

A Programação Neurolingüística é um passo lógico superior a qualquer coisa que já tenha sido feita antes, tanto em hipnose como em terapia, *apenas* no sentido de permitir que as coisas sejam feitas formal e metodicamente. A PNL lhe permite determinar exatamente quais alterações da experiência subjetiva são necessárias para a consecução de um dado resultado. A maioria das hipnoses é um processo bastante aleatório. Se eu der uma sugestão a alguém, ele terá que elaborar um método de executá-la. Na qualidade de programador neurolingüista, mesmo se eu usar hipnose, descrevo exatamente o que eu quero que a pessoa faça, a fim de executar a sugestão. Essa é a única diferença importante entre o que estamos fazendo aqui e o que as pessoas estiveram fazendo séculos afora com a hipnose. É uma diferença muito *importante*, pois nos permite predizer os resultados com precisão, evitando efeitos colaterais.

Usando-se a remodelagem, estratégias, o processo de ancoragem — todos os instrumentos da Programação Neurolingüística — pode-se conseguir quaisquer respostas que a hipnose obtém. Mas, essa é apenas uma das formas de se realizar o trabalho. Realizá-lo através da hipnose oficial também é interessante. E *combinar* a PNL com a hipnose é ainda mais interessante.

Existe, por exemplo, uma técnica chamada do "braço sonhador" que funciona maravilhosamente com crianças — e com adultos também. Primeiro você pergunta: "Você sabia que tem um braço sonhador?" Quando já se captou o interesse da pessoa, pergunta-se: "Qual é o seu programa de TV favorito?" Enquanto a pessoa procede à captação visual, nota-se para que lado dirigem-se os olhos da pessoa. Enquanto ela desvia os olhos para esse lado, ergue-se seu braço do *mesmo* lado, e se diz: "Eu vou levantar seu braço e ele irá se abaixando *apenas na velocidade* que você gastar para ver o programa inteirinho, e você pode começar *exatamente agora*". Então a criança assiste a seu programa predileto. Pode-se mesmo estender a mão, interromper o braço por um momento e dizer: "Agora é hora dos comerciais", instalando mensagens.

Agora vou contar para vocês até que extremos isto pode chegar. Tive um cliente com uma alucinação severa que *sempre* estava com ele. Nunca consegui discernir bem o que fosse. Ele possuía um nome para ela, uma palavra que eu nunca ouvira. Tratava-se de uma figura geométrica dotada de vida e que o seguia em todos os lugares. Era sua espécie particular de demônio, mas ele não a denominava de demônio. O cliente conseguia apontá-la dentro da sala, interagia com sua alucinação. Quando eu lhe fazia perguntas, ele se voltava para onde estava o objeto e perguntava: "O que é que você acha?" Antes de ter sido encaminhado para mim, havia sido convencido por um terapeuta de que aquilo fazia parte dele. Caso fosse ou não, não sei, mas ele estava convencido de que aquilo era parte dele que ele havia alienado. Estendi minha mão e disse: "Eu vou erguer seu braço e quero que você o abaixe *com a mesma velocidade* que for preciso para começar a integrar isso". Então puxei rapidamente seu braço para baixo e foi tudo. A integração ocorreu — *whammo, slappo*[*] — porque eu havia unido as duas através de palavras.

Certa vez perguntei a um terapeuta de AT qual parte dele estava com o controle total de seu comportamento consciente presente, pois não parecia que as pessoas tivessem escolha quanto a serem "pai", ou "criança". Então ele deu o nome de algumas

---

[*] *Whammo, slappo* — Gíria própria de histórias em quadrinhos, a exemplo de *blammo*, raramente empregada em textos. Expressões que têm a intenção de chocar, dando a impressão de imediatismo, explosividade. (Nota da Editora)

partes; AT tem nomes para tudo. Eu disse: "Será que você poderia se recolher e perguntar àquela parte se ela poderia nocautear sua mente consciente por algum tempo?" E ele disse: "Ah, bem..." Eu disse: "Apenas volte-se para dentro e pergunte, descubra o que acontece". Então ele se voltou para dentro, fez a pergunta... e sua cabeça pendeu para o lado, ele estava apagado!

É admirável o quanto pode ser forte o uso da linguagem. Não acho que as pessoas tenham a menor compreensão do impacto da linguagem verbal e não-verbal.

No início das sessões terapêuticas, muitas vezes digo às pessoas: "Se começar a acontecer com sua mente consciente alguma coisa que seja muito dolorosa de certa forma, quero que sua mente inconsciente fique sabendo que eu acho que ela tem o *direito* e o *dever* de resguardar sua mente consciente de qualquer coisa que seja desagradável. Seus recursos inconscientes podem fazer isso e deveriam fazê-lo — protegendo você de pensar a respeito de coisas desnecessárias dessa forma, e também fazendo sua experiência consciente mais agradável. Então, se alguma coisa desagradável começar a surgir em sua experiência consciente, sua mente inconsciente pode permitir que lentamente seus olhos vagueiem fechados, que uma de suas mãos se erga e que sua mente consciente possa vagar até alguma recordação agradável, permitindo-me conversar em particular com sua mente inconsciente. Pois eu não sabia que a pior coisa do mundo que aconteceu com você foi..."

Estou dizendo, quando acontecer X, responda *desta* forma, e a seguir estou fornecendo precisamente X. Não fico dizendo: "*Pense* a respeito da pior coisa que já lhe aconteceu". Estou dizendo: "Não sei..." Este é o mesmo padrão que consta do livro *Changing with Families* (Mudando com as Famílias), o padrão das perguntas embutidas: Virginia nunca diz: "O que é que você quer?" Ela diz: "Puxa, fico me perguntando por que uma família iria viajar oito mil quilômetros para vir me ver. Eu não sei e fico curiosa". Quando eu digo: "Não sei exatamente qual foi a experiência mais *dolorosa* e *trágica* de sua vida", ela se fará presente bem no meio de sua consciência.

As pessoas *não* processam conscientemente a linguagem, mas sim a nível inconsciente. Elas só conseguem tornar-se conscientes de uma porção muito diminuta da mesma. E uma grande parte do que se denomina hipnose é usar-se a linguagem dentro de maneiras bastante específicas.

Uma coisa é alterar o estado de consciência de alguém e conferir-lhe novos programas, aprendizados e escolhas. Outra coisa inteiramente diferente é fazer com que *saibam* que estiveram num estado alterado. Pessoas diferentes contam com estratégias diferentes por meio das quais convencerem-se das coisas. Aquilo que constitui para uma pessoa seu sistema de crenças a respeito do que seja a hipnose é muito diferente do fato de ser capaz de usar a hipnose como instrumento. É bem mais fácil usar o transe enquanto recurso terapêutico com pessoas que *não* sabem que estiveram em transe pois se consegue comunicar de forma muito mais eloqüente com seu processo inconsciente. Enquanto se conseguir estabelecer vínculos inconscientes de *feedback* com as pessoas, seremos capazes de alterar seu estado de consciência e elas terão mais condições de entrarem em amnésia.

Meu caso favorito para esta situação foi o de um cara chamado Hal. Ele apareceu para um seminário que uma aluna minha havia montado e, no último minuto, ela decidiu que era um ser humano inadequado e saiu do Estado. Todas as pessoas vieram para o seminário e alguém me chamou, dizendo: "Todas essas pessoas estão aqui, o que é que eu tenho que fazer?" Estava próximo, portanto dirigi-me a eles e disse: "Bem, irei passar esta noite com vocês. Não quero ensinar-lhes como num seminário mas gostaria de saber o que é que todos vocês esperam conseguir". Hal disse: "Fui a *todos* os hipnotizadores que já encontrei, participei de *todos* os seminários que já pude encontrar sobre hipnose até hoje, *todas* as vezes apresentei-me como voluntário e nunca entrei em transe".

Achei que para alguém que tinha fracassado tantas e tantas vezes isso era mesmo dedicação. E pensei: "Bom, uau! Isso realmente é interessante. Talvez esse cara seja mesmo um dos 'impossíveis' e talvez haja alguma coisa interessante aqui". Então achei que iria tentar. Fiz uma indução hipnótica e o cara se esborrachou com tudo no chão! Ele entrou num transe profundo e demonstrou todos os fenômenos hipnóticos dos mais difíceis. Depois eu o acordei e lhe disse: "Você entrou em transe?" E ele me disse: "Não". Eu disse: "O que foi que aconteceu?" E ele respondeu: "Bom, você estava falando comigo, eu estava sentado aqui, escutando você falar, fechei meus olhos e depois os abri". Eu disse: "E você Xzou?" denominando um dos fenômenos de transe que ele acabara de demonstrar. E ele falou: "Não". Então eu pensei: "Ah! Então isso é só uma função de sua amnésia".

Hipnotizei-o novamente e dei-lhe comandos hipnóticos implícitos para *se lembrar* de todas as coisas que fizesse. Mesmo assim não tinha a menor recordação. Evidentemente, todas as pessoas estavam ficando malucas porque viam-no fazer todas as coisas que ele negava. Tentei coisas tais como: "Diga a Hal o que você viu" e todo mundo lhe contava as coisas. E ele dizia: "Isso não vai dar certo comigo. Não fiz nada disso. Eu saberia se tivesse feito". O elemento interessante acerca de Hal é que existiam mais de um dentro dele, sem conexão entre si, sem qualquer meio de comunicação de um para o outro. Então pensei que teria que criar um pouquinho de confusão ali dentro. Disse-lhe: "Enquanto você continuar no estado consciente irei fazer à sua mente inconsciente algumas perguntas para lhe demonstrar que você pode fazer certas coisas erguendo sua mão, de modo que apenas seu braço direito estará em transe". Seu braço começou a flutuar para cima involuntariamente. Pensei: "Bom, isso agora vai convencer este cara" porque só o braço dele é que entrou em transe. E ele me olhou dentro dos olhos e disse: "Bem, meu braço está em transe, mas o resto de mim não consegue entrar".

A propósito, tenho uma regra que diz que eu tenho que ter sucesso. Então tentei fazer um vídeo-teipe dele e depois mostrá-lo no seu filme. Ele não conseguia ver o vídeo-teipe! Assim que ligávamos o projetor, ele entrava em transe e era o fim. Ele não podia ver o vídeo-teipe. Eu lhe disse que, se ele não estivesse dentro de um transe, teria conseguido ver o vídeo-teipe. Então ele se sentou com a máquina de vídeo-teipe, ligou-a, e "desligou". Assim que desligávamos a máquina ele voltava. Ele a ligava de novo e, outra vez, entrava em transe. Ficou ali sentado tentando ver-se entrar em transe, o resto da noite. Então ele ficou convencido de que entrara em transe, mas não o entendeu.

Este caso ensinou-me uma lição. Parei de me preocupar com o fato de as pessoas saberem ou não que entravam em transe e passei a prestar atenção apenas nos resultados que conseguia obter, utilizando a hipnose apenas como fenômeno de mudança. Os hipnotizadores fazem consigo mesmos uma coisa terrível: eles estão sempre preocupados em convencer as pessoas de que elas entraram em transe mas isso não importa. Não é uma coisa essencial à sua mudança; não é essencial a *coisa alguma*. Saibam ou não de seu transe, as pessoas irão notar que as mudanças agora são suas.

Vale o mesmo para o processo de ancoragem e de remodelagem. Na medida em que vocês usarem a experiência sensorial para testarem seu trabalho, é irrelevante seus clientes acreditarem ou não que eles mudaram. Acabarão descobrindo isso em suas experiências — caso se dêem ao trabalho de repararem nela, algum momento.

A informação e os padrões que estivemos apresentando para vocês são padrões formais de comunicação, isentos de conteúdo. *Podem ser empregados em qualquer contexto de comunicação e de comportamento humanos.*

Ainda não começamos sequer a vislumbrar quais são as possibilidades de uso deste material. E temos uma grande, grande seriedade a respeito dele. O que agora estamos fazendo nada mais é do que a investigação de como empregar tais informações. Ainda não tivemos condições de esgotar a variedade de meios de se organizar essas coisas e de pô-las em prática, e não sabemos de quaisquer limitações quanto aos modos de seu poder empregá-las. Ao longo deste seminário, mencionamos e demonstramos algumas dúzias de maneiras de se usar tais informações. Trata-se da estrutura da experiência. Ponto. Quando usada sistematicamente, constitui uma estratégia completa para a obtenção de qualquer melhora comportamental.

Estamos lentamente diminuindo o tanto de ensino e de terapia que fazemos porque existe um pressuposto comum ao campo da Psicologia Clínica do qual discordamos pessoalmente: que a mudança é um fenômeno paliativo. Encontramos algo que está errado e o consertamos. Se vocês perguntarem a cem pessoas: "O que é que você gostaria para si mesmo?", noventa e nove iriam dizer: "Quero *parar* de fazer X".

Há uma forma inteiramente diferente de considerar a mudança, e que chamamos de abordagem *de enriquecimento* ou abordagem *generativa*. Ao invés de se olhar para o que está errado e consertá-lo, é possível apenas pensar-se em modos pelos quais a vida poderia ser enriquecida: "O que é que seria divertido fazer, ou interessante de se ser capaz de fazer?" "Que capacidades ou habilidades novas eu poderia inventar para mim mesmo?" "Como é que eu posso fazer as coisas serem realmente muito atraentes?"

Nos primórdios de minha fase de terapeuta apareceu um homem que disse: "Quero ter melhores relacionamentos com as pessoas". Eu disse: "Ah, então você tem problemas de relacionamento com as pessoas?" Ele respondeu: "Não, eu me dou *bem* com as pessoas. *Curto* demais meus relacionamentos. Gostaria de ser capaz de fazê-los ainda melhor". Procurei dentro da minha maleta de terapia para encontrar algo que fazer por ele e não existia coisa alguma ali dentro!

Muito raramente as pessoas chegam dizendo: "Bem, tenho confiança em mim mas, cara, sabe, se eu fosse duas vezes mais autoconfiante as coisas seriam *realmente* maravilhosas". Eles entram e dizem: *"Nunca* tenho confiança em mim". Aí eu digo: "Tem certeza?" E a resposta é: *"Sem dúvida!"*

É certamente difícil vender a idéia da mudança generativa aos psicólogos. O pessoal de negócios se interessa muito mais e tem muito mais disposição e condições de pagar para aprender como fazê-la. Em geral trabalhamos com grupos, dos quais a metade se compõe de pessoas de negócios e a outra metade de terapeutas. Eu digo: "Bom, quero que vocês se voltem para dentro de si mesmos e pensem em três situações realmente distintas". Os comerciantes voltam-se para si mesmos e vendem um carro, ganham uma causa, encontram uma pessoa que gostam de fato. Os terapeutas vão para seu interior e apanham excessivamente quando foram crianças, passam por um divórcio e têm a pior humilhação e o pior fracasso profissional de suas vidas!

Estamos atualmente investigando aquilo que chamamos de personalidade generativa. Estamos encontrando pessoas que são gênios nas coisas, descobrindo quais são as seqüências inconscientes de programas das quais se valem, instalando depois essas seqüências em outras pessoas para descobrir se, dotadas daquele programa inconsciente, elas conseguem ser capazes de fazer a mesma tarefa. Aquele trabalho de criar clones que fizemos para a agência é um exemplo da realização disto, a nível de empresas.

Quando fazemos isso, as coisas que eram problemas, e que teriam sido encaminhadas para terapia, *desaparecem*. Ultrapassamos por completo o fenômeno de se trabalhar com problemas, porque quando a estrutura é modificada, tudo muda. E os problemas são apenas função da estrutura.

Homem: Ela pode apresentar novos problemas?

Sim, mas serão problemas de evolução, interessantes. Tudo apresenta problemas, mas os novos são muito mais interessantes. "O que é que você hoje irá crescer até se tornar?" É uma forma *muito* diferente de abordagem do que a seguinte: "Onde é que está errado?" ou então: "De que modo você é inadequado?" Lembro-me de estar certa vez com um gestalt-terapeuta que disse: "Quem quer trabalhar hoje?" Ninguém levantou a mão. E ele disse: "Será que realmente não existe ninguém aqui com algum problema premente?" As pessoas se entreolharam, sacudiram as cabeças e disseram: "Não". Ele olhou para todo mundo e disse: "Mas o que é que há com vocês? Vocês não estão em contato com o que está acontecendo de fato aqui, se não existe dor alguma". Ele fez mesmo essa colocação; fiquei estarrecido. De repente todas aquelas pessoas entraram em alguma dor. Todos disseram: "Você tem razão! Se não tenho alguma espécie de dor, não sou real". Bum! Todos entraram em alguma forma de dor, para que tivessem algo que "terapeutizar" em cima.

Esse modelo de mudança não produz seres humanos criativos, realmente generativos. Quero fazer estruturas que conduzam a experiências que resultem em pessoas que sejam interessantes. As pessoas saem da terapia sendo montes de coisas, mas dificilmente sendo interessantes. Não acho que seja por culpa de ninguém. Creio ser o resultado de todo um sistema e dos pressupostos que subjazem ao sistema das psicoterapias e do aconselhamento. A maioria das pessoas está na ignorância total do que sejam tais pressupostos.

Enquanto andava por aí vendo e ouvindo vocês na prática da remodelagem, vi muitos se voltando para outros padrões que tenho certeza são característicos de seu comportamento habitual fazendo terapia, ao invés de serem uma tentativa de fazer algo novo. E isto recordou-me uma estória:

Há mais ou menos quinze anos atrás, quando o zoológico de Denver passava por uma grande reforma, existia lá um urso polar que chegara no zoo antes de lhe ter sido preparado um ambiente natural. Falando nisso, o uso polar é um dos meus animais favoritos. São muito brincalhões; são grandes e graciosos e fazem muitas coisas bonitas. A jaula na qual foi temporariamente colocado era do tamanho apenas suficiente para que ele pudesse dar três belos e balouçantes passos numa direção, revirar-se e voltar, dando mais três passos na outra direção, ida e volta. O urso polar viveu muitos e muitos meses nessa jaula especial, com aquelas barras restringindo seu comportamento daquele jeito. Por fim, foi construído, em torno de sua jaula, um ambiente natural, onde ele poderia ser libertado. Quando finalmente ficou pronto, e a jaula afastada do urso polar, adivinhem o que aconteceu?...

E adivinhem quantos alunos das universidades ainda estão indo e vindo pelos labirintos, ainda procurando as notas de cinco dólares? Eles invadem o local, à noite, e percorrem o labirinto procurando para ver se *quem sabe* desta vez a nota *talvez* esteja lá.

Até agora, gastamos três dias inundando vocês com informações, superlotando por completo seus recursos conscientes. E gostaríamos de oferecer-lhes uns dois aliados, neste processo, e que descobrimos serem úteis para algumas pessoas. Alguém aqui lê Carlos Castañeda? Ele é uma incrível múltipla personalidade com um amigo índio. Existe uma parte em seu segundo ou terceiro livro no qual Don Juan dá uns tantos conselhos a Carlos. Nós não daríamos este conselho a nenhum de vocês, mas o repetimos pelo valor que eventualmente possa ter.

Sabem, o que Don Juan queria fazer para Carlos — e que nós logicamente não desejaríamos fazer para vocês — era encontrar algum modo de motivá-lo a ser coerente e expressivo em seu comportamento em todas as oportunidades, tão criativo quanto fosse possível a um ser humano. Ele queria mobilizar os recursos de Carlos para que cada ato por ele realizado fosse uma representação total de *todo* o potencial que lhe era disponível — todo o poder pessoal que tinha e que estivesse à sua disposição, a qualquer momento dado.

O que Juan disse especificamente a Carlos foi: "Em qualquer momento de hesitação, ou se nalgum momento você se descobrir adiando para amanhã a experiência de alguma nova forma de comportamento que você *poderia* tentar hoje, ou em que você se vir realizando uma coisa que já fez antes, então você só precisará lançar o olhar por cima de seu ombro esquerdo e ali estará uma sombra fugidia. Essa sombra representa sua morte e, a qualquer momento, ela poderá dar um passo à frente, apoiar a mão em seu ombro e levar você. Assim, o ato no qual você está envolvido neste instante talvez seja na verdade seu último ato e, portanto, completamente representativo de você agindo para nunca mais, neste planeta".

Uma das formas de se poder usar construtivamente estas palavras é entendendo que hesitar significa indulgência.

Quando hesitamos, agimos como se fôssemos imortais. E, senhores e senhoras, vocês *não* o são.

Vocês não sabem sequer o lugar e a hora de sua morte.

Sendo assim, uma coisa que podem executar... para se recordarem de que não se aborrecer em hesitar não é agir antiprofissionalmente... é apenas de repente lançarem o olhar por cima de seu ombro esquerdo, recordando-se de que a morte ali está postada, e tornem essa morte em conselheiro. Ela sempre lhes dirá que façam alguma coisa que represente toda a sua potencialidade de pessoa. Menos que isso não vale o esforço.

Bem, isso é um pouquinho pesado. Por isso é que não lhes diríamos essas coisas. Notamos que Juan contou para Carlos estas coisas e oferecemos a vocês uma alternativa.

Se, em algum momento, descobrirem-se hesitando, sendo incoerentes, adiando até amanhã algo que poderiam tentar agora, ou talvez apenas precisando de algumas escolhas novas, quem sabe chateando-se, olhem rápido por sobre seu ombro *direito* e ali estarão dois loucos, sentados em fezes, insultando vocês.

E assim que nós terminarmos com os insultos, vocês poderão nos fazer as perguntas que desejarem.

E esse é *um* apenas dentre todos os meios à disposição de seu inconsciente para que este possa representar todo o material que foi aprendido e representado, ao longo destes três dias.

E agora, há apenas só mais uma coisa que apreciamos fazer nos fins dos *workshops*. E é dizer-lhes...

Adeus!

Bibliografia

Bandler, Richard; and Grinder, John. *The Structure of Magic I*. Science and Behavior Books, 1975.

Bandler, Richard; and Grinder, John. *Patterns of the Hypnotic Techniques of Milton H. Erickson M.D. I*. Meta Publications, 1975.

Bandler, Richard; Grinder, John; and Satir, Virginia. *Changing with Families*. Science and Behavior Books, 1976.

Cameron-Bandler, Leslie. *They Lived Happily Ever After: A Book About Achieving Happy Endings In Coupling*. Meta Publications, 1978.

Dilts, Robert B.; Grinder, John; Bandler, Richard; DeLozier, Judith; and Cameron-Bandler, Leslie. *Neuro Linguistic Programming I*. Meta Publications, 1979.

Farrelly, Frank; and Brandsma, Jeff. *Povocative Therapy*. Meta Publications, 1978.

Gordon, David. *Therapeutic Metaphors; Helping Others Through the Looking Glass*. Meta Publications, 1978.

Grinder, John; and Bandler, Richard. *The Structure of Magic II*. Science and Behavior Books, 1976.

Grinder, John; DeLozier, Judith; and Bandler, Richard. *Patterns of the Hypnotic Techniques of Milton H. Erickson M.D. II*. Meta Publications, 1977.

Lankton, Stephen R. *Practical Magic: The Clinical Applications of Neuro Linguistic Programming*. Meta Publications, 1979.

NOVAS BUSCAS EM PSICOTERAPIA
VOLUMES PUBLICADOS

1. *Tornar-se presente — Experimentos de crescimento em Gestalt-terapia* — John O. Stevens.
2. *Gestalt-terapia explicada* — Frederick S. Perls.
3. *Isto é Gestalt* — John O. Stevens (org.).
4. *O corpo em terapia — a abordagem bioenergética* — Alexander Lowen.
5. *Consciência pelo movimento* — Moshe Feldenkrais.
6. *Não apresse o rio (Ele corre sozinho)* — Barry Stevens.
7. *Escarafunchando Fritz — dentro e fora da lata de lixo* — Frederick S. Perls.
8. *Caso Nora — consciência corporal como fator terapêutico* — Moshe Feldenkrais.
9. *Na noite passada eu sonhei...* — Medard Boss.
10. *Expansão e recolhimento — a essência do t'ai chi* — Al Chung-liang Huang.
11. *O corpo traído* — Alexander Lowen.
12. *Descobrindo crianças — a abordagem gestáltica com crianças e adolescentes* — Violet Oaklander.
13. *O labirinto humano — causas do bloqueio da energia sexual* — Elsworth F. Baker.
14. *O psicodrama — aplicações da técnica psicodramática* — Dalmiro M. Bustos e colaboradores.
15. *Bioenergética* — Alexander Lowen.
16. *Os sonhos e o desenvolvimento da personalidade* — Ernest Lawrence Rossi.
17. *Sapos em príncipes — programação neurolingüística* — Richard Bandler e John Grinder.
18. *As psicoterapias hoje — algumas abordagens* — Ieda Porchat (org.)
19. *O corpo em depressão — as bases biológicas da fé e da realidade* — Alexander Lowen.
20. *Fundamentos do psicodrama* — J. L. Moreno.
21. *Atravessando — passagens em psicoterapia* — Richard Bandler e John Grinder.
22. *Gestalt e grupos — uma perspectiva sistêmica* — Therese A. Tellegen.
23. *A formação profissional do psicoterapeuta* — Elenir Rosa Golin Cardoso.
24. *Gestalt-terapia: refazendo um caminho* — Jorge Ponciano Ribeiro.
25. *Jung* — Elie J. Humbert.
26. *Ser terapeuta — depoimentos* — Ieda Porchat e Paulo Barros (orgs.)
27. *Resignificando — programação neurolingüística e a transformação do significado* — Richard Bandler e John Grinder.

28. *Ida Rolf fala sobre Rolfing e a realidade física* — Rosemary Feitis (org.)
29. *Terapia familiar breve* — Steve de Shazer.
30. *Corpo virtual — reflexões sobre a clínica psicoterápica* — Carlos R. Briganti.
31. *Terapia familiar e de casal* — Vera L. Lamanno Calil.
32. *Usando sua mente — as coisas que você não sabe que não sabe* — Richard Bandler.
33. *Wilhelm Reich e a orgonomia* — Ola Raknes.
34. *Tocar — o significado humano da pele* — Ashley Montagu.
35. *Vida e movimento* — Moshe Feldenkrais.
36. *O corpo revela — um guia para a leitura corporal* — Ron Kurtz e Hector Prestera.
37. *Corpo sofrido e mal-amado — as experiências da mulher com o próprio corpo* — Lucy Penna.
38. *Sol da Terra — o uso do barro em psicoterapia* — Álvaro de Pinheiro Gouvêa.
39. *O corpo onírico — o papel do corpo no revelar do si-mesmo* — Arnold Mindell.
40. *A terapia mais breve possível — avanços em práticas psicanalíticas* — Sophia Rozzanna Caracushansky.
41. *Trabalhando com o corpo onírico* — Arnold Mindell.
42. *Terapia de vida passada* — Livio Tulio Pincherle (org.).
43. *O caminho do rio — a ciência do processo do corpo onírico* — Arnold Mindell.
44. *Terapia não-convencional — as técnicas psiquiátricas de Milton H. Erickson* — Jay Haley.
45. *O fio das palavras — um estudo de psicoterapia existencial* — Luiz A.G. Cancello.
46. *O corpo onírico nos relacionamentos* — Arnold Mindell.
47. *Padrões de distresse — agressões emocionais e forma humana* — Stanley Keleman.
48. *Imagens do self — o processo terapêutico na caixa-de-areia* — Estelle L. Weinrib.
49. *Um e um são três — o casal se auto-revela* — Philippe Caillé
50. *Narciso, a bruxa, o terapeuta elefante e outras histórias psi* — Paulo Barros
51. *O dilema da psicologia — o olhar de um psicólogo sobre sua complicada profissão* — Lawrence LeShan
52. *Trabalho corporal intuitivo — uma abordagem Reichiana* — Loil Neidhoefer.
53. *Cem anos de psicoterapia... — e o mundo está cada vez pior* — James Hillman e Michael Ventura.
54. *Saúde e plenitude: um caminho para o ser* — Roberto Crema.
55. *Arteterapia para famílias — abordagens integrativas* — Shirley Riley e Cathy A. Malchiodi.
56. *Luto — estudos sobre a perda na vida adulta* — Colin Murray Parkes.
57. *O despertar do tigre — curando o trauma* — Peter A. Levine com Ann Frederick.
58. *Dor — um estudo multidisciplinar* — Maria Margarida M. J. de Carvalho (org.).
59. *Terapia familiar em transformação* — Mony Elkaïm (org.).
60. *Luto materno e psicoterapia breve* — Neli Klix Freitas.
61. *A busca da elegância em psicoterapia — uma abordagem gestáltica com casais, famílias e sistemas íntimos* — Joseph C. Zinker.
62. *Percursos em arteterapia — arteterapia gestáltica, arte em psicoterapia, supervisão em arteterapia* — Selma Ciornai (org.).
63. *Percursos em arteterapia — ateliê terapêutico, arteterapia no trabalho comunitário, trabalho plástico e linguagem expressiva, arteterapia e história da arte* — Selma Ciornai (org.).
64. *Percursos em arteterapia — arteterapia e educação, arteterapia e saúde* — Selma Ciornai (org.).

www.gruposummus.com.br